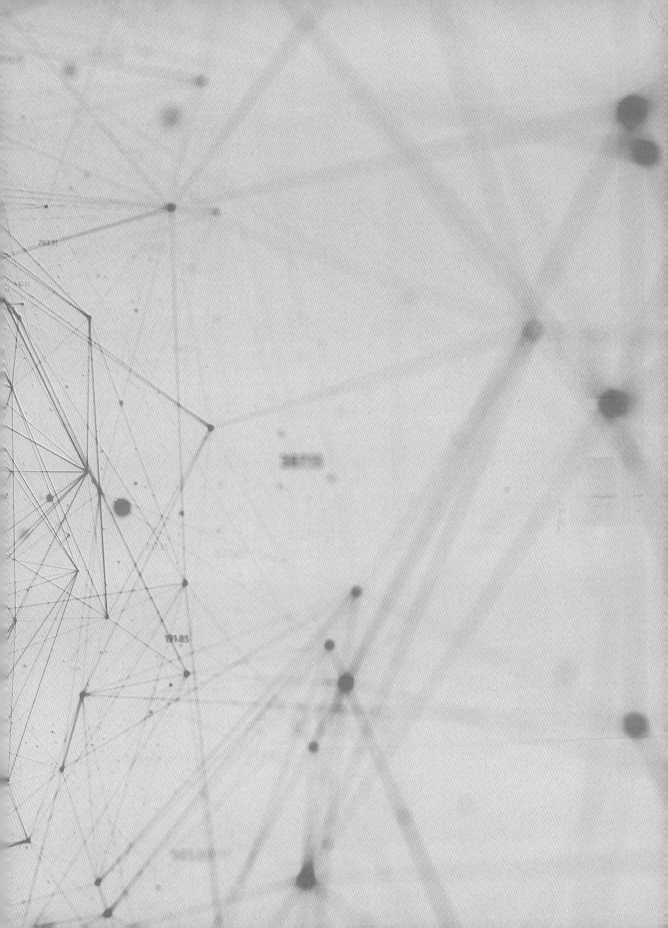

분노
관리론

ANGER MANAGEMENT
THEORY

분노
관리론

김경희 · 이순배 · 송진영 · 유광수 지음

교문사

산업화 이후 현대 사회에 접어들면서 사회·문화의 발달로 인해 인간의 생활은 풍요로워 진 반면, 문명의 이기주의 또한 빠르게 진화하고 있다. 인간은 사회적 동물로서 인위적이 든 자연적이든 사람들과의 관계 속에서 살아갈 수밖에 없다. 따라서 인간의 분노는 어 쩌면 당연한 소산일지도 모른다. 즉, 경중의 차이는 있을 수 있지만, 분노를 경험하지 않 은 사람은 없을 것이다. 사회복지사, 심리학자, 콜센터 종사자, 병원 종사자, 학교 종사자, 산업 종사자 등 대부분의 현장 종사자들은 감정 노동으로 인해 분노를 억제하면서 살아 가고 있다고 해도 과언이 아닐 것이다.

이렇듯 우리 사회에 분노라는 단어가 생소하지 않음에도 불구하고, 사실 분노 관리론에 관련한 교재는 찾아보기 어렵다. Howard & Raymond(2002)의 『분노관리하기: 치료자를 위 한 가이드북』을 번역한 저서가 유일한 교재라고 해도 과언이 아니다. 하지만 전술한 바와 같 이 분노를 모든 사람들이 겪을 수 있는 일반적인 현상으로 볼 때, 그들의 저서는 일반인을 대상으로 한 분노 관리론 교재로는 다소 한계가 있을 것으로 보여진다.

이에 본 저자들이 분노 관리론 교재를 집필하게 된 것은 첫째, 일반인 특히 분노관리사의 자격증을 준비하는 수험생들을 위한 전문적이고 체계적인 분노관리사를 위한 저서의 필요 성을 인식하였기 때문이다. 둘째, 지난 수십 년 간 학교와 교육원에서 사회 복지, 보육교사, 심리 상담 등 다양한 영역을 강의하고 실천해 오면서, 사회 복지, 보육, 심리, 청소년, 노인 등 의 영역을 전공하는 학생은 물론이고 현장에서 이들 영역에서 종사하는 전문가 또는 실무 자에게 있어, 분노 관리에 대한 학습은 매우 중요하다고 여겼기 때문이다. 셋째, 이 책을 접 하는 독자들이 분노 관리를 쉽게 이해하고 간결하게 설명하고 실천할 수 있는 교재를 쓰고 싶었기 때문이다. 따라서 저자들의 주관적 관점은 배재하고 최대한 분노의 기본 원리를 바 탕으로 분노관리사를 공부하는 학생들과 수험생들 및 현장에서의 종사자들, 그리고 분노 관 리에 관심 있는 일반 독자들이 활용할 수 있는 실용적인 정보를 제공하는 데 목적을 두고

이 책을 집필하였다.

　이 책은 현대인들이 분노를 잘 이해하고 대처할 수 있도록 돕는다는 면에서 아주 좋은 필독서라고 할 수 있다. 또한 이 책은 분노에 대한 기초적인 이해를 토대로 분노관리사의 입장에서 분노 치료와 분노 조절을 관리하고 다양한 영역의 사례 관리를 통해, 실천 현장과 연계하여 분노를 문제로만 보지 않고 우리 사회의 한 현상으로 이해하고 이에 대한 해결 방안을 제시함으로써 분노 관리의 수준을 한 차원 높이는 데 기여하고, 이론과 실천 경험을 체계화시키고자 하였다.

　이러한 취지에서 집필한 이 책은 크게 3부로 구성하였으며, 제1부는 이순배 교수와 유광수 교수, 제2부는 송진영 교수, 제3부는 김경희 교수가 집필하였다. 제1부는 분노에 대한 이해에 대한 내용을 다루고 있다. 분노의 개념을 정의하고 분노의 원인과 결과를 정리하였으며, 분노가 사회에 미치는 영향을 다루고자 하였다. 제2부에서는 분노 관리에 대한 이해를 다루고 있다. 분노 관리의 개념, 기능, 절차 등 분노 관리에 대한 전반적인 개념을 이해하고, 분노 관리의 기본 원리를 이론을 토대로 다루었으며, 분노 치료 프로그램과 분노관리사 등을 체계적으로 다루었다. 제3부에서는 분노의 사례 관리에 대한 이해를 다루었다. 대상자별 어떠한 분노의 양상을 보이는지, 어떻게 대처해야 하는지 등을 제시하였다. 또한 분노 관리 기술로서 의사소통 기술, 인지 변화 기술, 용서 기술 등을 다루었으며, 분노의 사후 관리 및 분노 다스리기 실습 등을 다루었다. 끝으로 분노 관리 프로그램의 성공 핵심 전략을 제시함으로써, 분노 조절의 실천 및 활용 방안을 제시하고자 하였다.

　이 책은 분노 관리, 특히 분노관리사가 되려고 준비하는 학생들, 그리고 현장에서 감정 노동으로 인해 분노를 경험해 본 모든 사람들에게 유익하도록 내용을 소개하는 데 최선을 다하였다. 다른 한편, 사회 복지 분야 교수로서 사회 복지와 상담 영역에서 활동하는 실무자와 전문가들이 직면하는 분노 문제를 해결하는 데 도움이 되는 책이 되었으면 하는 바람도 있다.

이러한 저자들의 의욕과는 달리 저자들의 부족함으로 인해 만족스럽지 못한 점이 있을 것이라고 인정하면서 다양한 충고를 겸허히 받아들여 제2판에서는 좀 더 개정하고 보완해 나갈 것을 다짐한다.

끝으로 이 책이 나오기까지 많은 도움을 주신 교문사 류제동 사장님과 영업부 정용섭 부장님, 그리고 편집부 여러분들의 노고에 깊은 감사를 드린다.

2016년 2월
저자 일동

CONTENTS

PART 3

분노의 사례 관리에 대한 **이해**

PART 1

분노에
대한
이해

분노의 개념

이 장에서는 분노에 대한 정의를 살펴보고, 화와 분노에 대해 논의한다.
그리고 분노의 실태와 관리를 다루어 본다.

+ 분노에 대한 개념을 다양한 이론가의 정의를 통해 파악한다.
+ 화와 분노에 대해 개념적으로 정의한다.
+ 분노의 순기능과 역기능을 논의한다.

현대인들은 대인 관계에서 자기의 생각이나 의견 등 자신이 간절하게 나타내고 싶은 것
이 있어도 체면이나 자존심 등으로 인하여 자기 자신의 권익을 스스로 포기하고 얌전한
체하며 자신을 속이면서 아무 말도 하지 않는 경우가 있는가 하면, 심지어 상대방의 기
분을 맞추기 위해 전혀 마음에도 없는 말이나 행동을 한 후, 그로 인하여 혼자 고민하면
서 분노를 경험하기도 한다. 분노는 목표를 추구하는 행동이 방해받을 때 느낄 수 있는
인간의 기본 정서 중 하나로서, 분노는 비인격화된 사회 세계의 역경에 대처하는 데 상
당히 적응적 가치를 가지고 있고, 통제감을 느끼게 해 주며, 좌절이나 부당함에 직면했
을 때 인내심을 촉진시켜 줄 수 있는 정상적인 정서이기도 하다. 하지만 분노가 부적절
한 방식으로 표현될 경우, 타인과의 중요한 인간관계를 해치거나 혹은 사회적으로 문제
가 되는 반사회적 행동을 표출하게 되는 등 부정적인 결과를 가져오게 된다.

억눌린 분노는 여러 가지 방식으로 나타날 수 있는데, 성격 장애, 약물 남용, 외상 후
스트레스 장애(PTSD, post traumatic stress disorder) 또는 다른 정신과적 장애의 맥락

안에서 분노가 부적절하게 표현될 수 있으며, 신체적·언어적 공격성과 타인에 대한 폭력 등 분노의 부적절한 표현과 관련되어 있다. 모든 분노가 갈등이나 공격성으로 이어지는 것이 아니라 하더라도, 충동적인 공격성에는 분노가 관련되어 있다는 연구에서도 알 수 있는 바와 같이, 조절되지 않은 분노는 너무나 쉽게 파괴적인 공격성으로 전환되고 불필요한 공격을 초래한다(Taylor & Novaco, 2005).

공격적인 사람의 중요한 특징은 생활 경험에서 많은 심리적 상처를 입고 분노가 억압되어 있을 가능성이 크며, 이러한 분노는 대상에 대한 복수 심리를 유발할 뿐만 아니라 자신을 방어하고자 하는 욕구에서 특정한 대상으로 분노가 집중될 수도 있다. 따라서 인간의 가장 기본적인 감정 중 한 가지인 분노를 다루는 방식의 변화를 통하여, 개인의 심리적·내적인 요인들을 효과적으로 통제함으로써, 분노의 공격적인 표현을 감소시켜 분노로 인해 야기되는 여러 가지 문제점들을 효율적으로 해결해야 할 필요가 있다.

1. 분노의 정의

분노란 자신도 모르게 폭발하는 성질이라 할 수 있는데, 마치 뇌가 없는 사람처럼 자신의 행동에 대한 통제력을 잃기도 하고 훗날 반드시 후회할 말들을 자신도 모르게 내뱉는 상황이라 할 수 있다. 분노(憤怒·忿怒)는 화, 분(憤·忿), 성, 성질, 노여움, 역정(逆情) 등과 같은 의미이다. 성질(性質)이란 원래 사람이 타고난 마음의 본바탕을 의미하는데, 성질이 나면 화가 난다는 의미로 변하였다. 사전에서는 '화'를 '몹시 못마땅하거나 언짢아서 나는 성'으로 설명하지만, 그냥 성이 난다고만 해도 화나는 상태를 의미한다. 귀찮게 느낀다든지 짜증이 나는 것은 크게 보면 화나는 것에 속하기는 하지만 분노와는 다르다. 사전에서는 화를 불을 의미하는 火와 관련지어 설명한다. 화라는 의미의 영어는 anger이고, rage나 fury는 좀 더 강력한 분노의 감정을 의미한다. anger라는 단어는 근심, 괴로움, 고통을 의미하는 고대 스칸디나비아어 angr에서 유래했다(네이버 사전).

분노는 개인의 정서 상태에 따른 주관적인 경험으로 경미한 짜증으로부터 격노에 이르기까지 다양한 인간관계 속에서 가장 빈번히 경험되는 기본 정서 중의 하나이다. 정서로서 분노라는 감정에 대한 관심은 고대부터 시작되었다. 분노의 유발 상황에 대한 인지, 각성, 행동적 반응에 대한 척도 개발자인 Novaco(1979)는 분노를 스트레스에 대한 생리적 반응으로 보았으며, Carter & Minirth(1993)는 분노란 "개인적인 성장, 필요한 욕구, 기본적인 확신을 보존하려는 의지"라고 정의하였다. 또한 Spielberger(1985)에 의하면, 분노는 인간이 가지고 있는 기본적인 정서들 중의 하나이며, 모든 사람들이 공통적으로 지니고 있는 감정이라고 하였다.

Price(1982)에 의하면, 분노는 교감 신경계를 자극하여 노르에피네프린(nore‑pinephrine)을 방출시키고, 말초 혈관을 수축시켜 혈압을 높이고, 맥박을 증가시킨다고 하였다. 분노에 대해서 Schacter & Singer(1962)는 자율 신경계에 의한 신체적 각성에 의해서만 일어나는 것이 아니고, 사람들이 각성을 어떻게 해석하느냐에 달려 있다는 인지 이론을 제안하였다. Schacter & Singer에 의하면, 분노는 상황을 어떻게 해석하느냐 하는 인지적 요인에 의해 좌우된다. Feindler & Ecton(1986)은 분노를 인지적 관점에서 "분노 유발 사건에 대한 정서적인 스트레스 반작용이다"라고 하였다.

분노의 행동적인 측면은 분노 표현과 관련이 있는데, Novaco(1975)는 분노란 공격의 저변에 깔려 있는 주요 요소이며, 우리가 감정적인 문제에 직면했을 때, 공격적 행동을 통해 그러한 감정을 다루려고 한다고 하였다.

이상과 같이 분노를 바라보는 시각은 학자마다 다양하지만, 분노를 구성하고 있는 정서적, 생리적, 인지적, 환경적, 행동적 영역들 각각은 서로 상호 작용하며, 수많은 상황적인 변인들에 따라 그 반응이 달라진다(안정미, 2013).

따라서 분노는 자아에 대한 침해나 욕구의 방해 및 스스로의 가치가 위협을 받을 때 일어나는 감정이다. 즉, 분노는 개체의 유지 및 주장을 위한 일종의 반응 양식으로서, 욕구 저지로 인한 긴장 상태를 파괴하고 급격하게 균형을 이루고자 하는 현상이라고 할 수 있다. 이러한 분노는 상당히 객관적인 사실로부터 추상적인 사실에 이르기까지를 모두 포함한다(이정숙 외, 2010). 또한 분노는 인간이 살아가기 위한 하나의 적응 기제로서의 긍정적인 면이 있는 반면, 과도한 분노 표현은 신체적, 정신적, 사회적으로 문제를 야기시키는 부정적인 면도 함께 포함하고 있다(이성정, 2006).

2. 화와 분노

"네가 화낸 날들을 헤아려 보라. 나는 매일같이 화를 냈었다. 그러던 것이 이틀 만에, 그 다음에는 사흘 만에 화를 내게 되었다. 그리하여 만일 너희가 성냄을 한 달 동안 잊게 되거든 그때는 신께 감사의 제물을 올려라."

– 에픽테토스

1) 분노와 우울함은 종이 한 장 차이

분노는 괴로움과 동격인 감정이다. 어떤 형태의 우울증은 분노의 감정으로 나타나기도 하는데, 이는 분노를 뜻하는 영어 단어 'anger'가 괴로움을 뜻하는 'anguish'와 같은 어원이라는 면에서도 유사성을 확인할 수 있다. 우리나라 사람에게 많은 '화병(火病)'은 형태적으로는 신체형 장애와 유사하지만 감정적으로는 우울증과 유사하다. 그래서 '울화병(鬱火病)'이라는 말을 쓰기도 한다. 그런 면에서 '화병'은 우리나라의 억압적 문화 속에서 변형된 우울 장애로 볼 수도 있을 것이다.

어떠한 이유로 분노에 휩싸이면 사람들은 위압적인 태도를 취하게 된다. 험한 말과 행동을 하기도 하고, 심하게는 폭력이나 살인 같은 극단적인 사건을 저지르기도 한다. 이러한 분노는 질투나 두려움, 원한 등 여러 가지 원인에서 시작되지만, 대개는 부정적인 결과를 낳고 끝나 버린다. 또한 분노의 대상은 가까운 가족이나 동료인 경우가 많아서 인간관계에 큰 악영향을 미치고, 주변 사람들을 불행하게 만들기도 한다.

그렇다고 해서 억지로 화를 참는 것도 능사는 아니다. 마음속에 꾹꾹 눌러 담은 화는 스트레스가 되어 여러 신체 증상으로 나타나기도 하고, 정서적으로는 우울감이나 불안감 등으로 표현되기도 한다. 때로는 이러한 억압된 분노가 대상에 대한 수동 공격형 방어로 나타나는 경우도 있다.

수동 공격성이란 잘 드러나지 않는 방법으로 고집을 부리거나 뻐딱한 태도를 취하고 지시에 꾸물거리는 등의 소극적인 방법으로 상대에게 분노를 표출하는 것을 말한다. 요즘 말로 흔히 얘기하는 '소심한 복수'이다. 직장이나 군대 등 조직 사회에서 불만을 가진

부하들이 이런 식으로 분노를 표출하는 것을 심심찮게 볼 수 있다. 그러나 이는 결국 인간관계와 작업 능률에 지장을 주어 스스로에게 피해를 가져오는 결과를 낳는다.

2) 우리는 왜 화를 내는가?

인간은 화와 분노의 마음을 도대체 왜 가지고 있는 것일까? 인간은 사회적 동물로 하루에도 수많은 만남을 통해 사람들과 관계를 맺으며 살고 있다. 이 중에는 이해관계가 부딪히거나, 적대적인 감정 교감이 일어나는 등의 위협적인 대상이 생기기도 한다. 일반적으로 우리는 위협적인 대상과 맞닥뜨리게 될 경우 협상, 도망, 투쟁의 세 가지 전략 중 하나를 선택한다. 처음에는 우선 협상을 통해서 대상의 공격성을 누그러뜨리려고 하지만, 그것이 통하지 않으면 대뇌 편도체가 활성화되면서 도망치는 전략을 구사한다. 그러나 이마저 여의치 않으면 편도체가 최대로 활성화되어 분노가 동반된 적극적인 공격을 시도하게 된다. 이것이 화이다.

Middleby-Clements & Grenyer(2007)는 분노의 표현이 주는 효과에 대해서 이른바 '무관용 접근(zero-tolerance approach)'이라는 개념을 제시하였다. 분노를 하면 당장은 큰 비용으로 비난, 신체 고통 등이 나타나게 된다. 그러나 장기적으로 봤을 때 분노하는 사람에게 다른 사람들이 함부로 대적하지 않게 되기 때문에, 원시 사회에서 분노는 생존을 위한 유리한 전략이었을 것이라는 주장이다. 연구자들은 컴퓨터를 이용한 게임 이론으로 접근하여 이러한 가설을 제시했다. 이는 어떻게 보면 그럴듯한 가설이지만, 이것을 현대에 적용하려고 하면 곤란하다. 현대 사회에서 투쟁이라는 전략을 타인과의 관계에서 사용한다면, 원시 시대보다 훨씬 심각한 결과를 초래할 것이 분명하기 때문이다. 예를 들어서 자신을 나무라는 직장 상사에게 곧바로 분노를 보이면서 화를 내면 직장 생활이 상당히 힘들어질 것이다. 고분고분하지 않다고 하여 자신의 배우자에게 분노를 보이거나 신체적인 위협을 가하면, 즉시 이혼 서류를 받거나 심지어는 경찰서 신세를 지게 될 수도 있을 것이다.

우리는 어떤 일이 옳지 못하다고 느꼈을 때 분노한다. 분노 표출은 때로는 부당한 대우에 항거하는 매우 정당한 행위라고 믿곤 한다. 사람들이 분노를 표출한 이후에 감정적으로 후련함을 느끼는 것도 어떤 면에서는 자신이 할 일을 했다고 믿기 때문이다. 그러나 연구에 의하면 사람들이 분노할 때는 분노 감정에 관여하는 편도체의 활성이 먼저 일어나고, 뒤따라서 상황을 해석하는 신피질이 작동한다. 쉽게 말해서 분노가 먼저 일어나고 그에 대해서 적당한 이유를 찾는 것이지, 정당한 이유가 있기 때문에 분노하는 것은 아니라는 것이다.

3) 할수록 커지는 분노, 분노도 중독된다

사회적 부조리에 항거하는 정당한 분노는 우리 사회를 발전시키는 큰 힘이 되어온 것이 사실이다. 그러나 개인의 수준에서 분노를 다스리지 못하는 것은 여러모로 대단히 불리하다. 한때 마음속 분노를 모두 분출하면 신경증이 좋아진다고 하여 '카타르시스 치료법'이 인기를 끈 적도 있었다. 그러나 대다수의 의사들은 이런 방법이 거의 치료 효과가 없다고 하였다.

사실 분노는 내면 낼수록 점차 증폭되고 강화된다. 처음에는 소리를 지르던 수준에서 점차 물건을 던지고 사람을 때리는 수준으로 발전하게 된다. 그리고 그런 수준에 이르면 스스로는 도저히 억제할 수 없는 상황에 빠지곤 한다. 특히 청소년의 우울 장애는 종종 분노를 동반한 탈선으로 나타난다. 아이들은 자신의 부적절함과 불편한 감정을 감당해 내는 성숙함이 부족하기 때문에 분노를 원색적으로 드러내면서 폭력이나 비행으로 이를 표현하고는 하는 것이다.

성인들 또한 화나 분노를 잘 참지 못한다면 마음이 충분히 성숙하지 못한 사람이라고 할 수 있다. 분노가 잘 조절되지 않는 것은 상대가 나를 화나게 했기 때문이 아니라 나의 마음이 충분히 수양되지 않았기 때문이다. 설령, 정말 부당한 대우를 받는 상황이라도 분노를 직접 겉으로 드러내는 것보다는 평온하고 침착한 마음으로 차분하게 대처하는 것이 훨씬 유리하다. 분노로 감정을 쏟아내기 전에 자기 자신의 마음을 다스리는 방법을 먼저 배워야 한다(네이버 건강백과).

4) 분노와 화병의 관계

화병은 우리나라의 민간인들이 오랫동안 사용해 왔던 용어로서, 문화 관련 증후군으로 알려진 장애이다. 그 증상은 화남, 억울하고 분한 감정, 피해 의식, 열감, 치밀어 오름, 심계항진, 목과 가슴의 덩어리, 숨이 답답함, 구갈, 좌불안석인 상태, 눈물, 한숨, 하소연, 비관, 허무함, 더운 상태나 갇힌 상태에 대한 거부감 또는 집 밖으로 뛰쳐나가는 등이 특징인 증후군이다. 환자는 분노, 억울함과 분함, 그리고 때때로 증오에 대해서는 눈물을 흘리면서 길게 이야기하나, 폭력성은 거의 보이지 않는 것이 특징이다. 환자들은 흔히 화병이 만성적인 병으로 오랫동안 화나는 것, 억울하고 분한 것 등을 참고 참아 억눌린 것이 쌓여 화병이 생긴다고 말하고 있다.

그 원인은 대개 남편과의 갈등, 시댁 어른들과의 갈등, 그리고 가난이나 사회적 약자이기 때문에 당하는 피해 등으로 인한 분노이다. 이들은 억울하고 분하나 이를 표현하면 사회적 관계가 위태해지기 때문에 참아야 했었다. 따라서 화병은 사회적 약자, 우리나라의 전통문화적 관습에 의해 피해를 받아 온 여성, 특히 중년 이후의 가정주부에서 많이 발생한다.

화병

네이버 지식백과(화병과 분노에서 발췌)

"가슴에서 뜨거운 불덩이 같은 열이 뻗치면서 올라와요", "자꾸만 화가 나서 조절이 안 돼요".

여성들 중에는 이와 같은 증상을 호소하면서 병원을 찾는 경우가 적지 않다. 예전에 누군가 나에게 섭섭하게 했던 일들이 자꾸 떠올라서 그 사람과 같이 생활하기 어려웠던 적도 있을 것이다. 만약 당신이 중년 여성이라면 가슴에 열이 올라왔다 내려갔다 해서 '혹시 갱년기 장애인가'하고 의심해 본 적도 있을 것이다.

이런 경우에 굳이 병원을 가지 않더라도 한 번쯤은 화병을 의심하게 된다. 화병은 주로 여성들에서 많이 찾아볼 수 있지만, 상사에게 시달리는 직장인이나 사업에 실패한 남성들에서도 많이 나타난다.

DSM-III(diagnostic and statistical manual of mental disordersthird edition) 진단 기준에 의하면 화병은 우리나라의 한 농촌 지역 인구의 4.21%에서 나타나며, 중년 이후의 여자에 많고, 우울증과 신체화 장애의 복합 증후군으로 보인다. 이상과 같이 화병은 정신 역동적으로 분노를 억제한 결과로 본다(심수명, 2009).

3. 분노의 기능

1) 분노의 순기능과 역기능

분노는 순기능도 있지만 일반적으로 역기능이 많다. 분노는 가족 문제, 직장 문제, 심리적 건강이나 신체적 건강 문제들과 밀접한 상관을 보이고, 이러한 문제들을 예측하는 데 중요한 요인으로 언급된다. 고대로부터 동서양을 불문하고 분노의 부정적 결과들이 지적되었고, 많은 철학자나 종교 지도자들이 분노를 잘 조절하여야 한다고 하였다(Tavris, 1989).

이에 분노 조절에 대한 관심과 연구가 많아지고 있다. 최근 연구들에서 분노의 경험이나 표현에서 인지적 요인이 강조되고 있다(서수균, 2004; 이근배, 2008; Beck, 2000). 이러한 인지적 요인들 중에서, 정서 조절 중의 하나로서 공통된 주제를 보이며 상황적 요구가 없는 데도 반복적으로 되풀이되는 의식되는 사고(conscious thoughts)인 '반추'에 대한 관심이 증가하고 있다.

반추는 첫째, 의식되는 인지적 활동이고, 둘째, 부정적 기분이나 내용에 관한 것이고, 셋째, 과거 사건에 관한 것이고, 넷째, 자동적이거나 통제할 수 없는 것이고, 다섯째, 개인이 반추하는 동안 밖으로 표현하지 않는다(Papageorgiou & Wells, 2004). 그들은 반추를 "부정적 정서를 유발시킨 과거 사건들에 대한 의식되고, 자동적이고, 되풀이되는 사고 혹은 심상"이라고 정의하였다.

대부분의 사람들은 이러한 되풀이되는 혹은 반복되는 사고가 도움이 된다고 생각하는 경향이 있다. 즉, 부정적 기분이 발생했을 때 통찰을 얻거나 문제를 해결하기 위해 자신의 내부에 집중하여 자신의 감정이나 상황을 평가해야 한다고 믿는다. Lyubomirsky & Nolen-Hoeksema(1993)에 의하면, 반추하도록 한 우울 집단은 자신이나 자기 문제에 대해 통찰할 수 있었다고 보고하였고, 자신이 문제를 잘 해결하지 못하였을 때조차도 통찰에 도움이 된다고 하였다. 즉, 반추가 문제를 해결하거나 기분을 호전시키는 데 도움이 된다고 생각하는 것이다.

이와 달리 많은 연구들에서 부정적 기분에 대한 반추는 부정적 기분이나 증상들을 유지시키거나 문제 해결 능력을 손상시키는 등 부정적 영향을 낳는 것으로 나타난다. 부정적 감정을 경험할 경우 자연스럽게 반복 사고를 보이지만, 문제를 해결하기 위한 행동을 하지 않으면서 자신의 감정과 증상들의 의미 혹은 원인과 결과를 계속적으로 생각하는 경향이 있다. Lyubomirsky & Tkach(2004)는 반추의 부정적 결과를 다음과 같이 제시하였다. 반추는 부정적 감정이나 증상들을 지속시키거나 악화시킬 수 있고, 부정적으로 편향된 사고를 하게 하고, 문제 해결 능력을 손상시키고, 문제를 해결하고자 하는 동기를 약화시키거나 억제하고, 집중력을 떨어뜨리거나 인지 능력을 손상시키며, 문제를 악화시킬 수 있다는 것이다.

그러나 정서 조절에 관한 이론이나 연구들에서는 부정적 정서들에 직면하고 부정적 정서들을 다루는 것이 도움이 된다고 본다. 즉, 불쾌한 경험에서 발생하는 자신의 부정적 정서들을 분석하거나 표현하는 것이 신체 건강이나 정신 건강에 도움이 된다는 것이다. Martin& Tesser(1996)는 반추가 목표 불일치를 감소시키거나 상위 목표들을 달성하기 위한 수단이 된다고 주장하였다. 물론 반추가 항상 개인이 원하는 목표를 달성할 수 있도록 해 주는 것은 아니라고 하였다. 반응 양식 이론을 제시한 Nolen-Hoeksema(1991)도 반추가 개인에게 내부에 집중하도록 하여 자신의 감정이나 문제 상황을 평가하도록 도와 통찰을 주는 역할을 할 수 있다고 주장하였다. 그에 의하면, 다른 경험이나 행동을 처리할 수 있는 정도에서 자신이 경험하는 부정적 정서에 몰입하거나 벗어나는 과정을 정서 처리(emotional processing)라 하였는데, 부정적 정서 자체에 지속적으로 주의를 집중하는 것이 정서를 성공적으로 처리하는 데 중요한 요소라고 하였다.

(1) 분노의 순기능

분노는 외부 자극에 대한 자연스러운 반응이기도 하지만, 부정적 결과를 일으키는 경우가 많아 일반적으로 좋지 않게 지각되는 정서이다. 분노는 부당하다고 생각되는 외부 자극에 대해 감정적 혹은 행동적으로 반응을 보이는 것이다. 따라서 부당한 대우나 자신을 평가 절하하는 외부 자극에 감정적 혹은 행동적 반응은 자연스러운 것이다. 이러한 분노는 위협 상황에서 인간의 생존을 도와 줄 수 있고, 자신의 욕구에 대한 위험이 있을 때, 이를 피하도록 동기화 시켜줄 수도 있다(서수균, 2004).

이와 같이 분노는 부정적인 기능만 있는 것은 아니다. 분노는 다른 정서와 마찬가지로 생존에 필수적인 정서로서, 개인으로 하여금 어떠한 상황에 부딪혔을 때 적절하게 대응할 수 있도록 한다. 사람들은 역경에 처했을 때 우리의 에너지를 활성화시켜 주고 좌절이나 부당함에 직면했을 때 인내심을 증진시켜 주며 가치감을 공고하게 해 준다(Novaco, 1994). 또한 분노는 대인 관계 시 행동의 조절뿐만 아니라 자기 방어 및 통제력과 관련된 내부의 생리적·심리적 과정을 조직화하고 조절해 주는 등 다양한 적응적인 기능을 제공한다(심유진, 2008).

안정미(2013)는 분노를 적절히 잘 표현하면 대인 관계를 향상시킬 수 있고 자신의 심리적 방어로 불안을 감소시키며, 얻고자 하는 것을 더 많이 얻을 수 있다고 하였다. 또한 분노 표현은 돌보아 주는 사람에 대해서 의사소통인 사회적 신호를 제공할 뿐 아니라, 유아에게는 어떻게 행동해야 하는가에 대한 방법으로서의 신호를 제공하기도 한다(김경희, 2004).

(2) 분노의 역기능

분노는 인간에게 있어서 빈번히 경험되는 일차적이고 보편적인 정서로 다른 사람과 상호 작용하는 동안에 종종 발생하며 여러 가지 형태로 표현된다. 분노가 제대로 표현되지 못하거나 지나칠 경우 공격성이 표현되기도 하며, 분노 표현이 부적절하게 이루어질 때, 자신의 육체적, 심리적, 정서적인 상해를 입거나 인간관계의 어려움, 사회적 문제가 되는 반사회적인 성향이 표출되고 인격 장애로 발전하기도 한다(이정숙 외, 2010).

Deffenbacher & Oetting(1996)는 특성 분노가 높은 학생들이 특성 분노가 낮은 학생들에 비해 전반적으로 더 강한 분노를 경험했으며, 분노를 억압하거나 부정적으로 표출하는 모습을 보였고, 일상적인 스트레스에 대한 취약한 대처, 낮은 자존감, 약물과 알코올 문제에 더 큰 위험성을 보인다고 하였다. 또한 Hazebroek 등(2001)의 연구에서는 특성 분노가 높은 사람들이 특성 분노가 낮은 사람들보다 해석 편향, 타인 비난, 타인의 의도에 대한 부정적인 평가와 같은 역기능적인 인지적 특성과 관련이 있는 것으로 보고되었다.

분노는 우울증을 비롯하여 현대인이 경험하는 정신 장애와 관계가 깊다(최성일 외, 2001). 이경은(2011)은 분노를 표출할 때 사회적 상호 작용의 실패로 인해 대인 관계가 손상될 수 있다는 점, 그리고 분노를 억제하면 사회적 위축이나 신체화 장애, 우울증 등이 관련될 수 있다고 하였다.

또한 분노는 심리적 건강뿐만 아니라 신체적 건강에도 부정적 영향을 주는 것으로 나타난다. 분노는 질병에 대한 취약성을 증가시키거나 면역 체계를 약화시킬 수 있으며 심혈관계 질병으로 인한 사망 위험을 증가시킬 수 있다. Suinn(2001)은 이러한 결과가 일어나는 이유로 분노가 건강에 도움이 되는 행동들을 감소시키거나 건강을 해칠 수 있는 심리사회적 특성들을 증가시킨다고 주장하였다.

즉, 분노를 역기능적으로 표출하면 신체적, 정신적, 사회적 문제가 발생할 수 있으므로 분노를 적응적으로 조절하도록 자신의 가치나 욕구, 신념뿐 아니라 상대방의 정서 또한 고려할 수 있어야 한다.

2) 분노의 다른 기능

(1) 에너지를 주는 기능

분노는 인류가 진화하고 발전해 가는 과정에서 만나는 수많은 도전과 위험을 대처하기 위해서 중요한 역할을 했고, 종족의 생존을 위해서 필요한 요소였다. 이러한 분노의 기능 중 하나는 행동을 하기 위한 에너지를 준다는 것이다. 이것은 문을 쾅 닫는다든지, 목소리를 높이는 것과 같이 강한 반응으로 나타난다. 에너지를 주는 효과들은 분노 유발 자극에 자신감 있게 직면하게 한다. 또한 어떤 사람들은 분노를 경험할 때 활력과 자신감, 신체적인 강인함, 용감함을 느끼게 된다. 그들은 사회적인 변화를 추구하는 거의 모든 사회적인 운동들은 분노를 추진력으로 삼고 있다.

(2) 표현적인 기능

분노는 중요한 표현적 혹은 의사소통적인 기능을 한다. 사람들은 자신의 기대나 욕구가 좌절될 때 분노를 경험할 수 있는데, 이것이 과도하고 부적절하게 표현될 경우 친밀한 인간관계를 파괴할 수 있다. 건강한 관계는 분노를 제대로 표현하는 것에 달려 있다. 대인간의 여러 문제들은 사람들이 자신의 분노를 표현하는 방식에 따라 다양하게 일어난다.

항상 감사하기

《무지개의 원리》(발췌)

10대 자녀가 반항을 하면 그건 아이가 거리에서 방황하지 않고 집에 잘 있다는 것이고, 지불해야 할 세금이 있다면 그건 내게 직장이 있다는 것이고, 파티를 하고 나서 치워야 할 게 너무 많다면 그건 친구들과 즐거운 시간을 보냈다는 것이고, 옷이 몸에 좀 낀다면 그건 잘 먹고 잘살고 있다는 것이고, 주차장 맨 끝 먼 곳에 겨우 자리가 하나 있다면 그건 내가 걸을 수 있는 데다 차도 있다는 것이고, 난방비가 너무 많이 나왔다면 그건 내가 따뜻하게 살고 있다는 것이고, 교회에서 뒷자리 아줌마의 엉터리 성가가 영 거슬린다면, 그건 내가 들을 수 있다는 것이고, 온몸이 뻐근하고 피로하다면 그건 내가 열심히 일했다는 것이고, 이른 새벽 시끄러운 자명종 소리에 깼다면 그건 내가 살아 있다는 것이고, 마음속에 나도 모르게 일구어진 불평불만들, 바꾸어 생각해 보면 또 감사한 일이라는 것을……

(3) 방어 기능

불안과 분노는 밀접하게 관련되어 있다. 분노는 자신이 아닌 대상으로 주의를 돌림으로써 자신의 문제와 책임감을 방어한다. 즉 분노를 경험하는 사람들은 "나에게 잘못된 것은 아무것도 없다. 너에게 무엇인가가 잘못이 있다"라는 식으로 분노의 원인을 자신에게 찾지 않고, 주의를 외부로 돌림으로써 자신에 대한 문제를 방어한다.

(4) 유능화 기능

사람들이 분노를 경험할 때는 유능감의 느낌을 유발하기 때문에, 분노는 때때로 우리 뜻대로 일을 이루는 데 효과적으로 이용되기도 한다(Novaco, 1979). 사람들은 강렬하게 분노를 표현함으로써 다른 사람에게 충격이나 위협을 주어서 굴복시킬 수 있다. 건설적인 행동과 문제 해결 쪽으로 분노를 사용하는 한 분노는 적응적인 가치를 지닌다. 또한 분노는 사람들이 분노를 유발한 자극을 다루기 위한 능력이 있다고 자각하면 할수록 더 효과적으로 조절될 수 있다.

학습 과제	1. 다양한 이론가의 정의를 제시해 보라.
	2. 중독이라는 관섬에서의 분노를 논하라.
	3. 반추를 설명하고, 이를 순기능과 역기능 관점에서 논하라.

분노의 원인과 결과

분노는 나타나는 현상이나 변화에 따라 사람마다 다르게 나타날 수 있다.
이 장에서는 분노의 유형, 분노의 원인과 증상, 그리고 분노의 결과와 표현에 대해 다루어 본다.

+ 분노의 유형을 정의한다.
+ 노화의 원인과 증상을 살펴본다.
+ 분노의 원인과 증상으로부터 나타나는 결과와 표현을 살펴보고 이에 대한 대책을 논의해 본다.

오늘날 많은 사람들이 욱하고 치미는 성질을 조절하지 못해 고민하는 사람들이 무척 많다. 물론 전 세계 인구의 대부분이 상습적으로 살인을 저지를 만큼 심각한 분노를 보인다는 것은 아니지만 많은 사람들이 때때로 분노를 참지 못해 나중에 후회할 말이나 행동을 하고 있다. 이런 분노의 모습은 다양하게 나타날 수 있다 이에 이 장에서는 먼저 분노의 유형을 살펴보고, 분노의 원인과 증상, 그리고 분노로 인해 우리 삶에 미치게 되는 영향과 표현 방식을 알아보고자 한다.

1. 분노의 유형

Potter-Efron(2007)은 분노의 유형을 다음과 같이 분류하였다.

1) 돌발성 분노

돌발성 분노란 갑자기 예기치 않게 성격이 돌변할 정도로 화가 치밀어 감정이나 생각, 행동을 전혀 하지 못하거나 일부밖에 통제하지 못하는 상황이다. 돌발성 분노는 무의식중에 일어난다. 다른 사람들에게는 대수롭지 않은 사건인데도 불구하고 자신만 욱해서 이성을 잃고 악을 쓰며 상대방을 위협하고 억압하며 공격한다. 마치 폭주 기관차처럼 엄청난 속도로 보통 수준의 화를 넘어 폭발한다.

2) 잠재적 분노

분노가 항상 특정 사건에 대해 즉각적인 반작용으로 나타나는 것은 아니다. 때로는 자신이 불공평하다고 느끼는 상황에 대한 반응으로 천천히 누적되기도 한다. 이 같은 화는 이성이라는 장막 아래에서 수년간 용암처럼 이글거리고 있다가 결국 바깥으로 분출되며, 이를 잠재적 분노라고 한다.

특정 개인이나 자신에게 피해를 주었다고 생각하는 모임이나 집단을 향해 분노가 장기적으로 쌓였을 때, 자신이 불공평하다고 느끼는 상황에 대해 병적인 집착을 보인다. 그리고 가해자 집단에게 도덕적인 분노와 증오를 나타내며 성격 변화, 복수를 하는 상상, 가해자를 계획적으로 습격하는 등의 행동을 한다. 잠재적 분노를 가지고 있는 사람들은 보통 자기가 얼마나 화가 났는지를 감추곤 한다. 그래서 눈에 보이지 않는 곳에 엄청난 크기의 분노가 쌓여 있는데도 그것을 한눈에 알아차리기가 힘들다.

3) 생존성 분노

생존성 분노는 자신의 육체적 안위와 생존이 크게 위협받았거나 위협받고 있다는 상상을 했을 때 밀려오는 강력한 분노이다. 생존성 분노의 증상을 보이는 사람들 중 대부분은 살아오면서 생명이 심각하게 위험했던 경험이 있다. 자신이 작고 약했던 어린 시절이었든, 청소년 시절 조직 생활을 했을 때이든, 심한 교통사고나 아니면 성폭행을 당했거나 현재 폭력적인 만남이 진행되는 상황이든 생명이 위험한 상황에 놓여 있었다면 모두 포함된다. 이 생존성 분노를 가진 사람들은 분노하는 성질을 고치기가 가장 어렵다. 왜 냐하면 이들은 본인의 욱하는 성질을 관리하려고 진지하게 노력하기보다는 자신은 희생 자라는 생각을 갖고 이런저런 핑계를 대기 때문이다.

4) 체념성 분노

인생을 자기 마음대로 조절할 수 없거나 중요한 상황에서 아무런 영향을 미칠 수 없다 는 사실을 참기 힘들 때 폭발하는 분노다. 이러한 분노는 하늘에 대고 삿대질을 하며 왜 내 아들을 데려갔냐고 신을 향해 절규하는 아버지의 분노처럼 자신이 아무것도 할 수 없다는 무력감에서 비롯된다.

5) 수치심에서 비롯된 분노

자신이 창피를 당했다거나 비난을 당했거나 모욕을 당했다고 느꼈을 때, 이는 누구나 싫 어하는 상황이다. 이럴 때 민감하게 반응하는 사람들이 있다. 이를 수치심에서 비롯된 분노라고 하며, 자신을 수치스럽게 만든 사람에게 욕설을 퍼붓는다거나 폭력적인 행동 을 한다.

수치심에서 비롯된 분노는 위험할 수 있으며 때로는 치명적이기까지 하다. 자신이 모 욕을 당했다는 생각 때문에 수많은 살인 사건이 일어난다. 수치심은 감정인 동시에 확신 이다. 그것은 불쾌한 감정이다. 사람들은 흔히 수치심에 대해 이야기할 때 얼굴이 빨개 지는 것이 느껴지거나, 숨고 싶지만 몸이 꿈쩍도 않는다거나 다른 사람과 눈을 못 맞추 겠다거나, 몸에서 힘이 쭈욱 빠지면서 나약하고 무력한 느낌이 들었다고 말한다. 이런 감 정을 견디기란 무척 힘들다. 그래서 수치심을 분노로 바꾸기도 하는 것이다. 수치심이 심한 사람들은 자신을 쓸모없고 부족한 존재라고 생각한다. 그래서 자신이 싫어지고 그 럴수록 수치심을 줄 수 있는 것들을 더욱 피하려고 한다. 그러한 행동들이 수치심에 대 해 더욱 민감하게 반응하도록 하고, 작은 사건에도 어마어마한 크기의 수치심을 느끼는 상황에 이르는 것이다.

6) 버림받음에서 비롯된 분노

버림받음에서 비롯된 분노는 어린 시절부터 시작된다고 한다. 애착 이론의 아버지로 알려진 Bowlby(1958)는 어린이들이 세상이 얼마나 믿을 만한 곳인지에 대해 오래 지속되는 판단을 내린다고 하였다. 비록 말로 표현하지 못해도 다음과 같은 질문을 자신에게 한다고 한다.

- 내 보호자들은 힘들 때 내 곁에 있어 줄까?
- 나를 걱정한다는 사람들이 내게 정말로 잘해 줄까, 혹은 못해 줄까?
- 내 보호자들의 말을 얼마만큼 믿어도 될까?
- 내 보호자들은 얼마나 안전한가? 나를 위험에서 보호하는가, 아니면 그들 자체가 위험한 사람은 아닌가?
- 내 보호자들은 일관된 사람들인가, 아니면 변덕이 많은 사람들인가?
- 내 보호자들은 끝까지 내 곁을 지킬 것인가, 혹은 언젠가 나를 버릴 것인가?
- 내 보호자들을 나를 전적으로 조건 없이 사랑할까? 아니면 내가 눈 밖에 나는 말이나 행동을 하면 날 사랑하지 않게 될까?
- 사람들은 안전한 존재인가 위험한 존재인가? 이 세상은 안전한 곳인가, 위험한 곳인가?

놀랍게도 어린이들은 18개월만 되면 이 질문에 대한 답을 거의 정한다고 한다. 그리고 뇌 속에서 일단 모형이 형성된다는 것이다. 이때 아무도 사람을 믿지 말라는 결정을 내리게 되면 성인이 되어서 아무도 믿지 못하게 된다는 것이다. 이때 형성된 개념은 뇌에 깊고 굳게 뿌리 내린다. 어린 시절 부모에게 버림 받은 경험이 있는 사람은 어른이 되어서 버림받음에서 비롯된 분노의 토대가 된다는 것이다.

인간의 애착 관계를 연구한 Gapp 등(2007)은 "나는 다른 사람들과 심석으로 금빙 친밀감을 느낀다. 나는 다른 사람이 나에게 의지하는 것도 내가 다른 사람에게 의지하는 것도 편안하게 생각한다. 혼자가 된다거나 거절당한 것에 대해 걱정하지 않는다" 등의 말에 전적으로 공감하는 사람들을 '안정형'이라 하였다.

안정형인 사람들은 기본적으로 다른 사람을 믿을 수 있으며, 배우자와 몇 시간 혹은 그 이상을 떨어져 있어도 극심한 초조함을 느끼지 않는다. 그러나 반대로 안정형의 애착 관계를 갖고 있지 못하는 사람들은 "나는 다른 사람과 가까워지는 게 불편하다. 사람들과 가까운 관계를 맺고 싶지만 누군가를 전적으로 믿지도 못하겠고, 누군가에게 마음 편하게 기대지도 못하겠다. 다른 사람과 지나치게 가까워지면 마음이 다칠까 봐 걱정이 된다"는 말에 공감을 한다고 한다. 이들은 자신이 사랑하고 필요로 하는 사람들에게 버림받을까 봐 끊임없이 걱정을 한다. 항상 불안해 하며 자신의 애인이나 배우자와 계속 연락을 주고받아야 한다는 부담감에 시달린다.

이들은 거절당할 것을 가장 두려워한다. 처음에는 지나치게 깊은 관계를 맺지 않으려고 하지만 결국 푹 빠지게 된다. 이들의 배우자들 눈에는 이들이 한없이 약하고 상처받기 쉬운 존재로 보이는데, 그것은 이들이 여전히 언젠가는 배우자가 자신을 버릴 것이라고 믿기 때문이다. 또한 이들은 세상에 순수한 의도로 자신에게 충실한 사람이 있기도 하다는 사실을 납득하지 못한다.

버림받음에서 비롯된 분노의 원인은 어린 시절의 상처만이 아니라 성인이 되어서 맺은 유익하지 못한 관계도 큰 영향을 미칠 수 있다. 자신이 사랑한 사람이 거짓말을 하고, 배신을 했을 때 나타나기도 한다.

Bowlby(1958)는 이상과 같은 분노의 6가지 유형의 판단 기준을 다음과 같이 제시하였다.

분노 유형 판단 기준

다음의 주어진 답 가운데 자신과 가장 비슷한 것을 각 문항에 적으시오

Y: 네, 저는 종종 그렇습니다.

N: 아니요, 그런 생각이나 행동은 하지 않습니다.

M: 잘 모르겠습니다. 이 문장이 내 행동이나 생각과 일치한다고 확신할 수 없습니다.

* 네, 정말 그렇습니다. 매우 심각하고 위험하며 무서운 일입니다.

1. 돌발성 분노

1. 화가 급속도로 극심하게 치솟는다. □

2. 가끔 너무 화가 나서 행동이나 말을 주체할 수 없다. □

3. 사람들은 내가 화가 많이 났을 때 나더러 이상하다, 무섭다, 혹은 미친 것
   같다고 말한다. □

4. 화가 많이 났을 때(술이나 약물 때문이 아니라) 기억이 끊어져서 내가 한 말이나
   행동이 기억나지 않은 적이 있다. □

5. 나는 화가 많이 났을 때 누군가를 심하게 다치게 하거나 죽일까 봐 걱정된다. □

6. 화가 나면 내 평상시 모습이 아니라 다른 사람이 된 것 같다. □

7. 누군가가 나를 모욕하거나 협박하면 즉각 화가 치민다. □

1~7번 중에 Y 또는 *로 답한 문항 개수:

2. 잠재적 분노

8. 과거에 모욕을 당했거나 상처 받았던 일을 계속 곱씹는다. □

9. 과거에 모욕당한 일 때문에 화났던 게 누그러지거나 풀리기는커녕 시간이
   갈수록 더 심해진다. □

10. 나는 가끔 나를 다치게 한 사람들에게 복수하는 강렬한 환상에 사로잡힌다. □

11. 다른 사람이 내게 저지른 짓 때문에 그 사람을 증오한 적이 있다. □

12. 내가 겉으로 드러내지 않아서 그렇지 속으로 얼마나 화가 났는지를 알면
    사람들은 놀랄 것이다. □

13. 사람들이 은근슬쩍 넘어가려는 것을 보면 화가 머리끝까지 난다. □

14. 쉽게 용서하지 못한다. □

15. 화가 점점 쌓여가도 다른 사람에게는 아무 말도 하지 않는다. □

16. 당한 만큼 갚아 주기 위해 상대를 고의적으로 다치게(육체적으로나 말로나) 한다. □

8~16번 중에 Y 또는 *로 답한 문항 개수:

3. 생존성 분노

17. 내가 다른 사람과 몸싸움이 났을 때 여러 사람이 달려들어서야 간신히 나를
    떼어 냈다 □

18. 화가 많이 나면 다른 사람을 크게 다치게 하거나 죽이겠다고 협박한다. □

19. 나는 곧잘 깜짝 놀란다. 가령 누가 뒤에서 어깨만 살짝 쳐도 화들짝 놀란다. □

20. 화가 나면 마치 내가 살아남기 위해 싸우는 것 같은 기분이 든다. □

21. 상상 속 위험에서든 진짜 위험에서든 나 자신을 지키기 위해 물불 안 가리고
    분노를 터뜨린 적이 있다. □

22. 다른 사람들이 나를 해칠 것이라고 믿는 것은 거짓이며 편집증 증세가 있다는
    말을 자주 듣는다. □

23. 나는 정말 화가 나면서도 사실은 두려운 투쟁 도주 반응(위기 상황에서
    본능적으로 싸울 것인지 도망칠 것인지를 결정하는 반응)을 보인다. □

17~23번 중에 Y 또는 *로 답한 문항 개수:

4. 체념성 분노

24. 사람들이 나를 인정하지 않고 내 말을 듣지 않을 때 폭발할 것만 같다. □

25. 혼자 '더 이상 못 참아'라고 생각한 뒤에 욱하는 성질이 폭발한 적이 있다. □

26. 내가 통제할 수 없는 상황에 처하면 화가 나고 무기력한 느낌이 든다. □

27. 내 뜻대로 일이 되지 않으면 물건을 부수고, 바닥을 주먹으로 내려치거나
    악을 쓴다. □

28. 너무 화가 나면 설혹 그것이 상황을 악화시키는 일이라 해도 무슨 일이든 해야
    직성이 풀린다. □

29. 나를 조절할 수 있는 통제권이나 힘이 있는 사람에게 폭력을 행사하거나
    복수하는 생각을 품은 적이 있다. □

24~29번 중에 Y 또는 *로 답한 문항 개수:

5. 수치심에서 비롯된 분노

30. 사람들이 나를 존중하지 않으면 분노가 치민다. ☐
31. 나에게는 내 평판을 지키는 일이 무척 중요하다. ☐
32. 사람들이 나를 바보, 못난이 혹은 무능력자라고 생각할까 봐 자주 걱정한다. ☐
33. 나는 누군가가 내 잘못을 지적했을 때처럼, 창피를 당하면 정말 화가 난다. ☐
34. 비판에 지나치게 민감하다는 소리를 자주 듣는다. ☐
35. 사람들이 나에 대한 혹평을 했다 싶으면 계속 마음에 담아 둔다. ☐
36. 사람들이 나를 무시하면 화가 난다. ☐

30~36번 중에 Y 또는 *로 답한 문항 개수:

6. 버림받음에서 비롯된 분노

37. 내가 버림받았거나 배신당했던 때를 생각하면 분노가 치민다. ☐
38. 질투심이 너무 강해서 괴롭다. ☐
39. 소위 나를 걱정한다는 사람들이 못 믿을 사람들임을 증명하기 위해 증거를
    찾는다. ☐
40. 사랑하는 사람들로부터 냉대를 박거나 무시를 당하면 견딜 수 없다. ☐
41. 나를 버리고 떠나거나 나를 냉대한, 혹은 배신한 옛 배우자나 현 배우자에게
    복수하겠다는 생각에 집착하게 된다. ☐
42. 내 배우자나 자녀들, 혹은 친구들이 나를 사랑하고, 챙겨 주고, 관심을 가져 주는
    것보다 내가 주는 게 훨씬 많아서 손해 보는 기분이 든다. ☐
43. 일단 누군가에게 화가 많이 나면 그 사람이 어떤 따뜻한 말이나 안심시키는
    말을 해 주어도 전혀 받아들이지 못한다. ☐

37~43번 중에 Y 또는 *로 답한 문항 개수:

진단: 최소한 몇 점 이상이면 화를 조절하는 데 문제 있다고 정해진 것은 없지만 대답 가운데 Y 또는 *가 많이 있다면 끓어오르는 화를 조절하는 데 어려움이 있다는 의미이다. 일반적으로 Y 또는 *가 많을수록 분노 문제가 심각하다는 것이며, 어느 특정 유형에서 Y와 *가 더 많이 나왔다면 해당 유형의 분노 문제를 깊이 있을 확률이 높다는 의미이다

2. 분노의 원인

여러 학자들이 분노의 원인에 대해서 기술하였다. 예를 들어 Bandura(1989)는 4가지 유형의 자극, 즉 언어적 모욕이나 위협, 신체적 공격, 활동을 방해받는 것, 보상을 박탈당하는 것 등이 분노를 일으킨다고 보았다. 처음의 2가지는 회피하고 싶은 사건들에 의해서 영향을 받는 것이고, 다음의 2가지는 긍정적인 강화를 받지 못하는 것과 관련된다.

Izard(1977)는 분노를 일으키는 다양한 원인들을 다음과 같이 제시하였다.

첫째, 일상적인 생활에서 자신이 강렬하게 바라던 것을 심리적 또는 육체적으로 제지 당했을 때 분노가 유발된다고 보았다. 이러한 제지는 육체적인 장벽, 규범, 제한 또는 자신의 무능력 등이다. 만약 이러한 제한점이 포착하기 어려운 형태로 나타나거나 위장된 형태로 나타날 때, 이에 대한 즉각적인 반응은 분노가 아닐 수도 있다. 그러나 이러한 제한점이 실제로 자신이 원하는 바를 달성하지 못하게 할 때, 대부분의 경우 분노가 발생한다고 보았다. 그러나 이러한 좌절이 분노를 일으키기 위해서는 그 좌절이 우리 자신의 자존감과 개인적으로 의미 있게 관련이 되어 있어야 한다. 그렇지 않을 때, 좌절은 죄책감, 불안, 수치심, 질투, 경멸 등의 정서를 유발하기도 한다(Lazarus, 1991).

둘째, 성인의 분노를 일으키는 주요 유발 요인은 자신 또는 자신에게 중요하다고 생각하는 것을 평가 절하하는 공격이다. 자의적이고 깊은 고려가 없는 상태에서 이루어지는 악의적인 공격은 개인의 자아 정체감을 위협하고 그에게 모욕을 느끼게 한다. 그리고 이 모욕이 분노를 일으키는 정도는 개인과 문화에 따라 상이하다.

셋째, 만성적이고 해결되지 않는 일반적으로 강하고 지속적인 스트레스가 분노의 유발 요인이라고 보았다. 지속적인 신경 흥분은 스트레스의 유발 요인도 되기 때문에 이것이 분노의 유발 요인이 되기 위해서는 얼마나 지속적으로 강하게 유지되느냐에 달려 있다는 것이다. 스트레스 상황에서 경험하는 자극의 정도가 증가할수록 분노가 발생할 확률이 높아지는 것이다.

이 밖에도 분노의 원인들은 다양하게 있을 수 있다.

1) 자아 가치의 보존

사람들은 자신이 모욕된다고 지각할 때 강한 분노를 경험하면서, 보복을 하려는 충동을 느낀다. 그리고 때때로 자신을 모욕한 사람을 공격해야만 상처받은 자신의 자아가 온전하게 복구된다고 생각한다. 또한 사람들은 타인에게 거부를 당하거나 무가치한 존재로 취급당할 때, 그리고 존중받지 못한다고 느낄 때 분노를 느낀다. 예를 들어 식당에서 종업원이 불친절하게 행동할 때, 직장 상사가 다른 직원들 앞에서 자신을 노골적으로 비난할 때 사람들은 분노를 경험하게 된다.

2) 욕구 보존

사람들은 서로 다른 욕구를 가지는데, 자신의 욕구가 충족되지 않거나 무시당할 때 분노를 느낀다. 욕구 중 특히 분노에 영향을 미치는 것은 사랑의 욕구이다. 사람들의 분노는 자신이 사랑하고 몰입하고 있는 조건에서 가장 빈번하게 일어난다. 발달 과정에서 아동은 자신의 욕구와 사랑이 충족되지 않을 때 부모에게 분노를 느끼게 되며, 동일한 방식으로 나중에 성인이 되었을 때 자신이 사랑하고, 몰입한 대상에서 사랑이 충족되지 않을 때 강하고 빈번한 분노를 느끼게 된다.

3) 신념 보존

사람들은 다른 사람이 자신이 지닌 신념을 인정해 주지 않는다고 느낄 때, 다른 사람이 자신이 중요하게 생각하는 신념과 어긋나는 행동을 하는 것을 볼 때 분노를 느낀다. 사람들이 중요하게 생각하는 신념은 약속이나 신의 등이 있으며, 중요하게 생각하는 신념은 사람들마다 서로 다르다. 사람들이 신념 때문에 분노를 경험하는 이유는 자신이 중요하게 생각하는 신념 역시 자아에 속하는 중요한 부분이기 때문이다.

4) 지배성

지배성을 지닌 사람들이 전하는 기본적인 메시지는 "나는 올바르고, 너는 틀렸다"는 것이므로, 지배성에 대한 분노는 타인의 의견 대로 행동해야 한다는 강요에 대해서 반항을 표시하는 것이다. 이것은 전술한 Izard(1991)의 구속과 비슷한 개념이다. 사람들은 어떤 경우 자신이 선호하는 삶의 틀과 방식이 있지만, 타인이 강요할 때는 화가 나게 된다.

5) 다른 정서

통증의 감각이 생각이나 기억이 끼어들 틈도 없이 분노를 일으킬 수 있는 것과 같이 다른 정서도 분노를 일으킬 수 있다. 지속되는 슬픔은 분노를 일으킬 수도 있는데, 우울증에서 분노는 매우 빈번하게 슬픔과 연관되어 있다. 자신이 너무 뚱뚱하다거나 못생겼다는 등의 자신에 대한 혐오 감정이나 타인에 대한 혐오 감정도 분노를 일으킬 수 있다.

3. 분노의 증상

분노는 사람들이 일상생활에서 가장 빈번하게 경험하는 정서로서, 분노는 예상되는 목표를 획득하는 데 방해를 받을 때, 자존심이 손상당한다고 지각될 때, 혹은 위협을 받을 때 유발되는 정서이다.

1) 분노의 생리적인 변화

사람들이 분노를 경험하면 대뇌의 변연계를 자극하게 되는데, 2가지 과정을 거치게 된다 (Davitz et al., 1969). 첫 번째 과정은 뇌 속에 카테콜아민(catecholamine)이 방출되어서 공격 혹은 회피 상황에서 격렬한 행동을 일으키는 강한 에너지를 분출하게 된다. 이것은 수분 동안 지속되는데, 이때 사람들은 상대방을 공격할 것인지 혹은 회피할 것인지를 결정하게 된다.

두 번째 과정은 부신피질 신경계가 흥분하면서 언제라도 행동을 일으키는 긴장 상태를 만드는데, 이것은 몇 시간 혹은 며칠씩 지속되게 된다. 이러한 생리적인 변화 때문에 분노는 다른 어떤 정서보다도 건강에 중요한 영향을 미치게 된다.

분노를 경험할 때는 특히 심혈관계의 반응이 강하게 일어나는데, 에피네프린(epinephrine)과 노르에피네프린의 혼합된 반응으로 일어나며, 운동할 때의 심장 반응과 유사하다.

2) 분노의 주관적인 경험

Davitz 등(1969)은 사람들에게 분노를 느낄 때 어떤 것이 경험되는가를 기술하게 한 결과, 사람들이 분노를 경험할 때는 혈압이 상승하며, 몸 전체가 긴장되며, 맥박이 빨라지며, 이를 꽉 다물게 되며, 치거나 부수거나 발로 차고 싶거나 물고 싶은 충동을 느끼며, 지각의 범위가 좁아져서 한 가지에만 주의를 기울이게 되는 것으로 나타났다. 그리고 분노를 유발한 대상에게 상처를 줄 만한 말을 하고 싶은 욕구를 느끼며, 계속 복수를 생각하며, 분노에 사로잡혀서 압도당하는 것 같은 느낌이 드는 것으로 나타났다.

따라서 사람들이 분노를 느끼면 강한 생리적인 변화를 경험하며, 분노를 유발한 대상을 공격하고 때려눕히려는 충동적인 힘을 느끼게 된다. 분노가 강하면 강할수록 분노를 경험하는 사람은 신체적인 행동을 해야겠다는 강렬한 욕구를 느끼게 된다. 사람들이 강한 분노를 경험할 때는 강렬한 충동성도 느끼기 때문에, 사회는 다른 정서보다도 분노 표현에 대한 규칙을 더 중요하게 생각한다.

3) 분노의 행동 경향성

분노를 경험하는 사람들은 분노를 유발한 상황을 자기 방식대로 바로잡고 싶어 한다. 따라서 사람들이 강하고 격렬한 분노를 경험할 때는 언어적인 공격성과 신체적인 공격성이 강하게 나타날 수 있다.

Averill(1982)은 사람들에게 최근에 분노를 경험했던 때를 회상하고 어떻게 반응하였는지를 말하도록 한 결과, 반응 유형은 크게 비공격적인 반응들과 공격적인 반응들로 구분되었다. 구체적으로 살펴보면, 비공격적인 반응들은 첫째, 진정시키는 행동하기, 둘째, 무례한 사람을 해치려는 의도 없이 중립적인 입장에서 사건에 대해서 말하기, 셋째, 적개심을 드러내지 않고 무례한 사람과 함께 사건에 대해서 말하기, 넷째, 분노 자극에 반대되는 행동하기 등이었다.

공격적인 반응들은 첫째, 간접적인 공격이 있는데, 이것은 분노를 유발한 대상에게 복수하기 위해서 제삼자에게 말하기, 분노를 유발한 대상에게 중요한 어떤 것에 해를 입히기 등이 포함되었다. 둘째, 대체된 공격, 즉 일종의 전위라고 할 수 있는데, 사람뿐 아니라 사람이 아닌 대상에 대한 공격 모두를 포함하였다. 셋째, 직접적인 공격으로, 말 혹은 상징적인 공격뿐 아니라 육체적인 공격이나 처벌을 포함하였다.

4. 분노의 결과

Potter-Efron(2007)은 분노의 결과로서 우리의 생활에 미치는 부정적인 영향, 분노 때문에 치르는 삶의 대가, 그리고 지혜로운 분노 관리의 필요성 등을 제시하였다.

1) 분노가 우리 생활에 미치는 영향

- 화를 잘 내는 사람은 해고당하기 쉬우며, 스스로 직장을 그만두기 쉽다. 또한 원하지 않는 직장을 전전하는 경향이 있다.
- 화를 잘 내는 아이는 다른 아이보다 학업을 중단하기 쉽고, 결과적으로 성공하기 어렵다.
- 화를 심하게 내는 사람은 그렇지 않은 사람에 비해 흡연할 확률이 65% 높다.
- 화를 적절하게 표현하지 못하는 여학생일수록 비만인 경향이 있다.
- 화를 심하게 내는 사람은 그렇지 않은 사람에 비해 심장 마비나 협심증에 걸릴 가능

성이 3배나 높다.

- 화를 지나치게 낼수록 뇌졸중 발병 확률이 약 2배 높다.
- 화를 잘 내지 않는 사람 가운데 67%는 아침에 상쾌한 기분으로 기상하는 반면, 화를 자주 내는 사람은 오직 33%만이 비교적 상쾌한 기분으로 기상한다.
- 분노는 이 외에도 오늘날의 주요 사망 원인인 당뇨병, 자살 등과도 밀접하며, 뿐만 아니라 두통, 요통, 불면증, 위궤양, 호흡기 질환, 비뇨기 질환, 관절염, 천식, 만성 피로 증후군, 만성 가려움증, 습진, 녹내장, 알코올 중독, 비만, 거식증, 과식증, 우울, 가정 폭력, 약물 남용 등과도 밀접한 관계를 맺고 있다.

2) 분노 때문에 치르는 삶의 대가

- 자유가 제한된다: 감옥, 접근 금지 명령, 법원의 분노 관리 혹은 가정 폭력 방지 프로그램 교육 명령은 욱하는 성질이 있는 사람들이 자주 맞이하는 결과이다.

인디언이 곰을 잡는 법

아메리카 인디언들이 곰을 잡을 잡는 방법은 독특하다. 우선 커다란 돌덩이에 꿀을 바르고 나뭇가지에 밧줄로 매달아 놓는다. 그것을 발견한 곰은 꿀을 먹기 위해 앞발을 들고 돌덩이를 잡으려 한다. 그러면 돌덩이가 곰의 앞발에 차여 진자 운동을 시작한다. 앞으로 밀려갔던 돌덩이가 뒤로 돌아오면서 곰을 때린다. 곰은 화가 나서 점점 더 세게 돌덩이를 치고, 그럴수록 돌덩이는 더 큰 반동으로 곰을 후려친다. 결국 곰이 나가떨어진다. 곰은 '폭력의 악순환을 중단시키는 방법'을 모른다. 그저 욕구에 대한 반응만 생각할 뿐이다. '저 놈이 나를 때렸겠다. 그럼 나도 본때를 보여줘야지!' 하는 마음뿐이다.

곰의 분노는 결국 그 스스로를 죽이고 만다. 인디언들은 곰 사냥을 통해 복수가 결국 자신을 죽인다는 것을 배운다. 우리 사람 역시 분노가 우리를 죽인다는 사실을 모르면 마치 곰처럼 점점 화를 내서 스스로의 생명을 단축시키게 된다. 그리고 때로는 우리의 목숨까지 앗아간다.

- 다른 이들에게 정신적, 육체적 피해를 준다: 다른 사람은 물론 자신이 사랑하고 아끼는 사람들에게까지 해를 끼친다. 나중에 아무리 죄책감으로 괴로워한다 해도 이미 때 늦은 후회이다.
- 인간관계가 깨진다: 결혼, 우정, 가족 관계가 망가진다. 언제 터질지 모르는 시한폭탄 곁에 그 누가 있고 싶겠는가?
- 자신과의 약속을 항상 깨뜨리게 된다: 다시는 누군가에게 그런 상처를 주지 않겠다고 맹세하지만 얼마 안 가서 성질이 또 폭발하고 만다.
- 해고, 정학, 퇴학 등을 당할 수 있다: 회사나 학교에서 자주 욱하고 성질을 내는 사람은 결국 아무 일도 못하게 된다.
- 재정적인 압박을 받는다: 망가뜨린 물건을 변상하거나 일을 못해서 급여 등에 손해를 본다.
- 사람들에게 두려움의 대상이 되며 신뢰를 잃는다: 자주 분노하는 성질 때문에 일으킨 사고로 소중한 사람들에게 신뢰를 받지 못한다거나, 자기가 집에 왔을 때 자신의 자녀가 무서워서 방에 숨는다는 사실은 가슴 아픈 일이다.
- 집착, 편집증, 고립된 생활을 하게 된다.
- 자기 혐오에 빠진다: 욱하는 성질을 가진 사람들 중 자기 감정을 조절하지 못하고 사랑하는 사람들에게 상처만 주는 상황에서 분노를 자신에게 돌려 스스로를 벌주는 사람을 흔히 볼 수 있다. 자신의 얼굴을 할퀴거나, 머리로 벽을 들이받거나, 심지어 욱하고 성질을 낸 후 부끄러움과 죄책감으로 자살을 생각하기도 한다.

3) 신체적 건강에 미치는 영향

분노를 밖으로 드러내어 표현하는 방법이 폭력적이고 공격적일 경우 대인 관계를 해치고, 자신에게도 많은 문제를 발생하게 만들지만, 분노를 억제할 때에도 이에 못지않은 부정적 결과들이 발생한다. 분노의 강도, 빈도, 그리고 지속 정도가 과도할 때, 또한 분노 표현의 문제에 있어서 분노 억압이 장기화될 때, 개인의 심리적 건강에도 악영향을 미칠 뿐 아니라 자신의 신체에 여러 질병을 일으키는 원인이 된다.

민성길(2003)의 연구에 의하면, 심혈관계 질환에 있어서 가장 핵심적인 원인으로 지목되고 있는 것이 분노 감정이다. 분노 감정이 심혈관계 질환에 영향을 미친다는 사실은 이미 오래전부터 알려져 오다가, 현대에 이르러 이와 같은 인식이 과학적으로 증명되기에 이르면서, 분노가 다양한 건강 문제와 밀접하게 관련되어 있음이 증명되고 있다. 분노와 관련된 생리적 각성은 동공 확장과 심장 박동률의 증가, 혈압 상승, 안면 근육의 긴장, 소화 기능의 저하, 그리고 심호흡과 관계가 있다. 또한 최근에 수행된 많은 연구에서 분노가 고혈압을 비롯한 심혈관계 질환에 대하여 중요한 심리적 요인임이 밝혀지고 있으며, 적개심과 관상 동맥 심장 질환의 출현, 심각도 및 치사율 간에 정적인 상관이 있음을 발견하였다.

Deffenbacher & Lynch(1996)의 연구에서 높은 분노를 보이는 피험자들이 낮은 분노를 보이는 피험자들보다 자기 보고식 생리적 반응 측정치에서 더 강렬한 생리적 증상들을 보고하였다. 그들에 의하면, 분노는 생리적 각성을 일으키고 동공 확장, 심장 박동률의 증가, 혈압 상승, 안면 근육의 긴장, 소화 기능의 저하를 가져오고 심호흡과 관계가 있다고 한다. 또한 그들은 분노를 특성 분노와 상태 분노로 분리해서 이해하고, 높은 특성 분노의 문제를 가진 사람은 특히 심혈관계 질환과 상관이 있으며, 학업, 직무, 대인 관계, 자존감에 부정적인 영향을 주고, 매우 역기능적인 방식으로 자신의 분노를 표현하고, 내적 혼란 및 고통을 유발하는 경향이 있다고 하였다.

4) 심리적 건강에 미치는 영향

분노와 우울이 서로 관계가 있다는 이론적 기반과 경험적 연구들은 많이 보고되고 있다. 정신분석 이론가들은 내부로 향한 분노가 죄책감과 우울을 초래한다고 주장하였다. 즉 우울한 사람은 욕구 좌절로 인해 분노 감정이 일어날 때, 그 분노의 원인을 타인이나 바깥의 상황에서 탓을 찾지 않고, 분노가 자기 내면을 향하여 자기 탓을 하는 것으로 표현될 때, 우울 감정을 느낀다는 것이다. 이는 자기를 상실된 대상과 동일시하여, 분노를 자기 내면을 향하여 표현하기 때문이다(최성일 외, 2001).

Riley 등(1989)에 의하면, 우울한 사람들과 우울하지 않은 사람들이 대략적으로 동등

한 수준의 분노 표현을 보고하지만, 우울한 사람들이 보다 강한 주관적 분노 경험을 보고하고 있고, 또한 우울한 사람들이 그렇지 않은 사람들보다 분노를 억압하기 위해 더욱 많은 노력을 기울인다고 하였다. Fava & Rosenbaum(1998)은 우울증 환자의 30~40%가 분노 발작을 보이는데, 이들 대부분이 자신의 분노 표현에 대한 두려움을 가지고 있기 때문이라고 하였다. 즉 자신이 통제력을 상실하여 파괴적인 공격을 하게 되지는 않을까 하는 두려움을 많이 느낀다는 것이다. 또한 그들은 분노의 내적 억제 경향이 높을수록 우울 경향이 높고, 분노 통제 경향이 높을수록 방어가 심하다고 하였다.

이러한 선행 연구들을 종합해 보면, 분노는 우울 정서와 연관되는데, 분노를 억압할수록 우울 정서를 경험하게 된다는 것이다. 즉 우울 정서의 한 원인으로 분노 억압이 있을 수 있음을 보여주는 것으로서, 정신분석학에서 주장하는 관점을 지지해 준 것이었다. 이는 인간이 적절히 분노를 표출해야 심리적 건강이 유지될 수 있음을 보여준 것이며, 우울증이 반드시 분노 억압으로부터 온다고 주장하는 것은 아니다. 우울은 분노 억압 외에도 편집적 성격, 약극성 장애, 반사회적 성격 등 많은 임상적 특성과 관련되어 있다. 그러나 이들 연구가 제시하고 있는 것은 우울을 주로 호소하는 환자들이 많은데, 이들의 상담과 치료에 있어서 분노의 문제를 탐색하는 것은 내담자에 대한 이해의 폭을 넓혀주는 것이며, 분노 조절을 통해 우울을 감소시키려는 계획에 중요한 시사점을 제공해준다.

5) 지혜로운 분노 관리의 필요성

분노가 위와 같이 우리 생활에 부정적인 영향을 미친다고 화를 참기만 할 것인가? 불행하게도 화를 무조건 참는 것도 그리 좋은 방법이 아니라고 학자들은 말한다. 미국의 보스턴 대학교의 연구 결과에 의하면 무작정 참고 사는 아내가 남편과 싸우는 아내보다 심장병 등 각종 질병에 걸려 죽을 확률이 4배나 높았고, 분노를 표현하지 않는 '병리적으로 착한 사람들'이 암이 걸리기 쉬운 C형 성격으로 나타났다. 즉, 겉으로는 허허 웃으면서도 속으로는 끙끙 앓는 사람일수록 암에 걸리기 쉽다는 뜻이다. 이런 이유로 우리는 분노 관리의 방법을 익힐 필요성이 있는 것이다.

5. 분노의 표현

정상적인 정서가 비정상적인 상태로 갈 경우, 슬픔은 우울증, 불안은 불안 장애, 그리고 공포는 공포증이라는 양상으로 드러난다. 그러나 분노의 경우에는 다른 부정적인 정서들과는 달리 분노 장애라는 말을 쓰지 않는다.

만일 분노 장애라는 것을 가정한다면 그것은 종종 격노(rage)로 표현되는 너무 강한 분노인가, 아닌가? 분노 조절이 되는가, 되지 않는가? 상황에 적절한가, 그렇지 않은가일 것이다. 그러나 분노가 정상적인가 그렇지 않는가는 여러 가지 점에서 문제가 될 수 있다. 그 이유는 첫째, 분노의 강도는 매우 강하지만 상황에 대해서는 적절한 반응일 경우가 있다. 예를 들어, 애인이 강도에게 가방을 도둑맞는 것을 본 사람이 표현하는 강한 분노는 상황에 적절한 반응일 수 있다. 둘째, 분노 조절이 되는가, 그렇지 않은가의 문제도 첫 번째 경우와 마찬가지로 어떤 때는 분노 조절을 하지 않는 것이 그 상황에서 유용하고 적절한 경우가 있다. 셋째, 사람들이 어떤 상황에서 조금이라도 화를 내는 것이 특정한 사회에서는 부적절하게 간주될 수 있다. 예를 들어, 서구와는 달리 우리나라에서는 연장자나 상사에게 화를 내는 것이 부적절하게 간주된다.

분노를 경험하는 사람들은 언어적으로 분노를 부드럽게 표현할 수도 있고, 육체적으로 분노를 표현할 수도 있다. 분노를 느낀다는 것은 공격적인 충동을 주관적으로 자각하는 것을 포함한다. 그러나 분노를 느낀다고 해서 항상 공격성을 보이는 것은 아니다. 분노 표현 방식에 대하여 학자들마다 조금씩 다르게 표현하고 있는데, Spielberger 등 (1983)은 분노 표출, 분노 억제, 분노 조절로 구분하였다.

1) 분노 표출

분노 표출(anger-out)은 분노를 타인이나 다른 대상을 향해 표현하는 것이며, 분노를 비난, 폭언, 욕설, 모욕과 같은 언어적 폭력과 과격한 행동으로 표현하는 것이 그 예가 될 수 있다. 물론 분노 표출은 공격 행동의 형태로 나타날 수도 있지만, 분노가 반드시 공격행동을 일으키지는 않는다. 오히려 분노 표출은 화난 표정을 짓거나, 자신의 발을 구르는 등의 행동과 같이 비공격적인 행동으로 나타난다. 분노 표출은 고혈압 또는 심혈관계 질환의 핵심 유발 요인이며, 알코올 관련 문제와 소화계 질환에도 높은 관련이 있다.

2) 분노 억제

분노 억제(anger-in)는 화는 나 있지만 이를 겉으로 드러내지 않는 것으로, 화가 나면 오히려 말을 하지 않거나 사람을 피하고 속으로만 상대방을 비판하는 경우가 이에 해당된다. 분노를 억제하는 것은 분노를 유발한 상황에서 냉정하고 긴장하지 않은 체 행동을 하는 것이다. 사람들이 분노를 억제하는 이유는 첫째, 자신의 감정을 무시하는 권위적인 인물에 대한 두려움으로 인해서 분노를 억제하는 법을 배웠기 때문이거나, 둘째, 도덕적인 우월감 때문에, 즉 교양이 없는 사람만이 화를 낸다고 생각하기 때문이다.

그러나 분노를 억제하는 것은 분노를 제거하는 것과는 무관하며, 정서를 억제하는 것은 강한 반어적인 효과(ironic effect)가 나타날 수 있다. 분노 억제 또한 분노 표출과 마찬가지로 많은 신체적, 정신적 질환과 관련이 있다. 분노 억제를 주로 하는 사람들은 심혈관계 및 소화기 질환과 관련이 높다(김교헌, 2000). 또한 분노 억제는 우울감과 편집증, 절망감, 섭식 장애와 같은 심리적인 문제를 심화시키며, 나아가 분노 억제는 자살의 위험성과도 연관되어 있다(Zaitsoff et al., 2002).

3) 분노 조절

분노 조절(anger-control)은 적응적인 분노 표현 방식으로 분노를 유발하는 상황이나 대상에 대해서 이성적으로 지각하여 이를 적절하게 해결하기 위해서 다양한 방법들을 사용하는 것이다. 즉, 감정적으로 그 상태를 인식하기보다는 이성적으로 상황을 판단하고 타인을 이해하려고 노력하는 것이다. 대부분의 문제 해결 과정에서 분노의 경험과 이에 따른 적절한 분노 표현은 그 해결을 도와주는 역할을 한다. 즉 분노를 조절한다는 것은 무조건 그것을 참는 것을 의미하는 것이 아니라 적절한 시기에 적절한 강도로 분노를 표현하는 것이다.

이상을 정리하면, 분노 표출은 분노를 외부적으로 드러내는 것이고, 분노 억제는 반대로 분노를 내부적으로 돌리는 것이다. 이와 같은 역기능적인 분노 표현 방식인 분노 표출과 분노 억제는 신체적, 심리적, 사회적으로 부정적인 영향을 미친다. 그에 반해 적응적인 분노 표현 방식인 분노 조절은 이성적으로 상황을 판단하여 해결하려고 하는 것이다.

학습 과제	1. 분노의 6가지의 유형을 제시해 보라. 2. 분노 유형의 판단 기준을 작성해 보고, 이를 점수 산정한 후 자체적으로 평가해 보라. 3. 분노의 원인, 종식을 이해하고, 이로 인한 결과를 설명해 보라. 4. 분노의 표현 방법 3가지를 설명해 보라.

PART 2

분노
관리에 대한
이해

분노 관리의 개념

인간은 전인적인 존재이다. 따라서 분노 관리도 신체적, 심리적, 사회적, 영적 수준 등 다양한 수준을 고려해야 한다.
이 장에서는 분노 관리의 정의, 분노 관리 방법, 그리고 분노 관리의 과정에 대해 다루어 본다.

+ 분노 관리의 정의를 이해한다.
+ 분노 관리 방법을 살펴본다.
+ 분노 관리의 과정을 논의해 본다.

건강한 삶을 살고 싶은가? 그렇다면 먼저 자신의 분노를 다스릴 줄 알아야 한다.
행복한 삶을 살고 싶다면? 물론 분노를 관리해야 한다. 성공적인 삶을 위해서는?
역시 분노 조절이 필요하다. 아무리 건강과 행복, 성공을 추구해도 분노를 제대
로 다스리지 못하면 이 모두가 물거품이 될 수 있다.

– 전겸구

1. 분노 관리의 개념

전통적인 가족 체계가 해체되고 경쟁적이고 복잡하며 변화가 빠른 사회에서 살아가는
현대인에게 가장 파괴적인 감정 중의 하나인 분노를 잘 관리하고 올바른 방향으로 처리
하는 것은 매우 중요하다. 파괴적인 결과를 가져올 수 있는 분노를 잘 관리하는 방법은

근본적인 원인을 다루는 것에서부터 그 증상을 파악하고 처리하는 것에 이르기까지 여러 가지가 있을 것이다. 하지만 분노는 오랜 기간 분노 치료 또는 분노 조절과 같은 주제로 다루어져 왔으나, 분노 관리를 이론적으로 다룬 것은 Howard & Raymond(2002)의 저서 *anger management*에서부터이다.

사실 어떠한 방식의 분노 관리도 모든 내담자에게 완전할 수는 없다. 즉, 아동, 청소년, 성인, 노인 등에게 분노를 촉발하는 사건이 너무 광범위하고 다양하며, 내담자의 살아온 환경이 너무 다르기 때문에 통합화된 분노 관리 방법을 만드는 것은 쉽지 않을 뿐만 아니라 현명하지 않을 수도 있다. 오히려 분노의 유형에 적합한 분노 관리 방법의 틀을 제시하고 각각의 분노 사례 관리를 참고하여 적합한 사례를 찾아 적용하는 것이 나을 수 있을 것으로 보여진다.

전겸구(2010)는 분노 관리(anger management)의 의미를 다음과 같이 정의하였다.

첫째, 분노 관리는 소극적으로 분노를 제거하는 데 있지 않고, 적극적으로 행복한 삶을 추구하는 데 있다. 많은 사람들은 분노 조절을 통해서 분노를 없애기 바란다. 그러나 분노는 우리의 삶에서 생산적이고 필요한 기능을 가지고 있다. 즉, 진정한 분노 관리는 우리의 감정을 단순히 부정적 상태(−)에서 중성적 상태(0)로 바꾸는 것이 아니라, 부정적 상태에서 긍정적 상태(+)로 변화시키는 것이다.

둘째, 분노 조절을 제대로 하려면 원리의 이해와 함께 실천이 반드시 필요하다. 수영을 잘하려면 원리의 이해와 함께 충분한 연습이 필요한 것과 마찬가지로 분노 관리도 원리를 이해하고 실습을 하려는 노력이 필요하다. 또한 인간의 습관은 단시간에 고쳐지는 것이 아니므로 완전한 습득을 위해 지속적으로 노력해야 한다는 것이다.

셋째, 인간은 전인적인 존재이다. 따라서 분노 관리도 신체적 수준, 심리적 수준, 사회적 수준, 영적 수준 등을 모두 고려해야 하지만, 이 모두를 다루기에는 영역이 너무 광범위하기 때문에 분노의 근원인 심리적 수준을 우선 고려하여 살펴보는 것이 필요하다. 심리적 수준을 우선적으로 살펴보아야 하는 이유는 분노는 근원적으로 심리적 현상이기 때문이다. 더 나아가 심리적으로 자신의 생각만 바꾸어도 효과적인 분노 관리가 가능하기 때문이다. 이처럼 심리적 수준은 분노 관리에서 가장 첫 단계이자 근원적인 수준이 되고 있다.

본 저자들이 수년 동안 분노를 가진 내담자와 상담한 결과, 대부분의 치료자들은 어떤 때는 연구 증거를 초월해서 개인이 선호하는 개입 방법이 있다는 것을 알 수 있었다. 예를 들어, 우리는 우울과 불안 증상을 보이는 치료에서 인지 행동 치료법으로 훈련받은 유능한 인지치료사로서 상담을 해왔다. 인지 치료 방법은 대부분의 내담자는 부정적인 생각을 많이 가지고 있다는 것을 전제하고, 이러한 내담자를 아주 높은 불안 수준에 노출시킨다. 이후 치료사가 개입하여 환경을 편안하게 하고, 내담자를 긍정적인 생각과 행동으로 변화시키기 위해 논박과 반박 등의 치료 기법을 통해 내담자를 변화시킨다. 이러한 예는 분노 관리를 수행하기 위해 계획할 때, 내담자, 환경, 치료자의 선호도를 고려하는 것이 중요하다는 것을 시사해 준다.

우리는 여기에서 제시하는 분노 관리 방법과 프로그램들이 분노 장애를 가진 많은 내담자에게 유용할 것으로 기대한다. 치료자 스스로 치료 상담 계획의 목표를 달성하기에 합리적이면서 자신의 개인 취향에 적합한 부분을 선택해 보라. 모든 관리 기술은 내담자를 개인 또는 집단으로 도와주는 데 적용될 수 있을 뿐만 아니라 그들 가족에게도 활용될 수 있다.

2. 분노 관리의 방법

일반 상담 및 심리 치료에서는 감정 표출(ventilation) 요법이 효과가 있다고 입증하면서 이를 권장하고 있다. 감정 표출 요법은 분노를 느끼는 사람이 언어적, 그리고 물리적으로 자신의 분노를 표출하도록 북돋아 주는 방법이다. 예를 들어, 마네킹을 자신에게 분노를 유발시킨 사람으로 인식하고 그것에 폭력을 행사하는 방법이다. 분노를 표현하고 분출함으로써 그것을 제거할 수 있다는 연구가 있을지라도 분노를 표현하여 분출시키는 것으로 해소하려는 것은 잘못된 생각이다.

Crabb(1984)은 분노를 배출하기 위해 부모에 대한 증오심을 거리낌 없이 표현하라고 말하는 사례를 비평적으로 소개하였다. 그는 그의 저서에서 "당신은 아내가 당신의 결정을 따르지 않았기 때문에 분노가 치밀어 오른 것입니다"라고 말해 주거나 "당신이 여자에 대한 분노를 갖는 이유는 단호하고 냉정했던 당신의 어머니의 영향 때문입니다"라는 식으로 설명해 주는 경우가 있다고 하였다. 그러나 이러한 접근들은 분노를 더욱 자극하여 오히려 분노를 증가시키게 될 수 있다. 따라서 분노 관리를 위해서는 상황에 따른 변화에 관심을 가져야 한다. 그는 이러한 측면에서 다음과 같은 분노 관리 방법을 제시하였다.

1) 인지적 재구성

분노는 분노를 느끼고 있는 자신의 사고를 전환하지 않으면 회복 및 해결이 어렵게 되는데 이처럼 인식을 전환시키는 것을 일컬어 '인지적 재구성(cognitive restructuring)'이라고 한다.

인간은 어떤 사전을 경험했을 때, 그것에 대한 반응으로 분노가 나타날 수도 있고 분노가 나타나지 않을 수도 있다. 그런데 어떤 사건이 분노로 바로 이어지는 경우에 사건과 분노 사이에는 일종의 인지적인 자동화 프로그램이 존재해 있다. 이런 인지적 구조를 수정하지 않으면 분노는 구조화되어 계속해서 발생될 것이다. 그러므로 어떤 사건을 경험했을 때 그것을 자동적으로 분노로 이끄는 구조를 찾아내는 것이 중요하다(McAll, 1982).

분노를 해소할만한 효과적인 방법을 찾기란 사실상 어려운 일이다. 분노에 대한 인지적 재구성은 인간 자신의 잘못된 신념과 인지 왜곡을 변화시키는 것이다. 용서는 인지적 재구성의 한 예라고 할 수 있다. 상황이 바뀐 것은 아무것도 없지만 용서하기로 작정하는 순간 분노는 사라지기 때문이다. 즉, 다른 사람에게 용서를 베풀게 될 때 분노는 재구성되는 것이다. 분노의 대상을 용서하기 위해서 인간은 우선 분노에 직면하여 재구성을 위한 변화가 있어야 한다.

2) 분리

분리(splitting)는 원래 대상 관계 이론에서 다루어지는 용어로서, 그 의미는 유아가 좋은 사람과 나쁜 사람을 분리해 내고 좋은 사람에게 호감을 갖고 나쁜 사람을 거절하는 것을 배우게 됨으로써 정신 질환에 노출된다는 의미이다. 즉, 분노를 극복하기 위해서는 그 반대의 개념으로 상황과 본질을 분리해 내야 한다. 사실과 느낌, 그리고 상황과 본질을 분리시키지 못하기 때문에 부정적인 감정에 직면될 때 분노를 비롯한 심각한 문제를 야기시킨다(Parrott, 1994). 즉, 자신이 받은 정서적 자극에만 집중시키면 분노가 표출되는 것이다.

가정 해체 상황을 예를 들어 보면, 부부 간에 기분 나쁜 것과 이혼을 동일시하거나 본질과 상황을 혼란하게 하는 것이다. 즉, 기분 나쁜 것은 나쁜 것(상황)이고 결혼 생활(본질)은 유지해 나가야 하는 것인데, 기분 나쁘다고 하여 상황과 본질을 파경으로 이끌고 가는 것이 문제이다. 적지 않은 사람들도 기분 나쁜 것(상황)과 결혼 생활(본질)을 그만두는 것을 동일시하는 경우가 있다. 또한 분노를 나타내는 사람의 전인격과 분노 상황을 분리할 수 있어야 한다. 분노를 나타냈다고 해서, 그 사람의 전인격을 분노의 사람으로 평가해서는 안 된다.

3) 욕구 및 기대 감소

모든 분노는 자신의 욕구나 기대가 충족되지 못했을 때 발생되는 정서이다(McMinn & Phillips, 2001). 그러므로 자신의 욕구나 기대를 감소시킬 때 분노도 감소될 수 있다. 모든 정서의 이면에는 특별한 관심이 있게 마련이다. 즉 분노의 이면에는 그것에 대하여 분노를 나타낼 만큼 관심과 욕구, 기대, 이익 등이 있었으나, 그것이 충족되지 못했다는 것으로 분석할 수 있다(Jones, 1986). 그렇기 때문에 관심과 욕구 및 기대를 줄이는 것이 분노 감소를 위해 중요하다. 또한 인간의 욕구와 기대가 클 때, 기대에 미치지 못한 간격에 실망, 좌절 및 분노가 자리 잡게 된다. 분노는 거부와 좌절에서 비롯되는데, 바로 거부와 좌절의 본질은 욕구와 기대라고 할 수 있다.

4) 고백을 통한 정화

누구에게든 분노를 표출한다는 것은 자신에게 어떤 필요와 동기 및 과오가 있다는 것을 역설적으로 인정하고 드러내는 것이다. 분노는 어떤 일의 과정과 결과에 대해서 부정적으로 인식하고, 외부적으로 귀인시키는 데서 비롯된다. 그렇기 때문에 잘못을 인정하고 고백하는 것은 분노가 폭발되는 것을 예방하기 위해서 필요하다. 인간들은 자신의 정서 가운데 분노가 발생되는 것을 인정하는 것과 공격적으로 분노를 분출하는 것은 엄연히 다르다는 사실을 인식해야 한다. 사회에서는 분노를 얼마큼 참고 견디느냐에 따라 인격의 정도를 평가받는 것으로 생각하고 있으며, 분노를 표출 또는 폭발했을 때는 미성숙의 표시로 이해하려는 경향이 있다. 따라서 인간들은 때에 따라서는 고통스러운 환경에 처해도 마치 분노가 없는 것처럼 자신의 정서를 억누르면서, 분노의 감정을 드러내서는 안 되는 것이라고 생각하므로 분노를 위장하려고 한다(Crabb, 1984).

3. 분노 관리의 과정

분노 관리의 과정은 크게 2가지로 접근할 수 있다. 첫째는 인간은 상황이나 사건에 대하여 어떻게 해석하는가에 따라서 서로 다른 정서를 경험한다. 이러한 해석 과정이 인지 평가 과정이며, 분노의 심리적 과정 또한 인지 평가 과정을 거친다(최명희, 2007) 즉, 분노 관리가 인지 평가 과정과 유사하다고 보고, 인지 치료 과정을 토대로 분노 관리의 과정을 제시하는 방법이다. 둘째, 전술한 분노의 6가지 유형별 분노 관리의 방법을 제시하는 방법이 있다. 여기에서는 이 중 분노의 유형에 따른 분노 관리의 과정을 제시하기로 한다. 이와 같은 방법을 선택한 데에는 분노의 유형별 분노 관리 과정을 제시하는 과정에서 인치 치료 이론가인 Ellis(1995)의 합리적 정서 치료 이론(REBT, rational emotive behavior therapy. A-B-C-D-E 이론으로 알려져 있음)이 적용되기 때문이다(그림 3-1). 이러한 합리적 정서 치료는 인간이 합리적이고 '올바른' 사고와, 비합리적이고 '올바르지 못한' 사고를 할 수 있는 가능성을 모두 가지고 태어난다는 가정에 기초한다. 사

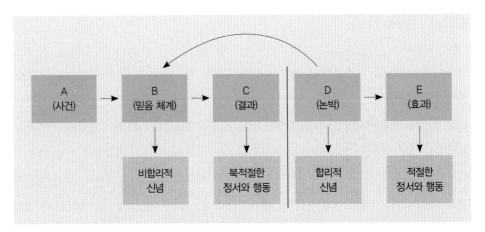

그림 3-1 Ellis의 합리적 정서 치료 이론

람은 자기 보존, 행복, 사고와 언어, 사랑, 다른 사람들과의 대화, 성장과 자기 실현 등의 경향을 가지고 있다. 그들은 자기 파괴, 사고 회피, 게으름, 실수의 끝없는 반복, 미신, 인내심 없음, 완벽주의자와 자기 비난, 성장 잠재력의 실현 회피 등의 경향도 가지고 있다. REBT는 인간이 실수를 할 수 있다는 것을 인정하고, 계속 실수를 하면서도 더 평화롭게 사는 것을 배우는 창조물로서의 자신을 수용하도록 돕는다.

Elles가 초기에 제시한 A–B–C 이론은 REBT 이론의 중심이다. A(activating event)는 사실, 사건, 개인의 행동이나 태도 등이다. C(consequence)는 그 사람의 정서적·행동적 결과 혹은 반응이다. 반응은 적절할 수도 있고 부적절할 수도 있다. A가 C를 직접적으로 일으킨다고 할 수 없다. A에 대한 그 사람의 신념인 B(belief)가 주로 정서 반응인 C의 원인이 된다.

예를 들어, 어떤 사람이 이혼 후에 우울증에 걸렸다면 우울 반응을 일으킨 것은 이혼 자체가 아니라, 실패나 거부 혹은 배우자를 잃어버렸다는 사실에 대한 그 사람의 신념일 것이다. Ellis는 이혼이라는 실제적 사건(A 지점)이 아니라, 거부와 실패에 대한 신념(B 지점)이 우울증(C 지점)을 일으키는 것이라고 한다. 따라서 인간의 정서적 반응이나 혼란을 일으긴 책임은 주로 자기 자신에게 있다. REBT의 핵심은 사람들에게 혼란스러운 정서적 결과를 직접적으로 '야기시키는' 비합리적 신념들을 변화시킬 수 있는 방법을 가르쳐 주는 것이다.

정서적 혼란은 어떻게 생기는가? "그 이혼은 전적으로 내 잘못이다", "나는 초라한 실패자이고 나는 모든 것을 잘못했다", "나는 가치 없는 사람이다"와 같은 비논리적인 문장을 내담자가 끊임없이 자신에게 되풀이함으로써 생긴다. Ellis는 "당신이 생각하는 대로 느낀다"라고 반복해서 말한다. 우울증이나 불안 같은 혼란스러운 정서적 반응은 내담자의 자시 패배적 신념체계에 의해 생기고 유지되며, 이 신념은 자신이 통합하고 창조한 비합리적인 사고에서 나온다.

기본 A-B-C 모형에 D-E가 추가되어 그림 3-1의 A-B-C-D-E 모형이 된다. D(dispute)는 논박을 의미한다. 본질적으로 D는 내담자가 그들의 비합리적인 신념에 도전하도록 도와주기 위해 과학적인 방법을 적용하는 것이다. 여기서 내담자들은 논리적 원리들을 배우고, 이 원리를 통해 비현실적이고 증명할 수 없는 가설을 파괴할 수 있다. 이러한 논박 과정의 3요소로 탐지, 반박, 변별이 있다. 첫째, 내담자는 그들의 비합리적 신념들, 특히 그들의 "~하지 않으면 안된다", "나는 ~해야 한다"는 식의 절대적인 관념과 "끔찍스러운 자기 비하"를 탐지하는 방법을 배운다. 그리고 난 후에 내담자는 논리적이고 경험적으로 질문하는 방법과 그들 자신에게 강력하게 논쟁해서 그것을 행하지 않는 방법을 배움으로써 그들의 역기능적인 신념을 반박한다. 마지막으로 내담자는 합리적인 신념과 비합리적인(자기-패배적) 신념을 변별하는 것을 배운다(Ellis, 1995).

여기에서 비합리적 신념은 어려서부터 부모나 문화로부터 영향을 받아 형성된 성격을 유지하면서 개인의 성격 특성으로 내재된 비합리적이고 미신적이며 무의미한 사고를 말한다. Ellis에 의하면 대부분의 인간은 논리적으로 모순이 많으며, 경험적 현실과 일치하지 않고, 삶의 목적 달성에 방해가 되며 융통성이 없이 경직되어 부적절한 정서와 부적응적 행동을 유도하는 특성이 있다.

1) 돌발성 분노에 대한 분노 관리 과정

(1) 1단계: 분노를 관리할 수 있다는 믿음의 희망을 갖기

(2) 2단계

- 노력하겠다는 각오로 임하기
- 부인하는 습관을 버리기
- 축소시키기 멈추기–제외
- 자기 합리화 멈추기
- 무력감과 절망에 찬 소리 멈추기
- 미루기 멈추기

(3) 3단계: 자신의 돌발성 분노 방식 분석하기

- 처음 발생했던 사건과 시기는?
- 분노가 발생했던 시기에 스트레스를 받고 있던 일이나 왜 분노가 발생했는지?
- 분노 시 술 및 약물을 하였는지? 하였다면 그 상황이 자신에게 어떤 영향을 미쳤는지?
- 그 상황에 관련 있는 사람은 누구인지?
- 분노를 촉발시킨 게 무엇인지?(말, 행동 등)
- 분노 시 무슨 말을 하였는지? 어떤 생각을 하였는지? 어떤 느낌이었는지, 어떤 행동을 하였는지?(무슨 말, 어떤 생각, 어떤 느낌, 어떤 행동)
- 분노는 어떻게 멎었는지?
- 분노 시 통제력을 되찾기 위해 얼마나 노력했는지? 어떻게 했는지? 효과는 있었는지?
- 분노 시 완전히 이성을 잃는지? 부분적 분노인지, 전혀 이성을 잃지 않았는지?
- 돌발성 분노를 터뜨린 다음 자신에게 무슨 일이 있었는지?(이별, 수치감, 불면 등)
- 얼마나 자주 분노가 발생하는지?
- 분노를 관리하기 위해 어떤 방법들이 있는지?

(4) 4단계: 과거 비폭발 분노를 살펴보고, 어떻게 하여 분노를 관리했는지 탐색하기

(5) 5단계: 과거에 있었던 부분적 분노 경험을 자세히 살펴보기

(6) 6단계: 안전 계획을 세워 돌발성 분노가 발생할 확률 낮추기

- 행동 바꾸기
- 생각 바꾸기: 반박

  A: 전조, 자신을 화나게 만드는 일(분노 초대)

  B: 상황에 대해 화가 더 많이 나도록 만드는 부정적인 믿음

  C: 분노에 따른 결과, 홧김에 저지르는 행동

  D: 반박, B를 대신하며 화를 가라앉힐 수 있는 새로운 생각

  E: 새로운 생각이 미치는 영향. 보통 마음을 비우거나 분노에서 비롯된 에너지를
     다른 일에 쏟는다.

- 스트레스에 반응하는 방식을 바꾸기
- 정신을 바꾸기

(7) 7단계: 세계관 바꾸기

- 타인들 속에서도 안정감을 느끼기
- 자신을 아끼기
- 정상적이고 건강한 사고 갖기

2) 잠재적 분노에 대한 분노 관리 과정

(1) 1단계: 선택의 여지는 늘 있음. 조종당하느냐, 안 당하느냐의 선택
(2) 2단계: 불평하기보다는 마음의 평화를 위해 의식적으로 노력하라.
(3) 3단계: 현재 자신의 행동이나 생각이 잠재적 분노의 원인이 될 수 있는 장기적 분노
    가 될 가능성이 있는지 판단하기
(4) 4단계: 잠재적 분노의 원인이 되는 분노에 반박해 보기(A-B-C-D-E 모형 적용)
(5) 5단계: 공감하는 법 훈련하기
(6) 6단계: 분노의 증오를 해결하기

- 전환: 머릿속에 있는 불필요한 집착을 몰아내기 "인생을 즐겁게 살자."
- 감정적 무관심: 지난 일을 두고 계속 불행해야 할 필요 없다.

- 용서: '용서는 누군가를 다시 마음속으로 받아들이는 일'이다.
- 화해: 믿음의 전제하에 두 사람 관계를 회복하는 것 - 확인

3) 생존성 분노에 대한 분노 관리 과정

(1) 1단계: 어느 상황에서든 위험을 인지하는 자신의 능력에 대해 의문을 갖기
(2) 2단계: 자신이 위협을 감지했을 때 스스로에게 메시지 전달
(3) 3단계: 안전한 사람들로 가득한 환경 만들기
(4) 4단계: 현재를 과거와 분리하여 인식하고, 과거에 받았던 상처(트라우마)에서 벗어날 수 있도록 도움 요청

4) 체념성 분노에 대한 분노 관리 과정

(1) 1단계: 무엇이 문제인지 분석하기
(2) 2단계: 효과 없는 방법은 멈추기
(3) 3단계: 현실적인 목표 세우기
(4) 4단계: 목표를 이루기 위한 구체적인 목표를 세우기
(5) 5단계: 새로운 행동 방식을 실천하기
(6) 6단계: 경과 상황 점검하고 대안 지침 만들기

5) 수치심에서 비롯된 분노 관리의 과정

(1) 1단계: 지금·여기에서 수치심이 비롯된 분노를 통제하겠다는 약속하기
(2) 2단계: 수치심이 분노로 변하고 있는 것 알아차리고, 자신이 경험한 수치스러운 생각과 감정에 직면해 보기
(3) 3단계: 자신이 분노를 통해 어떻게 수치심에서 벗어나는지를 살펴보기(수치심에서 분노로 가는 길은 평화와 거리가 멀다. 내가 던진 수치심은 다른 사람이 차지한다.)

(4) 4단계: 수치심과 분노의 연결 관계를 끊기 위해 수치심 되찾기(예: "수치심과 대면하다 죽었다는 사람 이야기 못 들었어.")

(5) 5단계: 수치심을 나타내는 문장을 전환하기(나는 사랑받을 수 없는 존재 → 나는 사랑받고 있는 사람이다.)

(6) 6단계: 타인을 존중하고 공손하기

- 정성: 네 이야기를 진지하게 듣기 위한 시간을 마련할게.
- 감사: 너게 하는 일, 그리고 하는 방식도 다 좋아.
- 수용: 너는 지금도 충분히 좋아.
- 지지: 네가 존재한다는 것은 참 감사하고 행복해.
- 체크 목록

① 오늘 사람들에게 충분히 집중을 하였는가?

② 충분히 고마움을 표현했는가?

③ 수용적인 태도를 취했는지?

④ 열린 마음을 가졌는지?

⑤ 지지하는 태도를 보였는지?

(7) 7단계: 비판보다 칭찬하기

(8) 8단계: 자신을 존중해 주는 사람들 속에서 지내기

(9) 9단계: 수치심에서 비롯된 분노가 예전 상태로 가는지 징후 알아차리기(분노의 징조가 되는 생각, 감정, 행동 등)

6) 버림받음에서 비롯된 분노관리의 과정

(1) 1단계: 거부당한 두려움을 언제, 어떻게 왜, 분노로 바꾸었는지? 누구에 대한 분노인지?

(2) 2단계: 질투, 공허, 외로움, 상처, 불안, 위험 등에 분노를 막기 위해 최선을 다하기

(3) 3단계: 버림받음에서 비롯된 분노를 부추기는 불신을 신뢰로 바꾸기

(4) 4단계: 과거 믿었던 사람들을 떠올려 보기

(5) 5단계: 상대방이 주는 확신을 있는 그대로 받아들이기

(6) 6단계: 과거의 고통스러운 감정에서 벗어날 수 있도록 도전!

- 과거를 반복하여 살 운명을 타고나지 않았음을 믿기
- 오늘 자신의 삶에 속한 사람들은 과거에 알던 사람들과는 다른 사람들임을 날마다 스스로에게 상기시키기
- 일기 쓰기
- 다른 사람을 더 깊이 신뢰하고 싶다는 바람을 자신이 기존에 믿고 있던 사람들에게 말하기
- 과거에 자신을 거부했던 사람들을 용서하기

마음의 여인숙

루미

우리 인간이라는 존재는 하나의 여인숙과 같다.

매일 아침 새로운 손님이 찾아온다.

기쁨, 우울, 비열함.

어떤 순간적인 자각이 예기치 않은 방문객으로 온다.

그들 모두를 환영하라. 그리고 대접하라.

심지어 그들이 당신의 집과 가구들을 사정없이 휩쓸어 버리는

슬픔의 군중일지라도 그래도 각각의 손님들을 고결하게 대하라.

어쩌면 그들은 어떤 새로운 기쁨을 위해서

당신의 내면을 정화시켜 주는 것인지도 모른다.

어두운 생각, 수치심, 악의 손님일지라도

그들을 문 앞에서 웃으면서 맞이하라.

그리고 안으로 모셔 들여라.

어떤 손님이 오든지 감사하라.

왜냐하면 가가의 손님은 저 너머 초월의 세계로부터

보내진 안내자이기 때문이다.

위 분노들은 자신에게 필요하다고 인식되는 것을 얻기 위한 싸움이다.

- 인체적인 안전을 지키기 위해서
- 자신의 중요한 역할을 하고픈 욕구
- 존중받고 싶은 욕구
- 자신이 아끼고 사랑하는 사람에게 속하고 싶은 욕구

학습 과제	1. 분노 관리를 정의해 보라. 2. 분노 관리의 4가지 방법을 설명해 보라. 3. 분노의 6가지 유형에 대한 분노 관리의 과정을 설명해 보라.

분노 관리의 원리

분노 관리의 목적은 소극적으로 분노를 제거하는 데 있지 않고, 적극적으로 행복한 삶을 추구하는 데 있다.

따라서 분노 관리를 제대로 하려면 원리의 이해와 함께 실천이 반드시 필요하다.

이 장에서는 분노 이론, 분노의 변화 단계, 분노 관리의 기본 원리를 살펴보고 나아가 분노를 넘어 행복의 원리에 대해 다루어
본다.

+ 분노의 이론을 제시한다.
+ 분노의 변화 단계를 살펴본다.
+ 분노 관리의 기본 원리를 살펴보고, 나아가 행복의 원리를 논의해 본다.

학문이라면 거기에는 반드시 이론이 있다. 일단 이론이 형성되면 그 이론의 논리적인 결론을 끌어냄으로써 미지(未知)의 영역에 관해서도 효과 있는 예상을 하는 경우가 흔히 있다. 하지만 종종 우리는 사물에 관한 새로운 지식으로 인하여 이론 적용에 한계가 생기는 것을 발견할 수 있다. 이런 경우 이론에 구애되어 사실을 무시하는 일이 허다하나 이것은 큰 잘못이다. 분노 또한 전술한 바와 같이 어떠한 원인이 반드시 존재하며, 이로 인한 증상과 결과가 나타난다. 이는 이론의 성립을 뒷받침해 주는 근거가 될 수 있다. 이에 이 장에서는 먼저 분노의 이론을 살펴보고, 분노의 변화 단계, 그리고 분노 관리의 기본 원리 및 행복의 기본 원리를 살펴보고자 한다.

1. 분노의 이론

분노에 대한 이론적 정의는 아직 구체화된 것은 없다. 이에 여기에서는 분노와 관련 있는 예를 들어, 정신분석 이론의 창시자인 Freud, 분노와 유사한 개념인 공격성, Novaco의 분노 결정 이론 등 다양한 선행 이론을 토대로 다음과 같은 분노 이론을 제시하고자 한다.

1) 이중 본능 이론

분노에 대한 정신분석적 관점을 Freud의 이론으로 설명한다면, 인간은 심리 내부에 본능적으로 공격성을 가지고 있으며, 이는 죽음 본능(death instinct)이 표출된 것으로 본다. Freud는 1923년 *The Ego and the Id*에서 분노를 리비도에 반대되는 죽음의 욕망으로 인정하고 성욕과 동일한 차원으로 간주하는 이중 본능 이론(double instinct theory)을 제시하였다. 이에 따라 성적 소망뿐 아니라 죽음의 본능에서 나온 강력하고 야만적인 파괴적 본능도 억압된다고 보았다. 그러므로 바람직한 정신 건강은 억압이 없는 상태가 아니라 원시적인 성적, 공격적 본능에 압도되지 않고 만족을 얻을 수 있도록 억압적 분노를 잘 통제하는 것이라 하였다(Freud, 1923).

Freud는 직접적으로 분노를 언급하지 않았으나, 그의 이론들에서 분노와 관련된 부분을 발견할 수 있다. 예를 들면 오이디푸스 콤플렉스(Oedipus complex)는 다른 성의 부모와 근친상간을 소망하며, 같은 성의 부모에 대한 살인의 충동을 담고 있다. Freud의 이론대로 정상적인 아동들이 모두 오이디푸스 콤플렉스 시기를 지난다면, 누구나 분노를 경험하게 될 것이다. 해결되지 못한 오이디푸스 콤플렉스와 더불어서 초자아의 발달이 실패할 경우, 분노적 욕구는 적절히 조절되지 못하고, 공격 에너지가 한계 수위에 이르렀을 때 어떤 형태로든 행동을 방출하게 되고, 부적응적 반사회적 문제를 일으키게 된다. 이같이 Freud는 인간의 본능 안에 분노가 있다고 보았으나, 이 중 본능에 속한다고 가정한 분노를 증명할 과학적인 근거를 제시하지 못하였다.

2) 사회 학습 이론

행동주의 이론으로서 사회 학습 이론(social learning theory)은 최근 인간의 인지적 기능을 강조하면서 사회 인지 이론으로 불리고 있다. Bandura(1999)와 같은 사회 인지 이론가들은 인간 행동을 개인과 환경의 상호 작용의 결과로 보고, 인간 내면의 개인적 특성과 외부의 강화와 벌, 모델 관찰이 상호 작용을 하여 학습된 것이라고 하였다. 사회 인지란 인간과 그 행위에 관한 인지를 말하는 것으로 외현적, 사회적 행위뿐만 아니라 인간의 내재적 심리 과정이나 속성에 대한 추론, 신념, 또한 개념화를 포함하며, 자기 자신, 타인, 사회 집단, 그리고 개인이나 집단 간의 다양한 사회적 관계와 상호 작용이 사회 인지의 대상이 된다.

이들의 인간 행동에 관한 관점은 3가지 상호 인과 관계를 포함하는 의존적 구조 안에서 사회와 상호작용을 한다고 본다. 이는 인지적, 정서적, 생물학적인 개인의 내적 요인들(P)과 행동(B)과 환경적 사건(E)들로 구성되는데, 이들 3 요인들은 서로 영향을 주는 상호 작용적 결정 인자이다. 이때 개인은 환경의 상황에 따라 단순히 내면의 메커니즘에 의하여 행동하는 것이 아니라, 의도적으로 행동을 수행하게 된다. Bandura의 메커니즘을 살펴보면, 사회 인지 이론의 핵심은 자기(self)로써, 환경을 통제하는 방법에 대한 전략적인 사고를 하는 동시에 자기의 지식이나 사고하는 기술 및 능력과 행동 전략의 적합성을 평가한다.

분노 행동에 대한 사회 인지 이론의 입장은 일반 사회적 행동을 습득하는 과정과 동일하게 직접 경험과 관찰, 사회적으로 바람직한 행동에 대한 기대와 믿음, 개인이 사회를 해석하는 방법 등에 의하여 우선적으로 습득되며 개인의 자기 효능감이나 자기 규제의 발달 정도에 영향을 받을 뿐만 아니라 가족과의 상호 작용 형태와 공격성 발달과도 밀접하게 관련이 있다(Bandura, 2001). 그러므로 동일하게 분노 행동을 경험하거나 관찰한다 해도 개인의 효능감이나 자기 규제 발달 정도, 그리고 가족의 상호 작용 수준 같은 개인적 요인에 따라 분노의 표출은 다를 수 있다고 하였다.

3) 인지 신연합 이론

인지 신연합 이론(cognitive neoassociation theory)은 불쾌한 사건이 분노 행동으로 나타나는 과정에 대한 논리적 가정이다. 사회 인지적 과정으로서 인간의 행동을 이해하려는 입장에서는 개인적 해석을 통해 이루어지는 인지적 평가 과정이 그 개인의 행동을 매개한다고 본다. 즉, 개인이 어떤 상황에서 어떻게 행동할 것인지는 상황 그 자체가 아니라, 상황적 자극에 대한 개인의 해석에 따라 결정된다는 것이다. 불쾌한 경험에 의하여 유발된 부정적인 정서는 자동적으로 다양한 생각이나 기억, 행동 표현들과 다양한 연합 반응들을 만들게 된다.

따라서 좌절, 자극, 큰소리, 불편한 기후, 불쾌한 냄새 들은 싸움과 도피 두 방향의 부정적인 정서를 유발하게 되는데, 싸움 연합(fight associate)은 분노 감정이나 공포 반응을 야기시키고, 혐오감을 주는 사건은 도피 연합(flight associate)을 발생하게 하여 인지적 정서적 연쇄 반응을 하게 된다. 인지 신연합 이론에서 공격적 사고와 정서와 행동은 기억이라는 수단으로 연결된다(Berkowitz, 1989). 예를 들어서 '권총'이라 하면 단순화된 연합 기억 구조는 여러 가지 공격적인 연상을 하게 된다. 유사한 의미들(예: 상처, 손해)이 자동적으로 강하게 연결되어(예: 권총, 쏘다) 발전적으로 촉진되기도 하며, 또한 평가와 같은 상위의 인지적 과정도 연결될 수 있다.

인지 신연합 이론은 좌절-분노-공격 가설을 적용하였을 뿐 아니라 혐오스러운 사건이 부정적 정서를 넘어 공격적 성향으로 가는 메커니즘을 보여준다(Anderson & Bushman, 2002). 즉, 부적 정서는 싸움 경향성과 도피 경향성을 동시에 생산하는데, 이 2가지의 반응 중 어떤 것을 선택하는지는 유전적 영향, 과거의 학습, 현재의 상황을 어떻게 인지적으로 지각하는가에 따라 결정된다. 그러므로 불쾌한 사건을 경험하는 사람이 모두 동일하게 분노를 표출하는 것이 아니고, 결국은 개인의 인지적 지각 정도에 따라 분노 행동을 다르게 표현하게 된다고 볼 수 있다.

4) Novaco의 인지적-임상적 이론

Novaco(1994)는 어떤 사건을 위협적이거나 불쾌한 것으로 지각할 때 일어나는 자연스러운 반응이 분노라고 하였다. 그는 외적 상황 자체가 분노를 일으키는 것이 아니라 그 상황을 어떻게 해석하느냐가 분노의 중요한 변수라고 가정했다.

그의 모델에 따르면 외적인 사건들은 인지적으로 처리되며, 생리적인 반응을 이끌며, 이것은 상황적인 단서들과 유발 사건에 대한 사람의 해석에 따라 다르게 명명된다. 즉, Novaco는 수많은 상황들이 분노를 유발하지만, 분노가 이들 상황에 필수적인 반응은 아니며, 인지적 과정이 분노의 경험에 매우 중요한 역할을 한다고 하면서, 분노를 자극에 대한 정서적 반응으로 개인 변인의 3가지 양상, 즉 인지적, 신체적-정서적, 행동적 요인에 의해 결정된다고 보고, 분노의 결정 요인 및 과정 모델을 그림 4-1과 같이 제시하였다.

그 기본적 개념은 외부 환경으로부터 불유쾌한 경험을 하게 될 때, 생리적으로 각성이 되고, 그 각성을 인지적으로 분노라고 해석하는 2가지 과정을 거쳐 분노를 경험하게 된다는 것으로, 즉 외적 상황 자체가 분노를 일으키는 것이 아니라, 그 상황이 어떻게 해

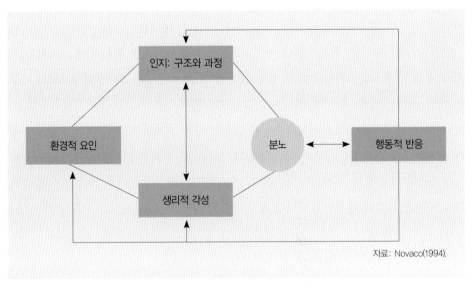

자료: Novaco(1994).

그림 4-1 분노의 결정 요인과 과정

석되느냐가 매우 중요한 변수라고 가정하고 있다. 이를 구체적으로 살펴보면, 인지적 수준에서 분노는 자극 상황에서 일어나는 평가, 귀인, 기대 및 자기 진술 기능을 수행하고, 신체적·정서적 수준에서는 긴장, 초조함, 나쁜 기분에 의해 분노가 촉발되고 약화된다. 마지막으로 행동적으로는 철회와 적대감이 분노를 일으키는데, 철회는 자극을 변화시키지 않은 채 그대로 둠으로써 발생하게 되고, 적대감은 자극 과정을 점차 올림으로써 그리고 개인이 분노라고 추론한 것으로부터 단서를 제공함으로써 발생된다고 보았다.

또한 그는 분노를 조절하기 위한 인지적인 자기 통제 절차를 개발했다. 그것은 인지적인 준비, 기술 습득과 리허설, 대처 기술의 연습과 적용으로 구성되는데, 인지적인 자기 통제 절차는 이완 훈련과 결합될 때 특히 효과적이라고 하였다.

2. 분노의 변화 단계

내담자가 변화할 준비가 없다면 분노감 감소를 위한 협력적인 작업은 할 수 없다. 불행하게도 모든 사람이 변화하기를 원하는 것은 아니다. 그래서 첫 번째 과제는 필요하다면 변화 동기를 평가하고 그것을 높이는 것이다. 종종 내담자가 화를 내는 것은 어느 정도 이점이 있지만, 강하고 잦은 분노 반응은 자기 스스로 대가를 치른다는 것을 느끼게 해 줄 필요가 있다.

대부분의 내담자들은 단순히 자신의 분노가 자신의 문제라는 것을 이해하지 못한다. 그들은 아내나 아이, 부모, 상사와 같이 상대방이 변할 수 있도록 도와달라고 요구한다. 즉, 그들은 상대방의 행동이 개선된다면 자신의 분노가 사라진다고 말한다. 그들은 자신의 분노는 다른 사람이 분노의 실질적인 원인이라고 믿는다.

따라서 분노관리사가 취해야 할 행동의 첫 번째 목표는 분노 문제는 내담자 자신의 것이고, 자신이 해결해야 할 자신의 문제라고 깨닫게 하는 것이다. 문제에 대한 책임을 갖는 것이 변화에 대한 동기를 높이기 위한 첫 번째 단계이다.

이러한 관점을 토대로 Prochaska & DiClemente(1983)는 분노의 변화를 5단계로 제시하였다. 그들이 제시한 분노의 변화 단계 모델은 어떤 내담자는 변화하기 위해서 제시한 전략을 수용하고 열심히 노력하고 진전을 이루는데, 왜 어떤 내담자는 그렇지 못하는가를 이해할 수 있는 준거를 제공해 준다.

1) 인식 전단계

이 단계의 내담자들은 변화에 대한 생각이 없다. 내담자가 문제가 있다는 것을 인식하지 못하기 때문에 변화하고 싶은 의도, 즉 분노 감소에 대한 욕구가 없다. Prochaska & DiClemente는 계획 이전 단계의 초기 단계에서 동시에 나타나거나 앞서 나타날 수 있는 2가지 단계로서, 비계획 단계와 반계획 단계를 제시하였다. 첫째, 비계획 단계 (noncomtemplation)에서는 전반적으로 인식하지 못하고 있고 변화의 중요성을 내담자가 알아차리지 못한다. 타인과 자신에 대한 분노의 결과를 인식하지 못하고, 그들의 전반적인 기능 수준이 개선될 가능성에 대해서 인식하지 못한다. 이러한 내담자는 실제로 변화에 대해 회피하거나 반대되는 활동을 한다.

반면, 반계획 단계(anticontemplaton)에서 내담자는 변화에 반대하는 적극적인 과정을 보여준다. 이러한 내담자들은 저항하고 회피하고 다른 사람을 매우 비난한다. 그들은 "나는 전혀 틀리지 않았어. 나는 변화할 필요가 없어. 그러므로 나는 이 상담에 동참하지 않을 것이고 당신은 나에게 그것을 하라고 할 수 없어"라고 생각한다. 이 단계의 내담자들은 그들 자신의 의지로 도움을 받기 위해 오지 않고, 가장 잘 설계되고 과학적인 근거를 가지고 있는 변화 전략에도 저항할 것이다. 그러므로 준비와 동기가 생길 때까지 공식적인 상담을 지연하는 것도 좋은 전략이다.

2) 인식 단계

이 단계의 내담자들은 개인의 분노 감소의 원인과 결과를 평가하지만, 아직 변화 작업에 대한 공식적인 결정을 하지는 못한다. 그들은 분노에 대한 안내서를 받을 수 있고, 다양한 매체나 사람들로부터 분노 통제에 대한 정보를 받았을 수도 있다. 이로 인해 내담자들은 필히 참가하겠다는 의무감은 없지만, 변화 가능성의 중요성에 관해서 적극적인 생각을 할 수 있다. 내담자들은 "만약 내가 화를 덜 냈더라면 좀 더 나았을지도 몰라. 그러나 나는 확신할 수 없어. 그래서 내가 할 수 있다는 것을 확신할 수 없어"하며 적극적인 저항은 거의 혹은 전혀 하지 않는다. 오히려 개인적인 의문을 가지는 단계이다.

3) 준비 단계

내담자가 이 단계에 있게 되면, 변화하기 위한 명확한 결정을 한 상태이기에 행동을 옮길 태세를 갖추고 있다. 대체로 한두 달 내로 변화하기 위한 의지가 분명하기 때문에 내담자는 변화를 시도하는 과정에 수반되는 것을 검토하고 있다. 과거에 변화를 시도했지만 성공적이지 않았을 가능성이 있기에, 이러한 사실이 변화하기 위해서는 이제 필요한 정보가 무엇일까에 관한 정보를 제공해 줄 수 있다.

Prochaska & DiClemente는 이를 행동 계획 단계라고 하였다. 이 단계의 내담자들은 "나는 지금 분노에 대해서 작업할 계획이에요"라고 생각한다. 그들은 분노관리사와 협력적인 전략을 계획하고 경청하고 기꺼이 작업한다. 그들은 변화할 준비가 되었고, 변화를 위해 적극적으로 제안을 할 것이다. 하지만 이는 이상적인 사례이며, 어느 정도의 조정은 필요하다.

4) 실행 단계

이 단계의 내담자들은 변화 전략을 실행하기 시작하고, 변화 진행을 위해서 시간과 에너지를 투자한다. Prochaska & DiClemente는 자신의 내담자들 중 하나는 계획에서 활동으로 변화하는 과정과 준비에서 행동으로 변화하는 과정을 마치 자동차를 중립에서 운전의 기어로 바꾸는 것과 유사하다고 하였다. 즉, 자동차 기어가 중립 위치에 있을 때는 거울 위치를 점검하고, 연료의 눈금이 어떤지, 혹은 차 문이 잠겼는지를 확인하고 운전을 할 준비를 한다. 그러나 이 모든 행동이 실제로 운전하는 행동은 아니다. 행동은 실제로 차의 시동을 걸고 운전에 기어를 설정했을 때 비로소 시작되는 것이다.

실행 단계에서는 때때로 문제가 발생하기도 한다. 예를 들어, 내담자는 분노관리사의 의견에 반대하는 기술을 행할 수도 있다. 따라서 분노관리사는 초기에 내담자와의 치밀한 면담을 통해 이러한 문제에 대한 해답을 얻을 수 있고, 어떤 방향이 가장 효과적일지에 관한 단서를 확보할 수 있다. 또한 실행 단계에서 내담자는 분노관리사와 변화하기 위한 작업을 계속하지만, 계속해서 진도를 나가기 위해 필요한 어떤 행동적인 기술은 무시할 수 있다.

이러한 과정을 통해 변화를 시작한 내담자도 그 변화가 정착되기 전까지는 분노가 다시 재발할 수도 있다. 이와 같은 재발 단계에 들어가면 즉각적인 행동이 요구된다. 사전 재발 단계, 현재 발생 단계, 재발 단계에서는 기본적인 질문인 "우리가 어떻게 다시 변화하는 과정으로 재진입할 수 있을까?"를 물으며 치료적인 재방향을 설정해야 한다. 그렇게 하기 위해서는 논의가 필요하고, 전체적인 면에서 조망하고 변화된 과정이 사라질 수 있는 경우를 알아차리도록 돕는 것이 필요하다. 종종 변화 동기의 강화는 '터널 끝의 빛'을 볼 수 있도록 하는 대화를 통해서 가능하다.

5) 유지 단계

이 단계의 내담자들은 이미 분노가 감소되었다. 따라서 이미 만들어진 변화를 강화하기를 원한다. 대부분의 경우에 이러한 내담자는 매우 긍정적인 태도를 가진다. 따라서 더 이상의 변화, 상담을 통해서 얻은 것을 견고히 하고 변화된 행동을 조율하는 것은 상대적으로 쉽다. 이 단계의 한 가지 목표는 내담자를 그들 자신의 치료자로 만드는 것이다. 즉, 분노관리사에 대한 의존을 감소시키고 자기 통제감을 증가시키는 것이다. 이를 통해 임상적 개입 없이 증가된 자기 통제감을 더 잘 관리할 수 있는 독립적인 성인이 될 것이다.

3. 분노 관리의 기본 원리

요즘 사람들은 사소한 사건에도 잘 예민해신나. 한 가시 사건이 끝나기 전에 또 다른 사건이 발생하고, 사건이 연속적으로 발생하기 때문이다. 늘 바쁘고 피곤한 일상에 시달리다 보니 상대방이 조금만 기분 나쁜 말을 해도 '핵' 하는 반응이 나타난다. '지하철 막말녀'나 '편의점 폭풍녀' 같은 현상들이 그래서 일어나는 것이다. 뿐만 아니라 연이어 발생하는 사건 속에서 사람들은 지쳐 거꾸러진다. 빠른 기간 안에 부정적인 사건이 계속해서 발생하다 보니 그로 인한 축적 효과가 나타나는 것이다. 이로 인해 심각할 경우에는 우울증이 생기고, 극단적인 경우에는 자살을 선택하기도 한다. 그렇다면 분노를 제대로 관리하기 위해서는 어떻게 해야 할까? 이에 전겸구(2012)는 분노 관리를 이길 수 있는 22개의 습관을 제시하였으며, 여기에서는 이 중 분노 관리의 기본적인 원리로 여겨지는 것을 다음과 같이 제시하고자 한다.

1) 분노는 선택이다

(1) 선택적 측면에서의 분노

그림 4-2에서 보는 것처럼 외부적 사건(A)이 반드시 분노(C)를 일으키는 것은 아니다. 분노를 발생시키는 것은 그 외부 자극에 대한 내 선택(B)이다. 즉 동일한 조건에서도 나의 선택에 따라 분노가 발생할 수도 있고, 발생하지 않을 수도 있다. 더 나아가 오히려

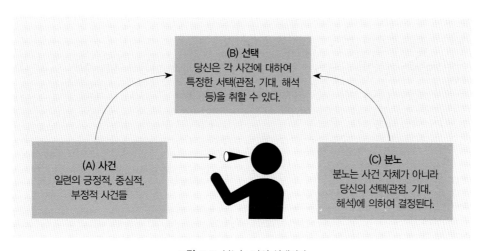

(B) 선택
당신은 각 사건에 대하여 특정한 선택(관점, 기대, 해석 등)을 취할 수 있다.

(A) 사건
일련의 긍정적, 중심적, 부정적 사건들

(C) 분노
분노는 사건 자체가 아니라 당신의 선택(관점, 기대, 해석)에 의하여 결정된다.

그림 4-2 분노는 나의 선택이다

고마움을 느낄 수도 있다.

이처럼 지혜로운 분노 관리의 첫걸음은 '분노는 선택이다'라는 명제를 인식하는 데 있다. 많은 사람들은 상대방 때문에 화가 난다고 생각한다. 상대방이 약속을 지키지 않아서, 거짓말을 해서, 모욕을 주어서 등등. 하지만 같은 조건에서도 내 선택에 의해 분노는 발생할 수도 있고 아닐 수도 있다.

(2) 분노 표현의 방법

- 표출형: 상황에 따라 화난 표정뿐만 아니라 목소리도 커지고 때로는 그 이상의 행동도 나타난다.
- 억제형: 비록 속으로는 화가 나 있지만 표현하지 않는다. 즉 상대방의 미안하다는 말에 "뭘 괜찮아"라고 하지만 속으로는 부글부글 끓고 있다.
- 조절형: 분노를 나름대로 적절하게 조절해서 표현한다.

(3) 파괴적 분노와 건설적 분노

분노는 선택에 따라 파괴적인 결과를 초래할 수도 있고 건설적인 결과를 초래할 수도 있다. 분노의 엄청난 에너지를 고려할 때, 올바른 방향을 선택해 건설적이고 창조적인 활력으로 삼을 필요가 있다.

건설적 분노는 사회나 국가의 발전에도 지대한 영향을 미친다. 4.19 혁명, 5.18 민주화 운동, 6.29 선언과 같은 사회적 변혁은 집단적 분노의 결과이다. 외국의 프랑스 대혁명, 미국 독립 전쟁 등도 집단적 분노의 긍정적 결과이다. 그러나 파괴적인 결과도 있다. 1992년에 발생한 소위 LA 폭동을 그것인데, 이 결과로 한인 사회에 1명 사망, 중경상 46명, 그리고 2,280개 한인 업소 피해액 약 4억 달러에 해당하는 엄청난 파괴적 결과를 낳았다.

이처럼 분노는 양날의 칼과 같다. 마치 물이 홍수를 내기노 하시만 한편으로는 수력 발전의 힘이 된다는 사실에 비유할 수 있다.

이승엽

전겸구

이승엽은 큰 기대를 모으며 2004년 일본으로 건너갔다. 그러나 그 첫해에는 지바 롯데 마린스에서 뛰며 14 홈런에 그치면서 2군으로 강등당했다. 그도 인간인지라 화가 났으리라. 하지만 그는 건설적인 방법을 선택했다. 롯데의 타격 인스트럭터로 왔던 김성근 전 LG 감독 밑에서 혹독한 훈련을 견뎌냈다. 어느 날은 1,000번이 넘게 스윙을 하느라 손바닥이 벗겨지기도 했다. 눈물이 흘러내리면 닦지도 않고 "난 할 수 있다"고 외치며 배트를 휘둘렀다. 그런 결과로 그는 정상 타자로 우뚝 서게 되었다.

(4) 삶의 목적은 행복인가, 분노인가?

행복한 삶을 살고 싶다면 분노 대신 행복을 선택하라. 분노와 행복은 동시에 경험할 수 없기에 우리가 행복을 선택하면 분노는 저절로 줄어든다. 동일한 상황에서 '~ 때문에' 논리와 '~에도 불구하고' 등 논리의 차이로 화를 내는 사람이 되거나 화를 내지 않는 사람이 된다는 것이다. 열악한 환경에서도 '~에도 불구하고'의 논리를 가진 사람은 효과를 발휘한다는 것이다.

2) 분노, 초기에 제압하라

어느 누구도 분노로 자신이나 상대방을 죽이기를 바라지 않는다. 그럼에도 분노에 휩싸이면 때로 끔찍한 사건들이 벌어진다. 왜냐하면, 분노는 일정 수준을 넘으면 통제가 불가능해지는 경향이 있기 때문이다. 이는 우리가 분노를 경험할 때 이른바 '터널 시야'를 갖게 된다. 이는 분노에 휩싸인 상태에서는 정보 처리가 제한되어 "상대방을 어떻게 혼내줄까?"에만 온 정신이 팔리기 때문이다. 그로 인해 일단 돌아오지 못할 선을 넘으면 성

칭기즈칸

전겸구

칭기즈칸은 자신의 어려운 역경 속에서도 대제국을 일군 사람으로서 분노 대신에 자신을 행복과 성공으로 인도하기 위한 선택을 한 사람이었다.

"집안이 나쁘다고 탓하지 말라. 나는 어려서 아버지를 잃고 고향에서 쫓겨났다……. 배운 게 없다고 탓하지 말라. 나는 내 이름도 쓸 줄 몰랐으나 남의 말에 귀 기울이면서 현명해지는 법을 배웠다."

인군자도 통제할 수 없는 심각한 결과가 초래된다. 따라서 그런 상황으로 치닫기 전에 적절한 대처를 하는 것이 중요하다.

(1) 분노를 일으키는 주요 원천

전겸구(2012)는 사람들이 화를 내는 주요 원천을 다음과 같이 정리하였다.

- 하고 있던 일이나 계획했던 일이 방해받았을 때
- 자기 존중감이 상했을 때
- 개인적인 기대나 소망에 어긋났을 때
- 사회적으로 공유되는 기대나 법칙에 어긋났을 때
- 실질적으로 어떤 물건이 망가졌을 때
- 신체적으로 상해를 입거나 고통이 있을 때

(2) 분노를 일으키는 주요 주제

이를 주제별로 세분화해 살펴보면 다음과 같다.

- 방해(애들아, 축구는 그만하고 집에 빨리 들어가거라.)
- 모욕, 무시(돈도 못 벌어오는 게 무슨 남자야?)
- 부당한 요구(여자니까 커피나 한잔 타오지 그래.)
- 불공평(돈 없는 사람은 이번에 빠져.)
- 배신(당신 군대 가 있는 동안 나 애인 생겼어.)
- 약속 위반(이번 달에는 형편이 안 되니까 꾼 돈은 다음 달에 갚을게.)

　그 밖에도 근거 없는 비난, 거짓말, 경솔하거나 천박한 행동, 기물 파손, 고통이나 상처 등이 분노를 발생시키는데, 이 주제들은 언어적으로 나타날 때도 있고 비언어적으로 나타날 때도 있다.

(3) 상대의 주요 언어적 자극

- 위협(만약 지금 닥치지 않으면 그 입을…….)
- 매도(여자들이란…….)
- 비난(당신 때문에 내 인생이 망가졌어.)
- 불평(당신은 집안일이라면 손 하나 까딱하지 않잖아.)
- 벽창호 같은 발언(지금 우리 사이에는 이야기할 게 없어.)
- 무시(이걸 반찬이라고 만든 거야?)
- 육두문자(욕설)
- 냉소

(4) 상대의 주요 비언어적 자극

- 눈을 가늘게 뜸(당신 말, 확실해?)
- 인상을 씀(당신 말에 동의하지 않아.)
- 눈을 치켜 뜸(앞으로 주의해 가만있지 않을 테니.)
- 손가락질을 함(넌 비난 받아 마땅해.)
- 몸을 밀침(당장 꺼져 버려.)
- 깔보듯 팔장을 낌(별것도 아닌 게 까부네!)
- 발로 차거나 물건을 던짐(차라리 죽어 버려.)

(5) 분노 초기 진압법

① **분노 온도계 만들기** 분노를 초기에 제압하기 위해서는 위의 주요 자극을 본인의 입장에서 시작 단계, 상승 단계, 위기 단계로 정리해 두는 '분노 온도계'를 만들어 놓을 필요가 있다. 시작 단계란 분노가 시작되는 단계이고, 상승 단계란 분노가 뜨거워지는 수준이며, 위기 단계란 분노가 들끓는 수순을 의미한다.

    이 온도계를 만드는 목적은 자신의 분노 양상을 잘 이해하고 정리해 자신과 상대방에게 돌이킬 수 없는 피해를 입히는 사태를 방지하기 쉽다는 이로운 점이 있다.

토머스 제퍼슨

전겸구

미국의 제3대 대통령이었던 제퍼슨은 "만약 화가 나면 10을 세라. 그리고 만약 미치도록 화가 나면 100을 세라." 화가 나면 일단 속으로 이렇게 외쳐라. "한 템포만 늦추자! 한 템포만 늦추자! 한 템포만 늦추자!"
이렇게 한 템포만 늦출 수 있어도 인생이 달라진다.

② **30초만 참아라** 여기서 말하는 '참아라'의 의미는 속으로 끙끙 앓는 인내가 아닌, 적절히 참았다가 상황과 시점에 맞게 분노를 표현할 수 있는 인내를 의미한다. 초기 단계에서 마음속으로 숫자를 30까지 세어 본다.

③ **생산적이고 긍정적인 일로 빨리 주의를 돌려라** 화가 나기 시작할 때 분노 상황에서 재빨리 벗어나 보다 생산적이고 긍정적인 일에 주의를 기울이는 것도 효과적인 방법이다.

3) 상대방의 입장에서 바라보라

사람들은 대개 자신의 관점에서 사물을 바라본다. 하지만, 자신의 입장에서 사물을 바라보면 분노를 일으키기 쉽고, 대신에 상대방의 입장에서 바라보면 분노가 발생하지 않거나 곧 사라지기 쉽다. 따라서 상대방의 관점에서 바라보는 훈련이 필요하다.

상대방의 입장에서 바라본다는 것은 구체적으로 무엇을 의미하는가?

첫 번째 수준은 생활 속에서 쉽게 만나는 배우자, 애인, 부모, 자식, 친구, 직장 동료, 직장 상사, 이웃 등을 이해하는 것이다. 즉, 이런 질문을 자신에게 해 보는 것이다. "나는 그와 같은 행동을 한 적이 없는가?", "나는 그 상황에서 어떻게 했을까?"와 같은 훈련을 반복하면 분노 조절에 도움이 된다.

두 번째 수준은 상대방이 속한 성, 문화, 역할의 관점을 고려하여 이해하는 것이다.

① 남성이 알아야 할 여성의 특성
- 여성은 이해를 바랄 뿐 충고를 원하지 않는다.
- 여성은 공감을 필요로 한다.
- 여성은 관계를 중시한다.

② 여성이 알아야 할 남성의 특성
- 남성은 자존심이 중요하다.
- 남성은 도움이나 조언을 주고 싶어 한다.

- 남성은 수다를 이해하지 못한다.

위와 같은 성의 차이와 각자 자라 온 가정과 세대 등에 따라 접해 온 문화가 다르다는 점을 유념해야 하고 역할의 차이 또한 고려해야 한다. 처음에는 상대방의 입장에서 바라보기가 쉽지 않을 수 있다. 하지만 지속하다 보면 점차 익숙해진다.

4) 쓸데없는 당위적 기대를 바꿔라

당위적 기대란 '반드시 ~ 해야 한다' 또는 '반드시 ~하지 말아야 한다'고 믿는 기대나 신념이다. 우리는 이 당위적 기대가 지켜지지 않았을 때 분노를 일으킨다. 우리가 분노 관리를 하기 위해서는 분노와 관련된 당위적 기대가 어떤 것인지 있는지를 알아보고 이 당위적 기대가 합리적인 것인가를 알아볼 필요가 있다.

하지만 인간의 삶 속에서 '반드시 ~해야 한다'라는 당위적 기대는 일반적으로 무리한 기대인 경우가 많다. 예컨대 '약속을 했으면 언제나 제시간에 와야 한다'는 당위적 기대인 경우, 이는 현실적으로 참 어려운 일이다. 이것을 나에게 적용해 보면 '나는 언제나 시간을 지켰는가?' 하는 것이다. 이런 입장에서 보면 이 당위적 기대가 무리가 있다는 것을 알 수 있다.

이 당위적 기대를 분노 관리에 적용해 보면, '소망적 기대'로 바꾸는 것이 효과적이라 한다. 소망적 기대란 '가능하면 ~하면 좋겠다'의 형태로의 전환을 말한다. 여기에서 좀 더 발전하면 '인간적 기대'로 바꾸는 것이다. 인간적 기대는 '그(녀)도/그들도/나도 사람

상대방의 입장에서 바라보라

논어

자공이 여쭈었다. "짧은 한마디 말이되, 죽을 때까지 행해야 할 말이 있습니까?"
공자께서 말씀하셨다. "그것은 서(恕)라는 말이다. 자기가 바라지 않는 일을 남에게 해서는 안 되느니라."

쓸데없는 당위적 기대를 바꿔라

논어

공자께서는 4가지가 없으셨으니, 사사로운 뜻이 없으셨으며, 꼭 하겠다는 것이 없으셨으며, 고집이 없으셨으며, '나'라는 것이 없으셨다.

인데 그럴 수도 있지'라고 기대를 바꾸는 것이다. 이와 함께 인간에게 적용되는 인간적 기대 외에 자연 현상에 대해서는 날씨, 노화, 질병, 손실 등에도 긍정적인 점을 찾아내는 훈련을 하면 분노 관리에 큰 도움이 된다고 한다. 이와 같이 우리 인간의 삶 속에는 개인적으로 사회적으로 또는 국가적으로 마땅히 지켜야 할 원칙들이 있다. 하지만, 우리가 믿고 있는 당위적 기대가 과연 합리적인가를 점검할 필요가 있다. 왜냐하면 비합리적인 당위적 기대가 일으키는 불필요한 분노는 건강하고 행복하며 성공적인 삶을 방해하기 때문이다.

5) 왜곡된 현실 지각을 바꾸어라

불행하게도 우리 인간은 대부분 색안경을 쓰고 현실을 본다. 또한 이로 인해 불필요한 오해, 갈등, 분노를 발생시킨다. 그러면 우리 인간이 갖는 왜곡된 현실 지각의 대표적 유형들은 다음과 같다.

- 개인화: 아무 증거 없이 다른 사람의 말과 행동이 당신을 겨냥하는 것처럼 느낀다.
- 독심술적 사고: 확인해 보지도 않고 다른 사람의 생각, 감정, 동기를 알고 있다고 믿는다. 예로서, 식당에서 서비스가 늦어지자 '종업원이 나를 우습게 보고 있군'이라고 생각한다.
- 비난: 다른 사람이 부당하게 당신에게 잘못하고 있다고 생각한다.
- 선동적 낙인: 선동적인 이름으로 낙인 찍는다. 예로서, 상사가 하는 일이 마음에 안 들자 "잘한다, 저 인간 회사 말아먹으려고 작정했구나"라고 비난한다.

사례: 친구가 약속 시간보다 1시간이 지나도 나타나지 않고 있다.
합리적인 지각: '차가 막히나? 지루하지만 기다리는 동안 음악 감상이나 해야겠다.'
긍정적인 지각: '내가 중요하게 계획할 일이 있는 친구가 내게 시간을 주는구나.'

- 공황화: 상황을 실제보다 끔찍하게 과장해 부정적으로 생각한다.
- 흑백 논리적 사고: 사물을 '흑 아니면 백'으로 보며 중간이 없다.

분노 관리에서는 이러한 왜곡되고 부정적인 현실 지각을 바꾸는 작업이 필요하다. 불필요한 분노를 줄이는 초점을 둔다면 '합리적인 지각'을, 행복한 삶을 원하면 '긍적적인 지각'을 택하면 된다.

6) 통제할 수 있는 상황과 통제할 수 없는 상황을 구분하라

인간은 자신과 주위 세계를 통제하고 싶어 한다. 그렇다면 우리는 자신과 주위를 얼마나 통제할 수 있을까? 우선 가족이나 동료들을 살펴보자. 우리는 이들 중에 누구를 쉽게 통제할 수 있는가? 아마도 어린 아이를 제외하고는 쉽지 않을 것이다. 우리를 둘러싼 환경, 더 나아가 우리 자신을 통제하기란 쉬운 일이 아니다. 그럼에도 사람들은 이를 원하고, 그럴 수 없는 상황에 대해 화를 낸다. 자신과 주위 사람들에게 피해를 주면서까지 말이다.

분노 관리에서는 자신에게 분노를 자극하는 상황을 직면해서 그 상황을 바꿀 수 있으면 적극적으로 바꾸라고 한다. 그러나 그 상황이 바꿀 수 없는 것이라면 수용을 하라고 말한다. '다윗 왕의 지혜'에서 그 해결 방법을 설명해 보고자 한다.

'다윗 왕의 지혜'에 등장하는 다윗 왕의 자세에서 우리는 다음과 같은 사실을 배울 수 있다.

다윗 왕의 지혜

사무엘(하) 12:16-23

이스라엘 2대 왕인 다윗은 우리아 장군의 아내 밧세바의 아름다움에 취해 우리아 장군을 전쟁터에 보내 죽게 하고 밧세바와 결혼을 한다. 다윗 왕과 밧세바 사이에서 태어난 첫 아이가 심하게 앓자 다윗 왕은 식음을 전폐하고 밤새도록 땅에 엎드려 기도를 했다. 하지만 불행하게도 이 아이는 7일 만에 목숨을 잃는다. 많은 신하들이 이를 걱정했다. 아이가 병중에 있을 때에도 식음을 전폐했던 다윗 왕이 아이가 죽은 상황에서는 어떻게 할지 몰랐기 때문이다.

그러나 신하들의 수군거리는 모습을 통해서 아이가 죽었음을 눈치챈 다윗 왕은 몸을 씻고 기름을 바르고 의복을 갈아입고 음식을 가져오게 한 뒤, 이렇게 말했다.

"아이가 살았을 때 내가 금식하고 운 것은 혹시 여호와께서 나를 불쌍히 여기사 아이를 살려 주실런지 누가 알까 생각함이어니와 지금은 죽었으니 어찌 금식하랴. 내가 다시 돌아오게 할 수 있느냐?"

첫째, 우리가 바꿀 수 있는 상황은 최선을 다해서 노력하라. 설사 그 가능성이 매우 낮더라도 끝까지 최선을 다할 때 기적이라는 것이 일어난다.

둘째, 설사 원하지 않는 결과가 발생했더라도 바꿀 수 없는 상황은 수용하라.

셋째, 결과에 집착하지 말고 행복한 삶을 위해 전진하라. 인생은 길다. 설사 실패했더라도 새로운 도전과 더 큰 행복을 위해 전진하라.

7) 반복적인 분노를 줄여라

한 번 분노한 사실에 대해 또 한 번 분노하면 앙금이 쌓인다. 인생을 살아오면서 분노한 상황을 돌이켜 보며 다음의 질문에 답을 찾아보자

• 지금까지 살아오면서 가장 심각했던 분노 상황은 무엇인가?
• 그 상황 때문에 몇 번이나 분노를 경험했는가?

우리에게 분노를 일으키게 하는 상황은 한 번이었음에도, 우리는 동일한 상황에 반복해서 화를 낸다. 분노 관리 입장에서는 첫 번째 분노는 상대방의 탓이라도, 두 번째 분노부터는 내가 나를 죽이는 행동이다. 이러한 원리를 '자가 발전적 분노'라고 한다.

계속 화를 내다보면 머리가 아프고, 소화가 안 되고, 잠도 안 온다. 때로는 그 때문에 약을 복용하거나, 심지어 병원에 가야 한다. 사람은 화를 많이 경험할수록 빨리 죽는다. 더 나아가 반복적인 화는 대인 관계에 문제를 발생시키고 홧김에 치명적인 실수를 저지르게 만든다. 이런 상황에서는 '분노는 한 번으로 족하다'는 원리를 마음에 새길 필요가 있다.

유태인의 격언 가운데 "오른손으로 벌하되 왼손으로는 정답게 껴안아라"는 말이 있다. 실제로 유태인 부모들은 자녀들이 하루 동안 경험한 분노, 슬픔, 공포 등 정서적 스트레스를 그날 안에 마무리할 수 있도록 배려한다. 아무리 심하게 꾸짖어도 잠자리에 들 때만은 정답게 다독여줌으로써 감정의 앙금이 어린 가슴속에 남지 않도록 한다. 이 같은 유태인의 전통은 자녀들을 지난 일을 곱씹으며 과거에 얽매이지 않도록 키워 낸다. 또한 아이들이 앞을 내다보며 적극적으로 살아가는 훌륭한 인간으로 성장하는 바탕이 된다.

8) 자기 존중감을 키워라

일반적으로 열등감이 많은 사람은 사소한 일에서도 쉽게 화를 내는 반면, 자기 존중감이 높은 사람은 웬만한 상황이 아니면 화를 내지 않는다. 자기 존중감과 분노 사이에는 밀접한 관계가 있다. 연구에 의하면 자기 존중감이 낮은 사람의 경우 더 많은 분노를 경험한다.

자기 존중감이란 필요할 경우 무엇이든 해낼 수 있다는 자신감과 사랑받고 존경받고 있다는 자기 가치감이다. 이런 자기 존중감이 높은 사람은 주위 사람들과 쉽게 어울리고 평판에 크게 좌우되지 않으나 낮은 사람은 다른 사람들의 언사에 예민하게 반응한다.

분노 관리 관점에서 자기 존중감과 관련하여 실행되어야 할 점을 알아보면 다음과 같다.

(1) 무조건적인 사랑을 체험하라

무조건적인 사랑이란 상대를 자신의 잣대로 판단하지 않고, 있는 그대로를 수용하고 사랑하는 것이다. 아이들은 무조건적인 사랑을 받을 때 월등히 자기 존중감이 높아진다. 그러나 이미 성장했고 자라나는 과정에서 무조건적인 사랑을 받지 못했다면 어떻게 해야 하나? 지금부터라도 스스로에게 무조건적인 사랑을 베풀어 보는 것이 효율적이다.

심리학적으로 볼 때 자신에게 불만이 많고 자신을 사랑하지 않는 사람은 다른 사람을 사랑할 여유가 없다. 더 나아가 자신을 사랑하지 않는 사람은 자신에 대한 불만을 상쇄시키기 위해 남을 비판하고 헐뜯는다. 만일 내가 자주 남을 비판하는 사람이라면 무엇보다 나 자신을 돌아볼 필요가 있다. 왜냐하면 다른 사람에 대한 비판은 내면적으로는 나 자신에 대한 불만일 가능성이 높기 때문이다. 무엇보다 자신을 먼저 사랑하자.

(2) 무조건적인 자기 가치감을 확신하라

우리는 모두 이 세상에 하나밖에 없는 귀한 존재다. 남자든 여자든, 사장이든 종업원이든, 어른이든 아이든, 장애인이든 비장애인이든, 우리 모두는 각각의 고유한 가치를 가지며 그만한 대접을 받을 권리가 있다. 무조건적인 가치는 이미 이 세상에 태어나는 순간 존재하는 것이므로 그 가치를 땀 흘려 획득하거나 증명할 필요가 없다. 이런 무조건적인 자기 가치감을 저해하는 요인은 다음과 같다.

- 외적 조건에 집착하는 것
- 남과 비교하는 것

위의 저해 요인을 떨치고 성공한 강영우의 이야기에서 교훈을 얻어 보고자 한다.

강영우

전경구

중학교 1학년 때 골키퍼였던 그는 친구가 찬 공에 눈을 맞아 실명했다. 어머니는 그 충격으로 세상을 떠났고, 14세 때 아버지마저 돌아가셨다. 졸지에 눈먼 고아가 됐다. 13세 된 남동생은 철물점에, 9세 된 여동생은 고아원에 보내졌고, 그는 맹인재활센터에 들어갔다. 이런 환경에 그는 절망하고 자주 화를 내었다. 그러던 그가 "이제 더 이상 비장애인과 비교하지 말자"는 결론에 도달했다. 비교해 봤자 화만 나고 화를 내봤자 나만 손해라는 사실을 깨달았다. 이후 그는 주위 사람들의 도움으로 18세의 늦은 나이에 서울맹아학교 중등부 1학년으로 입학해 졸업 후 연세대학교 교육학과에서 학사 학위를 받고 미국 피츠버그 대학교에서 박사 학위를 받았다. 그는 조지 부시 대통령 시절 미국 백악관 국가장애위원회 정책차관보를 역임했다.

(3) 끊임없이 성장하라

심리학자 Rogers는 인간에게는 한 가지 유일한 기본 욕구가 있는데, 이는 '자아 실현의 욕구'로서, 이 욕구는 현재 상태보다 더 나아지려는 경향이며, 잠재력의 개발로 이루어질 수 있다고 하였다. 인간은 자기가 가진 잠재력을 실현하면 매 순간 보람과 기쁨을 느낄 뿐만 아니라 성공한 인생을 이끌어갈 수 있다. Maslow는 자기 실현의 특징으로서 '정상 경험'을 제시하였다. 정상 경험이란 마치 산의 정상에 올라섰을 때와 비슷한 만족감과 희열을 의미한다. 이러한 정상 경험의 만족감과 희열 때문에 가난을 감수하는 화가, 작가가 있고 밤샘 연구를 하는 학자들, 끼니를 굶어 가며 연습에 매진하는 연극배우들이 있는 것이다.

달라이 라마의 지혜

전겸구

요컨대 아무도 없다.
분노와 함께 행복하게 사는 사람은.
따라서 적(敵)인 분노는 이와 같은 고통을 만들어 낸다.
그러나 누구든지 꾸준히 분노를 극복하는 사람은 지금으로부터
영원히 행복을 찾게 된다.

9) 분노를 넘어 행복으로

우리 대부분은 행복을 추구하며 산다. 그러나 그중 많은 수가 실제로는 행복하지 않은 삶을 살고 있으며 그 결과, 불필요한 분노를 경험한다. 분노 관리에서 본 행복은 중요한 시사점을 가진다. 즉, 부정적인 접근보다는 긍정적인 접근이 보다 효과적이라는 점이다. 실제로 수많은 연구들이 처벌보다는 칭찬이 효과적이라는 사실을 증명하고 있다. 다시 말해 분노를 줄이기보다는 행복을 강조하는 것이 보다 효과적인 분노 관리라는 것이다. 인생을 행복으로 채우면 분노는 저절로 사라지게 된다. 행복한 삶에 초점을 두면 자연히 분노는 줄어든다. '달라이 라마의 지혜'를 보자.

그러면 우리는 어떻게 하면 행복해질 수 있을까? 우리가 행복한 삶을 살기 위해 알아야 할 행복의 3가지 원리는 다음과 같다.

(1) 행복은 자신이 바라는 것을 얻는 것이다

우리가 행복하기를 원한다면 우리의 삶 속에서 진정으로 원하는 것을 추구하는 것이 중요하다. 자신이 진정으로 원하는 일을 하면 몰입하게 되고, 그로 인해 좋은 결과가 나타나면서 행복과 성공이 자연적으로 따라온다고 한다. 또한 쉽게 얻을 수 있는 작은 행복

스티에성

전경구

20세에 하반신 불구가 된 그는 휠체어를 타고 15년을 방황하며 아픔 속에서 살았다. 그러나 그는 분노에서 돌이켜 수필 〈띠탄공원〉, 〈하늘가 바다 끝〉으로 작가로서의 성공을 이루었다.

"나는 병을 앓으면서 조금씩 삶에 만족하는 법을 배웠다. 고열에 시달리고 나면 열 없는 날이 얼마나 상쾌한지를 깨달았다. 기침을 많이 하다 보면 기침 없는 날이 얼마나 편한지를 알았다. 휠체어에 앉아 있으면 걸을 수 있다는 사실이 얼마나 축복인지, 욕창이 생겨 며칠을 모로 누워 새우잠을 자면, 비로소 똑바로 누울 수 있음이 얼마나 달콤한 휴식인지를 깨달았다. 요독증이 걸렸을 때는 늘 마음을 안정시키지 못해 어떤 생각도 할 수 없었고, 건강했던 지난날이 사무치게 그리웠다. 그러면서 점점 나는 중요한 사실을 깨달았다. 어떤 어려움에 처하더라도 '더 큰 어려움'을 생각하면 지금 이 순간은 너무나 행복하다는 것을……."

을 만끽하는 것이다. 인생에서 큰 상과 목표만을 추구할 것이 아니라, 우리 주위에 사소하지만 돌아보기만 해도 행복을 느낄 수 있는 수많은 것이 존재한다는 것을 인식하고 찾아보는 것이다(차동엽, 2012).

(2) 행복은 긍정적인 프레임에서 온다

사물은 바라보는 관점에 따라 달라진다. 행복해지기 위해서는 긍정적인 마음이 꼭 필요하다(차동엽, 2012). 중국의 유명 작가 스티에성의 일화를 통해 세상을 긍정적으로 바라보는 것이 무엇인지 알아보자.

(3) 행복은 외적 조건이 아닌 자신 안에 있다

행복은 외적 조건과 상관이 없거나 거의 적다. 만일 행복을 외적 조건에 집착할 경우 늘 불안정하고 언제든지 불행으로 추락할 가능성이 높다. 행복을 외적 조건에 둘 경우, '제로섬(zero-sum) 게임'이 발생할 수 있다. 대부분의 사람들이 추구하는 외적 조건은 한정된 자원(돈, 권력, 승진)일 가능성이 높다. 달리 말해 이러한 외적 조건의 합은 영(0)이다. 전체 몫 가운데 어느 한 사람이 많이 가지면, 다른 사람들은 적게 가질 수밖에 없다. 그리고 이러한 과정에서 갈등이 발생하고 분노를 경험한다. 반면, 외적 조건 대신에 내적 성장을 추구하면 제로섬 게임의 함정을 피할 수 있다. 인격을 갈고 닦고, 독서를 통해 지식과 지혜를 확장하고 남에게 관심과 사랑을 베풀고, 절대자와의 영적 교제를 확장하는 일은 결코 남에게 피해를 주지 않는다.

이와 같이 우리는 제한된 행복을 넘어 보다 많은 행복을 느끼도록 노력하는 삶을 통해 분노를 이기고, 우리의 삶에 건강과 행복, 성공이 함께 할 수 있기를 바란다.

학습
과제

1. 분노에 대한 다양한 이론을 제시해 보라.
2. 분노의 변화 단계를 살펴보고, 각 단계에서의 분노 변화의 특징을 설명해 보라.
3. 분노 관리의 원리를 제시해 보고, 이를 토대로 행복 관리의 원리를 논해 보라.

분노 관리를 위한 준비

전술한 바와 분노 관리의 목적은 소극적으로 분노를 제거하는 데 있지 않고, 적극적으로 행복한 삶을 추구하는 데 있다.
이에 이전 장에서는 분노 관리를 이해하고, 분노 관리의 이론과 함께 분노 관리의 기본 원리를 살펴보았다.
이러한 분노 관리를 효과적으로 잘 적용하려면 분노 관리에 대한 사전 준비가 필요하다.
이 장에서는 분노 관리에 대한 사전 준비로서 변화를 위한 평가와 동기 증진, 강한 치료적 동맹 개발, 분노 경험에 대한 자각 증진에 대해 다루어본다.

+ 변화를 위한 평가와 동기 증진을 살펴본다.
+ 강한 치료적 동맹 개발에 대해 살펴본다.
+ 분노 경험에 대한 자각 증진에 대해 논의해 본다.

2016년 MBC의 화제 드라마였던 〈화려한 유혹〉에 출연 중인 최강희의 '분노 게이지 변화'가 화제였던 적이 있다(그림 5-1). 평범하고 소소한 일상이 삶의 행복이었던 신은수가 남편의 횡령 사건에 가담했다는 누명을 쓰고 '눈물녀'가 된 모습부터 딸의 사고 원인을 제공한 강일주에게 더욱 악독하게 되갚아 주는 '복수녀'와 거짓 눈물을 흘리는 '냉혹녀'의 모습을 거쳐, 강일주의 악행을 알고도 묵인하는 강석현에게 분노하면서 '살벌녀'가 된 과정을 일목요연하게 보여준 드라마였다. 이와 같이 분노는 어떠한 원인에 의해 시작하고 발전하여 극한 상황으로 전개된다. 이에 이 장에서는 먼저 분노 관리에 대한 준비로서, 먼저 변화를 위한 평가와 동기 증진을 살펴보고, 강한 치료적 동맹 개발, 그리고 분노 경험에 대한 자각 증진에 대해 살펴보고자 한다.

그림 5-1 화려한 유혹의 게이지 변화 단계

1. 변화에 대한 평가와 동기 증진

변화를 위한 평가와 동기 증진은 분노 장애를 가진 내담자와 작업을 할 때 첫 번째 해야 할 일이며, 가장 중요한 단계이다(Howard & Raymond, 2002).

어떤 내담자들은 자신들의 분노 폭발이 초래하는 문제를 인식하고 변화하기를 원한다. 하지만, 불행하게도 이러한 경우는 극소수에 불과하다. 대부분의 내담자들은 자신에게는 잘못이 없다고 보고, 그들이 표출한 분노의 부정적인 결과를 깨닫지 못한다. 그들은 "나 좀 내버려 둬! 난 관심 없어", "우리 엄마는 날 진저리 나게 해" 혹은 "나도 나를 어쩔 수 없어. 너한테 이런 일이 발생한다면 화가 나지 않겠어?"와 같은 말로 자신을 정당화한다.

따라서 분노 관리의 준비 단계에서의 첫 번째 단계는 내담자가 변화를 위한 평가를 하고, 내담자의 통찰력과 동기를 증진시키는 것이다.

1) 변화를 위한 평가

내담자가 변화할 준비가 안 되어 있다면, 분노감 감소를 위한 협력적인 작업을 할 수 없다. 종종 내담자가 화를 내는 것은 어느 정도 이점이 있지만, 강하고 잦은 분노 반응은 자기 스스로 대가를 치른다는 것을 느끼게 해 줄 필요가 있다. 대부분의 내담자들은 단순히 자신의 분노가 자신의 문제라는 것을 이해하지 못한다. 그들은 배우자나 자녀, 부모, 상사 등 상대방이 변할 수 있도록 도와주기를 원한다. 즉, 그들은 자신의 관점에서는 다른 사람이 분노의 실질적인 원천이라고 믿는다.

따라서 분노관리사가 가장 먼저 취해야 할 행동의 첫 번째 목표는 분노 문제는 내담자 자신의 것이고, 자신이 해결해야 할 자신의 문제라고 깨닫게 하는 것이다. 즉, 문제에 대한 책임을 갖는 것이 분노 관리의 사전적 준비에서의 첫 번째 단계이다.

물론 분노관리사는 보통 내담자와 다른 관점에서 임상적인 문제를 조명한다. 하지만 이러한 차이점은 분노의 경우에 아주 고조되는데, 왜냐하면 내담자들은 자신이 기분 나쁘면 반복적으로 다른 사람을 원망하기 때문이다. 분노관리사는 내담자가 문제에 대한 소유 의식을 갖고 궁극적으로 변할 사람은 내담자 자신이라는 것을 인식하게 하는데, 이와 같은 차이점 때문에 내담자들은 불쾌감을 느끼고 공감하는 면에서 제한을 받는다. 우리는 분노관리사가 내담자에게 공감적인 태도를 보이고, 내담자의 관점에서 문제를 보아야 한다는 현실을 수용하면서, 내담자가 지각한 '자기 고통'을 인식하고 개입의 초기 단계에서는 동정적이어야 한다는 점을 강조하고자 한다. 이와 같은 공감적인 결속이 이루어지면 이어지는 상담 회기에서 오랜 시간을 통해서 상담이 성공적으로 이루질 수 있는 가능성이 높아진다. 분노 치료의 초기 준비 단계의 목표는 상담이 원만하게 이루어질 가능성을 높이기 위해서 내담자와 치료자 사이의 작업 결속을 증진시키고 저항을 감소시키는 것이다.

2) 동기 증진시키기

내담자의 동기를 증진시키는 데 있어 Howard & Raymond는 4가지 가능성인 사실 재검토, 단기와 장기 결과 사이의 차이점 인식, 정화의 부정적인 역할 이해, 내담자 저항 감소 방법을 제시하였다.

(1) 사실 재검토

내담자와 함께 과학적으로 검증된 분노의 사실(fact)을 재검토하는 것은 매우 유용하며, 다음 사항에 주목해야 한다.

- 분노는 가족 구성원, 동료, 판매 직원 등과의 문제 있는 대인 관계에서의 갈등과 관련이 있다. 분노에는 2가지 결과가 있다. 새로운 갈등을 초래하거나 이미 존재한 갈등을 악화시키는 것이다.
- 심혈관계 질환, 뇌졸중, 암과 같은 의학적 문제는 화를 잘 내는 사람들에게 더 나타난다는 많은 증거가 있다. 분노에 대한 대부분의 연구들에서 자주 분노를 느끼는 사람에게서 사망률이 증가한다는 것이 명확하게 나타나고 있다.
- 분노는 다른 사람에게 부정적인 평가(싫어하게 되는 것)를 초래하기에 친구의 우정, 사회적인 협력 관계, 가족의 행복, 직업 성취, 가석방 기회, 구금 시설에서의 외출 기회 등에 부정적인 영향을 준다.
- 사람들은 화를 잘 내는 사람들을 싫어하고 회피하기 때문에 결국 소외감을 느낀다. 화를 잘 내는 사람들은 사회적인 모임에 초대받을 가능성이 적고, 사람들의 관심에서 멀어지기 때문에 분노에 관련된 대인 관계 갈등이 많게 된다.
- 결국 화내는 내담자도 부정적인 분노가 끼치는 영향을 인식하기 때문에 분노는 낮은 자존감을 초래한다.
- 분노는 종종 사랑받고 존경받는 다른 사람에게 혐오적인 언어적, 신체적 공격을 하게 만든다.
- 분노는 변덕스러운 운전, 그리고 다른 유형의 변덕스러운 행동과 관련이 있고, 결과적으로 법적인 논쟁을 야기한다.
- 분노는 분노에 관련된 '자동적인' 행동으로 이어져, 재산 파괴라는 손실을 가져온다.

- 분노는 직업적인 불만족감과 부적응을 초래하여 생산성 감소와 직장에서의 실패 가능성을 증가시킬 뿐만 아니라, 직장 동료와도 문제를 일으킨다.
- 분노는 고통에 대한 낮은 역치(threshold)와 낮은 고통 감내와 관련이 있다는 몇몇 증거가 있다.
- 분노는 장기적으로 성취를 덜 가져올 수 있고, 자기 패배감을 가지게 되는 불필요한 위험을 선택하게 되는 것과 같은 부적절한 위험을 초래할 수 있다. 또한 사회적 상황에서 형편없는 의사 결정을 가져온다.
- 분노한 사람은 부정적 감정을 관리할 수 있는 방법으로서 쉽게 알코올이나 다른 약물에 유혹될 수 있다.
- 매우 강한 분노감의 경우 높은 파멸을 불러오고, 명확한 사고를 흐리게 할 수 있으며, 우리 자신의 도덕적 규범을 어길 수 있고, 살인 또는 치정 범죄와 같은 심각한 범죄를 저지를 수 있다.

이러한 사실을 제시하면서 우리가 소망하는 것은 분노를 참는 것이 파괴적으로 표현하는 것보다 더 가치 있다는 명확한 인식을 하도록 하는 것이다.

(2) 단기와 장기 결과 사이의 차이점 인식

내담자는 물론 분노관리사가 분노의 단기와 장기 결과 사이의 차이점을 이해하는 것은 매우 중요하다. 분노 반응은 대체로 단기적으로 강화되며, 종종 내담자가 원하는 것을 얻게 될 수 있다. 화가 나서 배우자, 자녀, 또는 직원에게 소리를 질렀는데, 즉각적인 결과가 주어진다면 화내는 효과가 있는 것이다. 화를 내면 대체로 상대방이 순응하게 되고, 권력과 존경에 대한 왜곡된 지각을 갖게 된다. 목표 대상이 되는 사람은 어떤 지각된 처벌(예: 공격, 창피, 실직)을 피하기 위해 단지 응해 주는 것이다. 그러나 이러한 시나리오는 장기적으로 인간관계에서 치명적인 대가를 치르도록 하고 배우자, 친구, 고용주, 그리고 직원 사이에 불신을 조장한다.

대부분의 화난 내담자는 분노의 장기적, 단기적 차이점에 대해서 고려하지 않는다. 내담자에게 자신의 어린 자녀가 화를 내고 종종 소리를 지르는 부모와 5~10년 동안 어떻게 살아왔는지 물어본다면 무엇이라고 대답할지 물어보라. 자주 자신을 무시하고 정당한 대우를 받지 못한 직원이 무슨 말을 할 것인지 물어보라. 남편에게 자신의 아내가 소리칠 때마다 어땠는지, 그리고 5년 또는 10년 동안 서로 화를 내는 관계를 유지했을 때 아내는 무슨 말을 할 것인지 물어보라. 내담자가 상대방의 분노의 표적이 된다면 어떤 느낌일지 물어보라. 그리고 그러한 경우에 미래가 자신들에게 어떻게 느껴질지 물어보라.

이와 함께 내담자에게 분노의 장기적인 의학적 부작용에 관해서 교육하는 것은 아주 도움이 된다. 전술한 바와 같이 분노는 심장병, 뇌졸중 등 각종 위험을 증가시킨다는 분명한 증거가 있다. 하지만 이러한 결과가 발생하기에는 시간이 많이 걸리기 때문에 사람들은 그러한 병들을 분노에 연결시키지 못한다.

(3) 정화의 부정적인 역할 이해

내담자에게 정화(카타르시스, catharsis)는 일반적으로 정신 건강에 좋은 결과로 알려져 있다. 하지만, 정화가 이 분노 감정과 행동을 더 증가시킬 수 있다. 이러한 현상은 놀랄 만한 것인데, 인기 있는 대중문화에서는 분노 표출을 강조했기 때문이다. 그러나 수십 년 간의 과학적인 연구 결과는 이와 같은 통속적인 견해에 반대하는 증거를 제시했다.

Ebbesen 등(1975)은 해고당한 100명의 항공 우주 엔지니어와 면담을 한 결과, 그중 몇몇에게 정화 모델에 근거해서 분노와 쓰라린 감정을 촉발시키기 위해서 가령 '회사가 당신을 공평하게 대하지 않아 왔던 것이 있다면 무엇인가?'와 같은 질문을 했다. 정화 모델에서는 면담하는 도중에 분노를 표출하는 기회를 주었기에 이런 사람은 분노를 덜 느낄 것이라고 예언했다. 하지만 그 반대의 경우가 발견되었다. 실제 분노감을 표출한 엔지니어들은 그들의 분노감을 표출하지 않는 내담자와 비교해서 더 많은 분노를 나타났다.

울분을 뽑아내기, 기분 전환하기 등과 같은 정화는 일시적으로 기분을 좋게 할 것이다. 하지만 이것은 분노를 강화할 가능성이 있다. 아이와 배우자, 피고용자 같은 표적 대상은 종종 그들이 원하는 것에 순응할 것이다. 그래서 분노한 사람은 자신이 원하는 것을 얻을 것이고 다음번에도 분노를 통해서 다른 사람의 행동을 통제할 것이다.

내담자에게 최소한의 진실을 가르치는 것이 필요하다. 즉, 분노를 통해서 반응을 하게 되거나 화를 내는 방식으로 행동을 하게 되면 실제로 내담자는 분노 반응을 연습하는 것이다. 다음에 비슷한 문제에 직면하게 되면 또다시 화를 낼 가능성이 높다.

분노를 통해서 문제가 해결된다고 생각하기에 연습한 패턴을 쉽게 반복하게 된다. 그러나 사실은 진정한 문제가 발생한 상황에서 오래 지속적이고 개방적이며 협동적인 관계를 만들어 내지는 못한다. 동시에 내담자에게 당신이 대안적인 방법, 자기주장 기술, 이완 기법, 인지적 재구조화 기술을 가르쳐서 자신의 분노를 쌓아 둘 필요가 없다는 것을 그들에게 알려 주는 것이 중요하다.

정화에 대한 대안적인 방법은 분노를 억지로 짓누르는 것이 아니다. 분노를 경미한 불쾌 수준으로 감소시켜서 분노를 경험하는 사람이 혐오적인 감정을 수용 가능한 방식으로 표현하는 것을 배우는 것이다.

(4) 내담자 저항 감소 방법

양가 감정은 어떤 것에 대한 다양한 양립적인 태도를 가지는 것을 말한다. 예를 들어, 내담자는 그들의 분노가 야기하는 문제에 대해서 알지만 동시에 그들의 분노감이 적절하고 정당하다고 믿을 수 있다. 그러므로 어떤 내담자는 분노에 관해서 당신이 제시하는 사실을 수용할 수 있지만, 어떤 내담자는 당신이 아무리 당신의 메시지를 지혜롭게 제시해도 반박할 것이다.

상담 도중에 제시하는 메시지를 내담자가 수용할 수 있는가에 관한 것은 종종 그 메시지를 제시하는 태도와 관련이 있다. 예를 들면, 분노관리사는 "당신은 당신의 분노에 관해서 반드시 작업을 해야 해요! 당신이 보고한 것에 근거하면 분명히 당신의 분노 때문에 당신의 연인 관계에 어려움이 있습니다. 이것은 분명하고 당신 역시 그렇게 확신할 것이라고 저는 믿습니다"라고 말할 수 있다. 이렇게 제시하면 내담자는 공격당하고 오해받은 느낌이 들고, 분노관리사가 상대방의 편을 든다고 시비를 걸 수도 있다. 이런 말은 내담자의 자유와 개인의 선택을 제한하는 것으로 인식될 수도 있다. 그러므로 내담자는 자신의 견해를 방어하려는 시도로서, 왜 자신의 분노가 적절하고 정당한 것인가에 대한 이유를 댈 것이다. 또는 미래에도 정당할 것이라고 주장하면 변화해야 할 이유가 없다. 내담자는 쉽게 경직되고 '벽에 부딪히게' 된다. 내담자는 분노를 감소시키는 것이 가장 좋다고 확신하기보다는 자신의 원래 입장을 더 견고히 한다. 그렇다면 분노관리사는 내담자의 저항을 증가시키지 않고 납득시킬 사례를 어떻게 제시할 수 있을까?

우리는 그 답이 분노 표현 방식에 있다고 생각한다. 분노관리사가 강제적이며 수용할 수 없을 정도로 강하고 일방적인 메시지를 전달하면, 내담자는 그에 대해서 저항 반응을 일으킨다. 그 처방은 내담자와 싸우지 않는 분위기에서 내담자가 양면을 고려할 수 있도록 격려해 주는 수용적인 방식으로 메시지를 제시하는 것이다. 이러한 상황에서 내담자는 양가 감정을 해결하고 변화하는 쪽으로 움직일 것이다.

하지만 내담자는 분노관리사의 지식적인 근거를 존경할 가능성이 있지만, 자유와 선택 또한 원한다는 것을 기억한다. 그러므로 분노관리사는 분노의 부정적인 면을 이야기하는 것을 격려하는 방식으로 메시지를 전달하고, 절대 직접적으로 내담자가 분노를 포기해야 한다는 방식으로 말을 해서는 안 된다. 예를 들면 다음과 같다.

- 분노관리사의 초기 탐색: "당신과 당신 여자 친구 사이에 언쟁이 아주 심각한 것처럼 들리는군요. 그것에 대해서 말해 주세요."
- 분노관리사: "당신은 이것이 당신의 대인 관계에 어떻게 영향을 미칠 것이라고 생각하나요?"
- 분노관리사: "비록 당신이 옳았다고 생각하고 있지만, 소리를 지르는 것의 불리한 면이 있었나요?"
- 분노관리사: "당신은 당신의 여자 친구가 당신을 다르게 보기 시작했다고 생각하나요?"
- 분노관리사: "당신은 당신의 관계가 지속될 것이라고 생각하나요?"

목표는 내담자가 변화를 준비하는 실행 단계로 전진하게 하는 것이라는 것을 기억하는 것이 중요하다. 그들 안에서 이러한 메시지는 어떤 변화를 시도하려고 하지 않는다. 오히려 목표는 내담자의 저항을 감소시키면서 분노에 대한 부정적인 손실에 대한 인식을 증가시키는 데 있다. 결국 어떤 내담자는 저항과 결부시키거나 역설적인 의도를 가지고 접근하는 것에 반응을 더 잘 보일 것이다. 그러기에 분노관리사는 다음과 같이 말할 것이다.

"나는 당신이 수선 가게에서 잘못 대우받은 방식에 대해서 생각할 때 가슴이 들끓은 느낌이었다고 들었습니다. 그러나 실제 당신은 충분히 화를 내지 못한 것으로 보이네요. 나는 당신이 좀 더 화가 났을 것이라고 생각해요. 결국 부당했다는 거죠! 그래서 당신은 발생한 것에 대해서 자꾸 생각하게 돼요. 매일 그것에 대해서 생각하죠! 결코 멈춰지지 않아요!"

역설은 때로는 유용한 분노 관리 기법이 될 수 있다. 분노관리사가 보복적인 공격성과 적대감이 아니라, 내담자에게 진행되고 있고 과도하며 경험적인 분노감을 기술하게 하는 것이 중요하다. 분노감에 대한 기술은 분노 사건에 대한 자기 지각적인 감정이고, 생리학적인 반응이며, 지배적이고 반추적인 사고이다. 내담자가 복수하고 공격적인 반응을 상상하게 하는 것은 좋지 않다. 저항과 결부시키는 것은 직접적인 설득과 동기적 면담으로 향하게 하는 대안이고, 이러한 접근은 분노의 손실에 대해서 내담자를 설득하는 데 실패할 때 고려되어야 한다.

2. 강한 치료적 동맹 개발

> 세상을 움직이게 하는 것은 사랑이라기보다 오히려 상대방과 공유된 성취와 개인
> 적인 목표를 위해서 서로 상호 의존성을 인정하는 상호 지지적인 동맹 관계다.
>
> — 프레드 알렌

전술한 바와 같이 변화하고자 하는 내담자의 동기는 매우 중요하다. 즉, 동기가 높은 사람은 전문적인 자문 없이도 행동 변화를 시도한다. 그들은 열심히 책과 신문 보기, TV 뉴스 시청, 공개 강의 듣기, 성경과 코란 읽기, 종교적 예배 드리기 등 다양한 활동을 통해 자신의 행동 변화에 도움이 된다는 기술을 선택해서 자신의 행동을 변화하는 데 사용한다.

이와 함께 우리는 행동 변화와 동기 증진을 위해서 치료적 동맹 관계의 역할을 고려하는 것도 중요하다. 상담 혹은 심리 치료 과정에서 유용하게 사용되는 요인은 무엇일까에 관한 논쟁은 계속되고 있다. 실제로 심리 치료 결과에 치료자-내담자 관계의 영향을 고려하는 것은 심리 치료 연구에서 가장 오래된 주제 중 하나이다.

Freud는 치료자에 대한 내담자의 애착의 한 측면인 신경증과 그들 심리치료사에 대한 내담자의 정상적이고 우호적이며 긍정적인 감정 사이의 차이점을 연구하였다. 비록 주요한 초점은 정신 건강의 왜곡된 한 측면으로 제시되어 왔지만, Freud는 관계의 긍정적이고 현실 기반의 요인이 내담자의 신경증에 도움을 주는 유용한 치료적 파트너십을 제공한다고 생각하였다(Freud, 1923). 실제로 '작업 동맹'은 초기에 사용되어 왔던 정신분석적 논문을 기반으로 하였다. 그러나 시간이 지날수록 정신분석에서 개입의 다른 많은 형태가 발전되고 다양한 인간 문제에 도움이 되는 것이 발견되었다. 이 중 변화를 이끄는 가장 일반적인 요소는 치료자와 내담자 사이에 발전되는 애정적이고 협력적인 동맹에서 발견되었다.

이 생각의 흐름은 Rogers(1957)의 내담자 중심 치료 기법에서도 나타났다. 그의 치료 기법은 내담자와 치료자 사이의 관계에 신뢰감을 주었다. Rogers는 변화가 나타나기 위해 필수적이고 충분한 것으로서 공감, 무조건적인 긍정적 존중의 역할에 초점을 두었다. 그의 제안에 따르면 내담자와 치료자 사이의 관계가 긍정적이지 않다면 치료적 목표(예: 분노 감소)를 성취할 가능성이 없다. 반면, 결속이 강하면 강할수록 성공적인 결과를 가져올 가능성이 크다.

동맹은 변화시키는 힘이다. 어떤 시점에서 강할 수도 있고, 다른 사람과의 사이가 깨질 수도 있고, 나중에 회복될 수도 있다. 치료적 동맹의 중요성을 지지하는 사람들은 그것을 변화의 핵심적인 힘으로 간주했기 때문에 치료 관계가 약하거나 깨지면 분노 감소 프로그램의 과제에 관해서 협조하는 데 방해가 될 것이라고 주장했다.

치료자-내담자 동맹에 대한 연구의 관심은 과거 수십년 동안 증가되어 왔다. 이는 연구자들이 어떤 심리 치료적인 입장을 취하든지 심리 치료의 효과성에 대해서 변함없는 차이를 발견할 수 없었기 때문에 지속된 면도 있었다. 몇몇 연구자들은 심리 치료가 일반적으로 효과 면에서 동일하다고 결론을 내리기도 한 반면, 그렇지 않은 연구자들도 있다.

동맹은 어렵지만 분노 감소 장면에서 작업하는 데 치료자에게 중요한 이슈임에는 분명하다. 또한 많은 내담자가 우리가 보기에는 불친절하고 비효율적이고, 설령 무능하다고 생각할 수 있는 치료자에게서도 도움을 받았다고 말한다. 따라서 치료사는 종종 내담자가 때로 "나는 이전 클리닉의 치료사가 정말 좋았어요. 그 치료사는 나이가 많든 젊든, 흑인이든 백인이든, 뚱뚱하든 마르든, 정신분석적이든 인지행동주의적이든 간에 나에게 많은 것을 가르쳐 주었어요"라고 하는 사례를 접할 수 있다. 그러한 보고는 내담자가 지각한 치료적 동맹의 중요성을 대변해 주는 결과이다.

하지만 불행하게도 우리는 작업 동맹을 형성하는 데 정반대되는 면으로 작용하는 경향이 있는 환경이나 상황에서 많은 분노를 느끼는 내담자를 만나게 될 가능성도 있다. 예를 들어, 사법적인 제도나 직원 지원 프로그램의 상담을 받도록 강제로 명령을 받는 개인은 어떤 치료자하고도 협동적인 상담 관계를 맺으려는 노력을 덜 할 것이다. 동맹이라는 문제는 내담자가 외부의 강제적인 힘에 의해서 상담을 받게 된 경우에는 조심스럽게 관심을 가져야 한다.

교도소와 같은 환경 또한 동맹 관계에 심각한 도전을 제기한다. 대부분의 교도소의 중요한 임무는 수감하고 보호해야 하는 것이기에 치료는 뒷전이다. 수감자 역시 치료자를 교도소에 관련된 직원의 일부라고 보면서 불신임하는 경향이 있다. 동맹 관계가 교도소와 같은 상황에서 확립되었다고 해도 수감이라는 상태 때문에 치료를 방해할 수도 있다. 예를 들면, 치료 회기가 건물의 특정한 지역의 안보라는 문제로 방해받거나 취소될 수 있다. 또한 특정한 치료자와의 관계를 거의 고려하지 않거나 전혀 고려조차 하지 않고 수감자의 교도소를 이리저리 이동시킬 수도 있다.

유사한 상황으로서, 청소년이 치료자를 불신하는 학교 같은 상황에서 발생할 수도 있다. 학교 심리학자, 상담자, 그리고 사회복지사는 학교를 위해서 일을 하고 있어 비밀을 보장할 수 없는 상황이기에 이러한 상황은 신뢰를 쌓는 데 방해가 될 수 있다. 분노 관리 프로그램을 교도소, 학교 또는 비슷한 환경에서 실시할 경우에는 동맹 관계를 형성하는 데 특별한 노력이 필요하다.

이와 같이 비록 동맹이 중요하게 보일 수 있지만, 성공적인 치료는 심지어 동맹 관계 실현이 어려운 환경에서도 이루어질 수 있다. 그럼에도 불구하고 우리는 분노 장애를 가진 내담자와 작업할 때 고려해야 할 중요한 요소로서 치료적인 동맹 관계는 매우 중요하다는 결론을 내릴 수 있다. 그러나 좋은 동맹은 변화를 일으키기 위한 충분 조건이거나 필수 조건이지는 않다. 그보다 동기가 높은 내담자와 효과적인 치료 기술에 내담자와 치료자 사이의 좋은 관계가 결합되면 성공적으로 분노를 줄일 수 있을 것이다.

'A의 사례'를 생각해 보자.

치료자: 좋아요, A씨. 저는 그 문제를 지금 진짜 이해했어요. 우리의 분노 감소 계획은 2가지 부분으로 나눌 수 있어요. 첫째는 당신이 덜 민감한 반응을 하게끔 돕는 기술을 개발하는 것입니다. 둘째는 당신이 가능한 한 가장 명료한 방식으로 직원에게 피드백을 주는 기술을 개발하는 거예요.

A: 많은 도움이 될 것으로 보이네요. 이 모든 것을 명확히 밝히면서 진행하시는 것에 대해서 감사드립니다.

치료자: 감사합니다. 당신의 직원과 아내 및 자녀의 행동에 대해서 반사적인 행동을 하는 것을 줄이기 위해서 저는 당신이 각 상황을 가능한 한 사실적으로 평가하고, 당신이 말하고 행동한 것에 대해서 가장 합리적인 결과를 예상할 수 있도록 하며, 당신 아내와 직원의 행동을 어느 정도는 수용하고 용서하도록 돕기 위한 기술을 사용할 것을 제안합니다.

A: 글쎄요, 전 잘 모르겠어요. 현실적으로는 부분적으로만 저에게 좋다는 생각이 듭니다. 전 현실적으로 문제를 보는 것과 심지어 제 직원의 어리석은 행동에 대해서 받아들이는 것에 대한 부분은 이해할 수 있어요. 하지만 왜 제가 그들을 용서해야 되지요? 무엇에 대해서요? 그들은 해야 할 일이 있어요. 전 월급을 잘 주고 있고요. 왜 제가 그들이 어리석게 행동할 때 그들을 용서해야 하지요?

A의 사례에서는 A의 반응에 따라서 모든 것 또는 몇 가지만 최종 문서화된 치료 계획으로 포함한다. 그는 '용서'라는 용어에 강한 부정적 반응을 보였다. 치료 초기 단계에서 그러한 주제를 가지고 논쟁할 이유는 거의 없기 때문에, 아마도 한동안 언급되지 않을 것이다. 치료 계획은 자연스럽고 융통성이 있어야 한다. 대부분의 치료 계획은 치료가

진행되면서 수정이 된다.

　정서적인 결속을 강화하기 위한 또 다른 방식은 치료자가 분노한 내담자에게 정확한 공감을 보여 주는 것이다. 즉, 내담자의 관점에서 문제를 이해한 방식으로 보여주는 것이다. 특히 분노한 내담자가 때로는 다른 사람에게 심각한 고통을 가한 경우에는 이해하기란 쉽지 않다. 그리고 물론 치료자는 내담자의 판단이나 행동에 필연적일 필요는 없다. 대신 치료자는 내담자의 관점에서 스트레스의 수준과 목표를 이해함으로써, 내담자의 관점에서 상황을 전달하는 것이 목적이 될 수 있다.

　결론적으로 분노는 어디에나 편재해 있고, 우리는 분노를 통제하기 위해서 우리의 삶 전반에 걸쳐서 작업할 수 있다. 목표와 개입 방법에 상호 동의를 하고, 분노관리사−내담자와의 좋은 감정과 상호 존중을 가지는 협력적인 파트너십은 작업 관계, 치료자와 함께 변화하는 것에 대한 내담자의 동기를 증진시킬 수 있다. 변화는 분노 감소를 위해 계획된 전략에 내담자가 순응할 때 더 잘 일어난다(Howard & Raymond, 2002).

3. 분노에 대한 자각 증진

분노 표현은 내담자 자신에 의해서 쉽게 나타난다. 하지만 분노 표현에 대한 실제 장면을 추론하는 것은 그리 쉽지 않다. 우리 인간은 일종의 부분적으로 나누어져 있는 자동적 과정에 성공적으로 기능한다. 이러한 세분화는 그중 단지 한 가지에 초점을 맞추면서 동시에 다양한 과제를 몰입하게 해 준다.

　예를 들어, 우리는 운전을 하는 동안 라디오를 듣고, 휴대전화로 이야기를 하고, 담배를 피우고, 함께 탄 사람과 이야기를 하고, 먹고, 심지어는 다른 차의 운전자와 싸우기도 한다. 이러한 활동이 안전에 위험은 있을지라도, 우리는 일반적으로 이러한 활동 때문에 정지 신호등, 교통 표지판, 가스 충전소를 놓치지 않는다.

　똑같은 과정이 춤을 배우는 것이나 다른 운동 활동에서도 나타난다. 초기에는 춤의 스텝을 설명하는 데 낳은 의식적인 수의가 요구되고 다양한 스텝을 생각한다. 그러나 수없이 반복한 후에 댄서는 개인 문제에 대해 이야기하면서도 스텝을 잃어버리지 않는다.

똑같은 자동적 처리 과정은 분노 반응에서도 작용한다. 분노 활동의 대부분은 자동적 처리 과정의 기능으로 나타난다. 하지만 우리는 우리가 그것을 알기도 전에 분노하게 된다. 우리가 어떻게, 왜 분노하게 되는지 인식하지 못하고, 우리가 이미 다양하게 반응할 수 있음에도 다른 기술에 대해서 생각해 보지 않는다. 분노 경험과 분노 표현은 단지 우연히 일어난 것처럼 보이고, 우리는 우리가 말한 것에 대해서 인식하지 못한다. 분노 행동이 반복적으로 실행할 때, 그것은 운전하고 춤을 추는 것처럼 나타나게 된다. 즉, 그것은 자동적으로 발생한다.

이러한 이유에서 내담자가 그들의 자동적 분노 반응의 경향성을 인식하도록 가르치는 것이 중요하다. 이러한 인식을 개발함에 따라서 내담자는 그들의 전형적인 분노 반응을 미리 예상할 수 있고 그것들을 예방할 수 있다. 뿐만 아니라, 그들은 대안적 인지, 감정, 행동 반응을 시작할 수 있게 될 것이다. 물론 이것은 단순화된 형태로, 그 과정은 실제 어느 정도의 시간이 걸린다. 그럼에도 내담자가 그들이 아는 것보다 더 자주 분노하게 되는 것과 그들이 의식적으로 분노하게 되는 것을 선택하는 것이 아니라는 것을 알게 하는 것이 중요하다.

분노는 수년 동안 지나면서 확립된 기능으로 발생하고, 그것에 대해서 생각하거나 그들의 결과물을 생각하지 않고 발생한다. 분노관리사가 할 일은 자동적 반응의 연결 고리를 끊는 것이다. 이를 위해 다양한 실천 기술이 요구된다. 예를 들어, 자기 관찰 기술, 분노 사건에 대한 역할극, 역할 바꾸기 및 체험하기 등 사회복지실천기술론에 등장하는 다양한 치료 기법이 활용될 수 있다.

학습 과제	1. 변화를 위한 평가와 동기 증진 방법을 제시해 보라.
	2. 강한 치료적 동맹 개발의 방법을 설명해 보라.
	3. 분노 경험에 대한 자각 증진의 방안을 논해 보라.

분노 치료 프로그램

최근 분노가 모든 정서 장애의 기저 감정이라는 인식과 더불어 분노의 치료 프로그램에 대한 관심이 증가되고 있다.
최근에 분노 치료 프로그램에 자주 등장하는 합리적 정서 행동 치료 프로그램, 분노 조절 프로그램, 갈등 해결 프로그램 등에
대해 다루고자 한다.

+ 합리적 정서 행동 치료 프로그램을 살펴본다.
+ 분노 조절 프로그램에 대해 살펴본다.
+ 갈등 해결 프로그램에 대해 논의해 본다.

현대 사회의 급격한 생활의 변화 속에서 살고 있는 분노 가해자와 피해자 등의 내담
자들은 사회적 부적응, 부조화, 불균형과 더불어 충격적이고 파괴적인 스트레스, 적대
감, 격분, 공격성으로부터 고통을 겪고 있다. 분노로 인한 부정적인 영향은 개인과 사
회의 갈등과 범죄의 증가를 초래한다. 이들 내담자들은 외상 후 스트레스 장애(PTSD,
posttraumatic stress disorder)와 급성 스트레스 장애(ASD, acute stress disorder)를
치료하기 위해 다양한 분노 조절과 분노 치료 프로그램을 적용하고 있다. 이에 이 장에
서는 보편적으로 빈번히 활용되는 합리적 정서 행동 치료프로그램, 분노 조절 프로그램,
갈등 해결 프로그램에 대해 살펴보고자 한다.

1. 합리적 정서 행동 치료 프로그램

1) 치료 목표

- 바람직하지 못한 행동을 제거
- 긍정적 행동을 증가시키는 것에 초점

2) 치료 기법

(1) 합리적 정서 행동 치료 개요

이 치료 기법은 '인지 행동 수정 치료 프로그램'이라고도 하며, 자기 파괴적인 관점을 최소화하고, 삶에 대해 좀 더 현실적인 인생철학을 갖도록 돕는 것이다. Ellis에 의해 제시된 합리적 정서 행동 치료는 A-B-C-D-E 모형에 따라 움직인다.

A: 개인의 삶에 일어나는 촉발적 사건(activating events)
B: A에 대한 신념과 사고(beliefs and thoughts)
C: B의 결과로 뒤따르는 감정과 행동(consequential emotions and behavior)
D: 비합리적인 신념 논박(disputing the irrational belief)
E: 그 결과로 뒤따르는 효과적인 새로운 인생 철학(effective new philosophy of life)

(2) 문제 해결 기술 훈련

이 프로그램에서의 문제는 직접적으로 효과적인 반응이 존재하지 않는 일련의 조건들을 의미한다. 즉, 문제는 박달 상태에 있는 사람이 이전에 강화되었던 행동을 방출할 수 없는 경우에 발생한다. 예를 들어, 배고픈 사람이 이전에 음식으로 강화되었던 행동을 방출할 수 없다면, 그는 문제에 당면한 것이다. 따라서 사람들은 그것을 해결하기 위해 반응이 발생할 때까지 자신을 변화시키거나 상황을 변화시켜야 한다. 이러한 변화를 일으키는 과정을 문제 해결 과정이라 부르고, 그것이 촉진하는 반응을 해결이라 한다.

인지행동주의적 차원에서의 문제 해결이란 매일의 삶 속에서 만나는 문제를 확인하고 발견하고 효과적으로 개입하거나 적응하는 인지적–정서적–행동적 과정이라고 할 수 있다. 문제 해결의 목표는 부적응적인 반응을 일으킨 선행 사건이라는 생활 문제를 고려해야 하는 것이다. 인지행동주의에서는 선행 문제가 정의하기 어렵거나 변화하기 어려울 때만이 부적응적인 반응이 나온다고 본다. 이에 따라 문제에 대한 명확한 정의와 구체적 대안의 탐색으로 문제 해결을 할 수 있다.

(3) 자기 지시 훈련

스스로 큰 소리로 자신에게 지시하면서 수행한다(명백한 자기 안내).

- 스스로에게 속삭이면서 과제를 수행한다(덜 명백한 자기 안내).
- 개별적으로 자신에게 지시하면서 머릿속으로 과제를 수행한다(은밀한 자기 제시).

(4) 자기 대화 관리하기

자기 대화란 스스로에게 주는 메시지를 말하며, 이렇게 스스로에게 말하는 것에는 경험에 대한 자신의 독특한 해석을 반영하고 있다.

① **1단계** 지금 바로 자신의 생각과 느낌이 무엇인지 명확히 한다.

> **질문:** "당신이 느끼고 생각하는 것을 다시 한 번 이야기해 볼까요?"

② **2단계** 자신의 자기 대화를 되뇌어 본다.

사고에 있어 극단적인 것에 귀를 기울인다. 절대 아니다, 할 수 없다, 항상, 모든, 완전히 등과 같은 단어의 사용에서 찾아볼 수 있는 극단적인 사고에 주의를 기울인다.

> **질문:** "자신의 대화를 살펴보죠. 스스로 말한 것을 확인해 보세요. 극단적인 언어가 아닌 지 이 모든 것이 사실인지 살펴보지요?"

③ **3단계** 자신의 상황을 객관적인 현실로 살펴본다.

사실이 확인되면 긴장을 풀고 숨을 깊게 쉰다. 그리고 사실들을 3번 크게 되풀이한다.

> **질문:** "자, 긴장을 풀고, 다시 한 번 소리 내어 3번 반복하세요."

④ **4단계** 당신이 사실을 직시하고 부적절한 용어의 사용을 피할 때, 당신은 다르게 느끼게 될 것이고, 상황이 전처럼 나쁘지 않다는 것을 알게 되는 것이다.

> **질문:** "자기 대화를 바꿔 보니 어떻게 느껴지세요?"

⑤ **5단계** 상황에 대한 사실을 명심하고 당신이 할 수 있는 것이 무엇인가를 고려한다.

> **질문:** "우리 감정이란 자신의 경험에 대해 스스로 말한 것에 따라 반응합니다. 이렇게 바꾸고 나니, 당신이 인정한 것처럼 그렇게 나쁜 상황이 아니라는 것을 알게 되었죠? 자, 이제 구체적인 대안을 생각해 보고, 계획을 세워 봅시다!"

(5) 이미지 안내 기법

이미지 안내 기법은 이완된 상태에서 가장 흔히 사용된다. 여러 가지 방법이 있는데, 최면 유도, 명상, 머리부터 발끝까지 하는 근육 체계의 점진적 이완, 조용하고 유쾌하며 편안한 상황을 상상하는 것, 호흡에 집중하거나, 다른 생각을 떨쳐 버리고 "나는 편안하다"라는 말에 집중하는 것, 근사한 휴양지 혹은 지난 기억을 회상하는 것 등이다. 이런 상상은 몸을 편하게 해 주고 근육이 움직임, 생각을 자제시켜 준다. 따라서 정신적인 이미지의 힘이 자신을 지배하게 한다. 이미지 안내 기법 중의 하나인 가시화 기법은 클라이언트가 걱정을 야기하는 특정한 사건을 반복적으로 상상하고, 그것을 효과적으로 처리하기에 필요한 단계들을 마음속으로 연습함으로써, 이러한 사건들을 처리하도록 자신을 준비하는 것을 배운다. 상상하는 것도 행동과 활동의 하나라는 점이 중요하다. 생생하고 세밀하게 상상할수록 더욱 좋다. 많은 개인들에게 가시화는 사건에 대한 공포를 감소시키고, 그들이 해야만 한다고 알고 있는 것을 할 수 있도록 능력에 대한 확신을 심어 준다.

이러한 가시화 방법은 '공포가 되는 상황의 연상 → 이완을 위한 명상, 이미지화, 근육 이완 → 가능한 대안 연상 → 다시 이완'의 방법으로 가능한 확신을 갖도록 도움을 줄 수 있다.

(6) 행동 실험

행동 실험은 클라이언트의 사고나 가정의 타당성을 직접적으로 검증하는 중요한 평가 기법으로 단독으로 사용되거나 소크라테스식 질문과 같이 사용될 수 있다. 사고와 내용에 따라 치료자가 상대역으로 역할 연기를 하거나 실제로 전화를 걸어 보거나 구인 광고를 살펴보고, 두려워하는 상태를 직접 연기해 보고, 두려워하는 상황에 함께 가 보거나 이완 기법을 이용하는 등의 방법으로 이루어진다.

(7) 대처 카드

대처 카드는 가로와 세로가 3×5인치 정도 되는 카드로, 클라이언트의 손이 쉽게 닿는 곳에 붙이거나 보관하며, 이를 규칙적으로 읽거나 필요할 때 읽게 한다.

(8) 점진적인 노출

목표를 여러 단계로 나누어 안도감을 갖고 과제에 임하게 함으로써 성취하는 경험을 준다.

(9) 사회성 훈련

사회성 훈련은 아동과 사회 공포증에 특히 유용하며, 그것에는 새롭고 적절한 대인 관계 행동 기술에 대한 교육, 모델링, 예행 연습, 역할 연기가 포함된다. 또한 자기 절제, 경청, 의사소통 기술, 자기주장, 공격성의 처리와 같은 기술을 배우는 것도 포함된다.

(10) 긴장 이완 훈련

불안 장애, 중독, 기타 스트레스성 장애에 매우 유용하다.

(11) 심상

감각 기관에 대한 자극 작용 없이 마음속에 떠오르는 영상, 자신의 감정을 재경험할 때, 사고가 회상된다.

(12) 모델링

배운 것을 다른 사람들이 행하는 것을 관찰함으로써 학습하는 것이다.

(13) 노출

노출(exposure)은 불안 치료에서 근본적으로 사용하는 치료 개입 방법으로서, 환자가 두려워하고 회피하려고 하는 상황에 노출시켜 줌으로써, 그것을 직면하고 그것에 더 편안해지도록 돕기 위한 것이다.

(14) 체계적 둔감화

스트레스, 불안, 공포증 및 기타 다른 장애 조건을 통제하도록 돕는 데 광범위하게 사용·적용되고 있다. 기본 방법은 근육과 마음을 이완시키도록 가르치고 현재 문제를 분석하는 것으로 치료가 시작된다. 스스로 가장 약한 불안 유발 상황에서 가장 강한 불안 유발 상황까지를 위계적으로 작성하게 한 다음 이것을 활용한다. 심신의 이완이 다 된 후, 체계적 둔감화의 과정이 시작된다. 이 과정에서 가장 약한 불안 유발 상황부터 점차적으로 강한 불안 유발 상황까지 장면들이 제시된다.

(15) 역할 연기

역할 연기(role play)는 환자의 관심이 되는 특정 상황을 그가 있는 자리에서 재현되도록 요청하는 행동 기법이다.

(16) 행동 시연

행동 시연(behavior rehearsal)은 심리 치료에서 피치료자로 하여금 치료 실내에서 어떤 역할을 시험적으로 해 보도록 함으로써 인간관계의 형성과 유지에 필요한 태도나 행동 특징을 습득할 수 있도록 하는 행동 수정의 기법이다. 흔히 치료자가 시범을 보이고 피치료자가 이를 모방한다. 역할 놀이와 같은 뜻으로 쓰이기도 한다.

(17) 사고 차단

사고 차단(thought stopping)은 강박 충동 장애에서 강박적인 사고를 조절하기 위한 치료로 사용되고 있다. 그것은 강박적인 사고 패턴이 생길 때마다 자기 자신에게 '정지'라고 말하게 하는 기법이다.

(18) 역설적 개입

역설적 개입(paradoxical intervention)은 건강하지 못한 행동을 더 많이 늘리도록 시도함으로써 그 행동의 빈도수를 줄이는 개입 방법이다. 이것은 예측되는 불안과 그로 인한 문제를 없앤다. 역설적 개입의 한 예로 불면증으로 고민하는 사람에게 잠을 자지 않고 깨어 있도록 노력하라고 제안하는 것이다. 이 2가지 사례에서의 개입은 그렇게 하지 않으려고 애쓰는 것에서부터 관심의 초점을 돌리고, 그로 인해 불안을 줄이고 해소되도록 촉진한다.

(19) 귀인

귀인(attribution)은 환자가 이미 성취한 것들을 말해 주는 방법을 통해 그들이 바라는 모습이 되도록 환자를 격려함으로써 행동을 조정하고 통제하는 방법이다.

(20) 재귀인

재귀인(reattribution)은 불안과 염려스런 관심사를 단순한 스트레스의 신호로 해석하는 개입 방법이다. 그것은 강박 충동 장애에서 강박적 사고를 치료하는 데 매우 유용하다.

(21) 강화

강화(reinforcement)는 일반적으로 어떤 행동이 계속되거나 증가되도록 격려·지지하는 것으로 고전적 조건 형성에서는 조건 자극에 뒤따라 무조건 자극이 제시되며, 조작적 조건 형성에서는 조작적 반응에 유관하게 자극이 제시된다.

(22) 자기 평가와 자기 보상

자기 평가(self-evaluation)는 환자가 자신의 진보를 평가하는 것으로, 종종 일지 작성을 통해 이루어진다. 자기 보상(self-reward)은 치료를 받으면서 그들이 내딛은 긍정적인 발걸음에 대해 자기 자신에게 상을 주는 것이다.

(23) 최면 암시

최면 암시(hypnotic suggestion)는 심리 치료와 연결되어 있으며, 인지 행동 치료에서 환자로 하여금 깊은 이완 상태에 들어가게 하고 암시성을 높여서, 저항을 줄이고 환자가 상담에 더 쉽게 반응하도록 해 준다. 낮은 수준의 최면 현상은 깊은 긴장 이완, 깊은 몰입, 묵상과 기도, 때로는 찬양과 경배에서도 자연스럽게 발생할 수 있다.

(24) 일지 작성

일지 작성(journalling)은 치료 중에 진행되는 것을 기록하는 방법이다. 비합리적인 사고 패턴을 다루는 생각 일지뿐만 아니라, 불안, 우울증, 분노, 적개심 등을 다루는 특정한 일지와 다양한 개입 방법도 포함된다.

2. 분노 조절 프로그램

1) 치료 목표

• 자신이 사용하는 말과 행동, 그리고 느끼고 있는 감정 등이 무엇인지 점검할 수 있다.
• 다른 사람의 표정을 통해 감정을 알아차리는 연습을 함으로써 상대방의 입장을 배려한다는 것이 무엇인지 경험할 수 있다.
• 분노 조절 프로그램을 통해 스스로의 충동성과 공격성의 정도를 파악하고 이를 줄일 수 있다.
• 자신을 소중하게 생각하고 자신의 상황을 있는 그대로 받아들이며 그것을 긍정적인 방향으로 전환시킬 수 있다.

2) 분노란 무엇인가?

① 사람이 경험하는 정서 중 가장 핵심적인 정서(감정) 가운데 하나이다.
• 긍정적인 정서: 기쁨
• 부정적인 정서: 분노, 슬픔, 무서움

② 자신이 귀하게 생각하는 사람, 물건, 가치관, 권리를 보호하기 위한 정서
• 부당할 때 화가 남 → 분노 표출

③ 평소보다 엄청난 에너지 발생(예: 여성-괴력, 선택-좋은 방향과 나쁜 방향)

④ 당위적 기대가 어긋날 때 분노 발생: 분노는 어떤 조건에서 발생할까?

• 원하지 않은 상황: 약속 시간에 나타나지 않음, 무지, 배반, 거짓말, 모함

• 당위적 기대의 어긋남: 우리가 갖고 있는 '해야 한다', '해서는 안 된다'. 즉, 30분까지는 괜찮지만 더 늦으면 화가 난다.

• 나의 관점: 상대 관점으로 보면 이해

• 상황 통제 불가능: 도대체 언제 오지, 전화도 안 받고(화남) → 3분 안에 도착할게(진정)

3) 프로그램 내용

① **1회기** 프로그램 및 자기 소개하기

프로그램을 이해하고 자기 이해, 자기 수용, 자기 개발을 통해 자신의 특징들이 무엇인가 찾아서 자기 소개하기

② **2회기** 신뢰감 형성하기

집단원들의 어색한 분위기를 해소하고 자유로운 상호 작용을 촉진

③ **3회기** 분노 감정 이해하기

화가 났을 때의 상황에 몰입할 수 있는 기회를 제공하여, 화가 난 상황에 대한 인지적인 인식

④ **4회기** 분노 상황 시에 자신의 변화에 대해서 알아차리기

분노가 일어났을 때 신체적, 행동적 변화 그리고 결과에 대한 이해

⑤ **5회기** 생각 변화시키기

생각의 변화를 통하여 감정의 세계를 조절하여 통제

⑥ **6회기** 분노 감정 표현하기

분노가 발생할 때 자신의 감정을 표현하는 방법을 배우고 적절히 대안할 수 있는 행동

⑦ **7회기** 자기주장 경험하기

분노 상황에서 다른 사람에게 상처를 주거나 파괴적인 행동을 하지 않고 적절히 표현할 수 있는 방법 찾기

⑧ **8회기** 자존감 강화하기

자신의 긍정적 평가로 자존감을 키우기

⑨ **9회기** 갈등 상황 다루기

분노와 같은 갈등 상황에서 적절한 표현 방법을 배우고 곤란한 상황에서도 적절하고 단호한 표현을 할 수 있도록 연습하기

⑩ **10회기** 마무리

4) 분노 다루기

① 당신 자신의 분노를 긍정적으로 사용하는 방법
- 그 상황을 변화시키기 위해서 행동하기
- 목적의 중요성을 감소시키기
- 목적하는 것을 바꾸기

② 자녀의 분노를 긍정적으로 사용하도록 돕기
- 자녀에게 좋은 본보기가 되기
- 자녀가 더욱 효과적으로 분노를 표현하도록 대화로써 지도하기
- 힘겨루기에서 벗어나기

• '느순한 대결'(FLAC)의 방법을 사용하기

태초부터 인간에게 분노란 두드러진 감정이었다. 특히 가족, 학교 및 공동체에서 일어나는 폭력이 증가함에 따라 분노를 조절하는 법을 배우는 것은 성공적인 사회 생활을 영위하기 위해서 점점 더 중요해지고 있다.

(1) 분노를 긍정적으로 사용하기

우리 모두는 때때로 화를 낸다. 자녀와 힘겨루기에 휘말려 있을 때는 더 그러하다. 분노가 항상 나쁜 것은 아니다. 분노는 좌절에 대한 자연스런 반응이다. 분노는 좌절을 일으키는 사건 또는 행동에 대해 우리가 뭔가를 하도록 동기화시키기 위해서 사용된다. 긍정적으로 분노를 사용하는 법을 배우는 것은 중요하다.

• 우리가 할 수 있은 것은 우리의 분노를 일으키는 상황을 변화시키기 위해서 어떤 행동을 하는 것이다. 자녀의 행동을 긍정적인 행동으로 바꾸어 주기 위하여 '나–전달법'과 논리적인 결과를 부과한다.
• 우리가 달성하려는 목적에 대해서 질문해 보는 것이다. 심각한 손해를 입지 않는 한도 내에서 여러분이 세운 이상과 목적의 수준을 다소간 줄여 나갈 수 있다.
• 여러분은 자녀와 함께 두 사람이 함께 중요시하는 것에 대한 관념을 바꿀 수 있다. 부모와 자녀 모두가 중요하다고 생각되고, 또한 휴식이 되며 재미있는 다른 활동을 찾아낸다.

(2) 자녀의 분노를 긍정적으로 사용하도록 돕기

사람들은 이성을 잃고 분노하는 것이 아니라 이성을 사용하여 분노하는 것이다. 자신의 4가지 목적을 얻기 위해서, 특히 힘의 목적을 얻기 위해서 분노를 이용한다.

- 부모는 분노를 표현할 때 자녀에게 좋은 역할 모델이 되도록 최선을 다한다. 부모가 불같이 화내는 것을 자녀가 본다면 자녀도 부모의 본을 따를 것이다.
- 자녀가 좀 더 적절한 방법으로 분노를 표현하도록 도와주어야 한다. 어떤 부모는 자녀에게 꼬집을 수 있는 인형을 주거나 베개를 주고 때리도록 한다.
- 힘겨루기에서 벗어나도록 한다. 특히 자녀가 떼쓰는 경우에 효과적이다. 부모가 그 장면에서 물러나 있음으로써 폭풍권에서 벗어나는 것이다. 그리고 자녀들의 그릇된 행동에 보상을 주는 것을 피한다.
- 느슨한 대결의 방법을 사용하기, 느낌을 알아차리고, 아이들에게 한계점을 상기시키고, 대안을 제시하며, 필요하다면 논리적인 결과를 적용한다.

3. 갈등 해결 프로그램

본 프로그램은 상담자가 학교 장면에서 학생들에게 갈등에 대한 이해를 통해 갈등 해결 능력을 배양할 수 있도록 실제로 활용할 수 있는 갈등 해결 기법을 소개하고 있다. 학생들이 자신과 타인에 대한 이해, 갈등에 대한 이해, 갈등 대처 방법, 의사소통, 분노 조절, 합리적 갈등 해결 등 어떤 상황과 장면에서든 다른 사람들과 다투지 않고 조화롭게 생활할 수 있도록 하는 데 필요한 기술을 다양한 활동을 통해 체험할 수 있도록 구성하였다.

이 프로그램은 오늘날 대다수의 학교가 직면하고 있는 학생 상호 간 존중감 결여, 심각한 이기주의로 인한 방관, 무관심, 괴롭힘, 학교 폭력과 같은 갈등 문제를 해결하기 위한 역할을 할 수 있을 것이다.

1) 치료 목표

- 갈등의 불가피성과 긍정적 측면을 이해하고, 갈등을 수용할 수 있는 능력을 기른다.
- 자신의 입장을 이해하고 다른 사람의 입장을 수용함으로써 상대방을 배려하는 태도

를 형성할 수 있다.

• 서로 다른 가치와 바람을 합리적으로 조화시키려는 보다 능동적이고 적극적인 갈등 해결 자세를 가진다.

• 여러 상황에서 발생할 수 있는 대인간 갈등 상황에 합리적으로 대처하는 능력을 배움으로써 대인 관계가 향상될 수 있다.

• 나와 다른 차이점을 받아들여 폭넓은 생각을 가지고, 자신의 권리와 타인의 인권을 존중할 줄 아는 성숙한 인간으로 성장할 수 있다.

2) 프로그램 내용

회기	제목	폭표 활동	활동	단계
1	친밀감 형성	프로그램의 목적을 이해하고, 상호 친밀감과 신뢰감을 가진다.	별칭 짓기, 소개하기, 인터뷰	
2	나와 타인의 이해	개인의 차이와 다양성을 이해한다.	성격 유형 검사, 가치관 검사, 빙고 게임	
3	갈등 개념 이해	갈등의 의미와 다양한 갈등 유형을 파악한다.	갈등적 상황 예시, 역할극, 내가 생각하는 갈등은?	
4	의사소통 기법 이해	의사소통의 실태를 진단하고 의사소통의 기법을 익힌다.	의사소통의 걸림돌 찾기, 대화 능력 진단 검사, 듣기, 말하기	
5	분노 조절 방법 탐색	분노를 조절하고 긍정적으로 해결하는 방법을 배운다.	화가 났을 때 반응, 화난 마음 돌아보기, 빈 의자 기법, 화 다루기	
6	갈등 해결 능력 향상	갈등 해결 방법을 익혀 합리적 갈등 해결 능력을 기른다.	생각 변화시키기, 갈등 해결 기술 익히기, 갈등 중재하기	
7	마무리하기	그간의 활동을 통해 알게 된 내용을 상기하며 실천 의지를 다진다.	칭찬 세례, 프로그램 평가지	

자료: 서울특별시교육정보연구원(2015).

표 6-1 분노 조절 방법 탐색

회기	5회기	대상(인원)	35명	시간	45분
주제	분노 조절 방법 탐색				
학습 목표	갈등 상황에서 겪게 되는 분노를 조절하고 긍정적으로 해결하는 방법을 찾는다.				
준비 자료	활동지, 전지, 스티커 판 & 스티커, 색연필				
활동 내용					
활동 과정	□ **마음 열기** • 화가 나는 상황을 알아보고, 분노(화난 마음)를 돌아본다. □ **활동하기** • 분노의 부정적 영향 파악 – 화가 났을 때 나의 신체적, 심리적 반응을 살펴본다. • 응어리진 감정 풀기 – 빈 의자 기법을 응어리진 감정을 표출한다. • 분노 조절 방법 모색 – 분노는 시간이 지나면 누그러지는 감정임을 이해하고 자신의 분노를 조절하는 방법을 찾는다. □ **마음 다지기** • 오늘 참여 활동을 통해 느낀 소감을 말해 보고, 집단 참여 일지에 작성해 본다. • 다음 시간에는 '갈등 해결 방법 탐색'에 관한 시간을 갖는다.				
활용 Tip	분노를 조절할 수 있는 다양한 방법 중 그중 가장 가능하고 쉽게 할 수 있는 방법을 찾아본다.				

📖 나의 분노 그래프

1. 최근에 자신의 화가 난 상황을 기술한다.

2. 그 당시 화가 난 원인을 탐색한다. 어떤 일로 화가 났는지 자세히 적어 본다.

3. 화가 나서 어떤 행동을 했는가?

4. 화를 낸 후 시간이 지나서 어떻게 되었는가?

5. 화가 났던 그 때를 생각하며 분노 그래프를 그려본다.

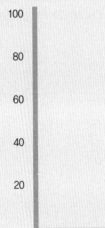

100		
80		
60		
40		
20		
화가 나기 전	화가 나는 중	화가 난 후

📖 화가 났을 때 신체적 반응

1. 내용

화가 났을 때 신체적 반응 살펴보기

2. 진행 과정

• 화가 났을 때의 상황을 떠올리고 그때의 모습을 재현하도록 하고, 몸의 상태가 어떠한지 관찰을 한 후 4~5명을 한 그룹으로 나누어 화났을 때의 몸의 변화를 전지에서 써서 나와 붙이게 한다.

• 그룹별로 발표하고, 공통점을 정리한다.

• 분노는 단지 감정의 변화가 아닌 신체의 변화를 가져오는 에너지임을 정리해 준다.

📖 화가 났을 때 나의 모습은?

1. 내용

자신의 분노 조절 방법을 돌아본다.

2. 진행 과정

- 워크시트를 나누어 주고 자신이 화가 났던 경험을 떠올려 불꽃의 크기에 따라 왜 화가 났는지, 그때의 나의 욕구는 무엇이었는지, 화를 표현했을 때, 그 욕구는 해결되었는지를 적게 한다.

- 4~5명으로 그룹을 나누어 서로 의논하여 전지에 그 결과를 정리하도록 하고, 그룹별로 발표하게 한다.

- 분노의 원인은 채워지지 않은 욕구 계기에서 원인을 찾고 대응했을 때, 욕구를 채우기 더욱 어려웠던 점을 정리하고 잠시 휴식한다.

- 분노의 그래프(이성은 마비, 감정은 증폭)을 설명하고, 화는 누구나 날 수 있지만 그 시간은 한정하고 그때 어떠한 해결 방법을 선택하는가는 나의 결정임을 정리해 준다.

- 다시 그룹으로 돌아가 논의한 후, 분노를 조절하는 방안 3가지를 A4 용지에 적어 그룹별로 발표하게 한다.

📖 화난 마음 돌아보기

1. 나는 어떤 때 화가 나나?

– 엄마가 잔소리할 때

– 내 말을 친구가 듣지 않을 때

2. 사실 그때 내 마음(생각)은?

– 엄마가 날 믿지 못하는 것 같아서

– 친구가 날 무시한다고 생각했지

3. 어떻게 행동하나?

– 신경질을 내고 방으로 들어간다.

– 열 받아서 나도 친구를 모른 척한다.

📖 응어리진 감정 풀기 – 빈 의자 기법

1. 내용

  마음속에 남아 있는 해결되지 않는 갈등을 빈 의자 기법을 통해 '지금, 여기'에서 갈등 대상과 마주쳐서 속 시원히 내뱉음으로써 마음속 깊이 눌러 놓았던 응어리진 감정을 해소한다.

2. 진행 과정

- 맨 처음 주인공이 빈 의자 중의 하나에 앉는다.

- 주인공 앞에 있는 또 하나의 빈 의자에는 주인공과 갈등이 많은 사람이 앉아 있다고 가정한다.

- 주인공은 앞의 빈 의자(갈등 대상)를 쳐다보며 표현하지 못해 가슴속에 맺힌 말들을 속 시원히 내뱉으면서 응어리진 감정을 드러낸다.

- 자신의 감정을 충분히 표출했으면 이번에는 상대방의 의자에 앉아 상대방의 입장이 되어 그의 감정을 표출한다.

- 응어리진 감정이 다 풀릴 때까지 자리(입장)를 바꾸어 가며 몇 차례 반복한다.

📖 화 다루기

1. 지연 작전

(1) 화가 난 상황을 잠시 피해 있는다.

(2) 심호흡을 한다.

① 숨을 들이쉰다.

> ※ 숨을 들이쉬는 요령
> 1. 어깨와 가슴이 움직이지 않도록 한다.
> 2. 가슴으로 숨을 쉬지 않는다.
> 3. 배가 불룩하게 나오도록 한다.
> 4. 숨을 들이쉴 때 가급적 큰 소리를 낸다.
> 5. 숨을 들이쉴 때 가급적 코로만 들이쉰다(입을 다문다).

② 숨을 내뿜는다.

> ※ 숨을 내뿜는 요령
> 1. 배가 불룩하게 숨을 들이마신 다음 멈춘다. 혹은 배가 불룩하게 숨을 들이마시고 약간만 내뿜
>   은 다음 멈춘다.
> 2. 멈추는 시간은 약 2~3초간으로 한다.
> 3. 숨을 한꺼번에 몰아 내쉰다.
> 4. 숨을 몰아 내쉴 때는 입과 코를 동시에 사용한다.
> 5. 가급적 큰 소리로 내쉰다.

③ 숨을 들이마시고 내뿜는다.

> ※ 숨을 들이마시고 내뿜는 요령
> 1. 숨을 들이마시고 내뿜는 과정을 연속적으로 한다.
> 2. 화가 가라앉을 때가지 여러 차례 반복한다.
> 3. 가급적 여유를 가지고 실시한다.

④ 눈을 감고 구구단을 외운다.

> ※ 구구단을 외우는 요령
> 1. 눈을 조용히 감는다.
> 2. 구구단을 천천히 외운다.
> 3. 구구단 하나에 약 1~2초 정도 걸리게 한다.

⑤ 긴장된 근육을 이완시킨다.

예: 주먹을 꽉 쥐었다 폈다 한다(필요하면 반복한다).

　　팔과 다리를 쭉 펴면서 소리를 낸다.

　　목을 들리며 긴장을 푼다.

> 연습 소감

2. 화난 감정 차분히 들여다보기

(1) 생각할 수 있는 조용한 장소를 찾는다.

(2) 가능한 한 편안한 자세를 취한다.

(3) 화난 감정을 직면한다.

(4) 화난 감정을 충분히 느낀다.

　　: 화난 감정을 피하거나 억누르려고 하지 않는다.

(5) 편안한 물건을 껴안고 화난 감정을 받아들인다.

① 최근에 화난 경험을 상상하면서 위의 과정을 연습해 본다.

> 연습 소감

3.화가 난 이유 생각하기

(1) 화가 날 수 있다는 것을 인정하고 받아들인다.

(2) 화가 난 이유를 차분히 생각해 본다.

(3) 화나게 한 잘못된 생각이 무엇인지 꼼꼼히 생각해 본다.

② 활동

최근에 화난 경험을 상상하면서 위의 과정을 적용시켜 본다.

상황

(1) 화가 날 수 있다는 것을 인정하고 받아들인다.

(2) 화가 난 이유를 차분히 생각해 본다.

(3) 화나게 한 잘못된 생각이 무엇인지 꼼꼼히 생각해 본다.

학습 과제	1. 합리적 정서 행동 치료 프로그램의 내용을 숙지하고, 적용해 보라.
	2. 분노 조절 프로그램의 내용을 숙지하고, 적용해 보라.
	3. 갈등 해결 프로그램의 내용을 숙지하고, 적용해 보라.

분노관리사

전술한 바와 같이 현대 사회에 들어서면서 분노는 필수적인 것이 되었다고 해도 과언이 아니다.
이에 대한 사회 정책으로서 분노관리사가 새로운 직업으로 대두되어야 할 시점이 되었으며, 이들 분노관리사에게는
도덕성을 바탕으로 한 윤리, 역할 등 전문가로서의 자질이 요구된다.

+   전문가 관점에서의 분노관리사의 개념을 살펴본다.
+   분노관리사의 역할에 대해 살펴본다.
+   분노관리사의 윤리에 대해 논의해 본다.

사회 복지, 심리, 임상 등 실천과 관련하여 여러 가지 실천 현장이 존재한다. 기본적으로
청소년 복지, 장애인 복지, 여성 복지, 아동 복지, 노인 복지 등 각 관련 기관에서 전문적
으로 다루기도 하고 의료나 정신 보건 분야에서도 실천이 이어지기도 한다. 분노 또한
사회 복지, 심리 또는 임상 실천에서 다루어져야 할 실천 영역 중의 하나이다. 이에 분
노를 표현하는 내담자를 대상으로 한 분노관리사와 같은 전문가가 필요하게 되었다. 전
문가는 보다 전문적인 지식과 기술을 습득해야 한다. 이러한 지식과 기술은 사회복지사
또는 심리치료사 등의 윤리 강령과 함께 실천 현장에서 발생하는 다양한 윤리적 딜레마
와 마주했을 때, 윤리적 결정에 큰 기준을 제공하게 된다. 이에 이 장에서는 전문가 관점
에서의 분노관리사의 개념, 분노관리사의 역할, 분노관리사의 윤리에 대해 살펴보고자
한다.

1. 분노관리사의 개념

1) 분노관리사의 정의

분노는 누구나 흔히 경험하는 정서 중 하나이지만, 분노 경향성에는 분명한 개인차가 있다. 분노를 경험하는 것과 분노라는 정서를 표현하는 것은 다른 개념으로 분노 수준이 비슷한 사람의 경우에도 그 대처 방법은 다를 수 있다. 같은 수준으로 화가 난 경우라도 어떤 사람은 분노를 폭발하고, 어떤 사람은 분노를 가슴으로 삭이거나 심지어는 분노를 자각하지 못하기도 한다. 즉 분노 경험은 생리적인 반응과 더불어 느껴지는 정서적 상태인데 반해, 분노 표현은 그 화가 나는 느낌에 대한 개인의 대처 방식이라는 행동적인 차원으로 볼 수 있다(안정미, 2013).

따라서 분노는 매우 분화된 인간의 정서 중에서도 핵심을 이루는 것으로, 개인이나 조직 혹은 사회의 적응이나 건강과 밀접한 관련이 있다. 분노는 내가 바라는 목표를 향해 나아가는 과정이 좌절될 가능성이 높거나 좌절되었지만, 그 상황을 반전시킬 통제력이 어느 정도 있다고 인식되는 상황에서 흔히 느낀다.

사람들은 분노감을 느낄 때 분노를 외부로 드러나지 못하면 억압된 분노로 남아서 내부에서 그 모습을 드러낸다. Spielberger(1985)에 따르면, 각 개인의 신체적인 특성과 성격의 특성에 따라 각 개인이 인지하는 위협에 반응하는 것이 다르고, 이에 따라 분노를 얼마나 자주, 언제 그리고 어떠한 방식으로 표현하는가가 결정된다. 즉, 그 사람의 성격과 유전적 특징, 성차, 가족 환경, 사회 환경 등에 따라 분노나 분노 반응 전략이 달라진다는 것이다.

분노관리사는 이와 같이 다양한 형태의 분노 표출을 하는 내담자를 대상으로 분노 관리를 하는 심리 또는 정신치료사이다. 따라서 심리 치료, 인지 치료, 행동 치료 등 다양한 치료에 대한 지식과 기술을 습득하여야 한다. 또한 분노관리사는 전문가로서의 전문직 윤리를 숙지하여야 한다.

하지만 분노관리사에 대한 용어 정의조차 없는 현 시점에서 이에 대한 모든 것을 망라하는 것은 매우 어려운 작업이다. 이에 여기에서는 심리치료사 또는 정신보건사회복지사의 내용을 토대로 분노관리사에 대한 역할과 전문가로서의 윤리 등을 제시하고자 한다.

2) 전문직의 개념

전문직(profession)의 어원은 라틴어의 'profettus'로 '공포한다', '신앙을 고백한다', '주장한다', '대학에서 가르친다'의 뜻을 지니며, 독일어의 'Freier Beruf'로 '자유 직업', '자유 전문 직업'으로 해석할 수 있다. 또한 웹스터(webster) 사전에서는 "엄밀한 의미에서 상업적, 기계·공업적, 농업적 또는 이와 유사한 것과는 다른 성격을 가진 사람들이 전문적으로 종사하는 하나의 직업인 동시에 그것을 하나의 소명(calling)이며, 그것으로 인해서 어떤 사람들이 다른 사람들에게 특별한 지식을 획득하고 있음을 선언하는 일"로 정의하고 있다.

한국표준직업분류에 의하면, 전문가란 물리, 생명 과학 및 사화 과학 분야에서 높은 수준의 전문적 지식과 경험을 기초로 과학적 개념과 이론을 응용하여 해당 분야를 연구, 개발 및 개선하거나, 고도의 전문 지식을 이용하여 의료 진료 활동과 각급 학교 학생을 지도하고 사업, 법률 및 사회 서비스를 제공하여 예술적인 창작 활동을 수행하는 직업 등을 포함한다.

일반적으로 전문직이라고 하면 어느 특정 분야에서 전문적 활동을 할 수 있는 이론과 기술을 갖춘 스페셜리스트(specialist)로 이해할 수 있다. 또한 전문직은 전문 조직을 활용하고 공중에 대한 신념, 자기 규제, 소명 의식, 전문적 자율성, 특수한 능력과 기술 실천가, 서비스 개발에 대한 관심, 개인적인 책임을 가져야 한다.

전문직은 첫째, 체계적인 지식과 기술을 오랜 교육과 훈련 기간을 통해서 습득하고, 둘째 습득된 기술로 인해 얻어진 집단에의 동일시된 고유 문화가 있으며, 셋째 그 지식과 기술이 자격 시험의 합격으로 지역 사회로부터의 권위를 인정받고, 넷째 이 권위의 인정으로 자율성(autonomous)이 보장되고, 다섯째 자율성과 더불어 책임과 의무를 부여하는 윤리 의식을 갖고 있으며, 여섯째 지식과 기술이 사회적으로 유용하게 쓰이는 것으로 인해 일반 숙련공과는 다르다(김경애 외, 2015).

2. 분노관리사의 역할

1) 분노관리사의 핵심적 직무

분노를 표출하고 이를 행동으로 옮겨 사회적 문제를 양산하는 분노 가해자의 심리적, 행동적 문제를 다루는 분노관리사는 다음과 같은 기본적인 지식과 기능이 요구된다.

① **심리학의 기초 이론** 인간 성장 발달을 이해하는 기초 학문

② **분노 가해자의 특성에 관한 이론** 분노의 원인, 증상, 결과, 이론 관한 지식을 분노 가해자의 분노 관리에 연관시키는 능력

③ **상담에 관한 기초 이론과 실습** 분노 가해자의 사회적, 심리적 문제를 해결하기 위한 행동 수정이나 그 밖의 상담 기법을 이용하여 그들을 다루고 관련자들을 가르치는 능력

④ **심리 평가** 분노 가해자 분류와 관련된 심리 검사 도구와 검사 도구의 한계 인식

⑤ **현장 실습** 분노 가해자를 위한 프로그램이나 실습에 참여

⑥ **관련자 교육** 분노 가해자의 치료 과정에 대해 알고 싶어 하는 관련자에게 분노 완화를 할 수 있는 방법을 지도, 상담하는 능력

⑦ **핵심적 기능**
- 분노 가해자에 대한 인테이크
- 분노 가해자 및 관련자에 대한 욕구 사정
- 분노 가해자에 대한 계획 수립
- 분노 가해자에 대한 개입

- 분노 가해자에 대한 평가 및 피드백
- 개인, 가족, 집단에 대한 직접 서비스와 치료
- 사례 발견 및 탐색 활동
- 정보 제공과 의뢰
- 분노 가해자의 권리와 자격의 보호
- 분노 가해자의 신체적, 정신적 건강의 촉진과 유지
- 분노 가해자의 예방적, 치료적, 재활적 조치
- 분노 가해자와 관련한 자료의 관리

2) 분노관리사의 기본 전제

(1) 인간으로서의 내담자

분노 가해자의 상황이 어떠하든지 간에 그들은 독자적인 인성을 소유하고 있다. 동일한 분노 특성을 보이는 사람들에게 있어서도 그 의미는 다르게 받아들여진다. 각 개인은 내담자이기 이전에 존엄성을 지닌 인간이며, 또한 그가 관계하는 사회 구성원의 일부로 보아야 할 것이다.

(2) 전인적인 치료 체계

인간은 신체적, 정신적, 사회적 존재이다. 이 모든 요소들은 상호 영향을 주고받으므로 분노를 이해하는 데 있어서, 이들 3요소의 복합적인 반응을 통합적인 관점에서 이해할 수 있어야 치료에 올바르게 접근할 수 있다.

(3) 분노에 대한 내담자와 가족의 반응

인간은 환자로서 진단이 내려지면 다양한 심리적 반응이 나타나게 되며, 이러한 심리적 정서 반응이 질병을 부인하거나 부정적인 양상을 보여 진료를 저해하거나 방해할 수 있다. 이에 분노 가해자를 환자의 병전 성격(pre-morbid personality)으로 이해함과 동시에 분노에 대해 긍정적이고 바람직하게 대처하여 건강 회복에 적극적 참여자가 될 수 있도록 지지해야 한다.

3) 분노관리사의 역할

(1) 심리 평가자의 역할

분노관리사의 가장 중요한 역할로서, 분노관리사는 심리 검사나 교육 검사, 행동 관찰 등의 여러 가지 방법을 동원하여 분노 가해자가 왜 그러한 특성을 나타내며, 어떤 상황에서 특정한 행동이 나오는 가에 관한 정보를 수집하고 해석하는 역할을 수행한다. 대부분의 지능 검사가 정상인 또는 문제 행동자를 대상으로 만들어졌으므로 특별한 요구가 있는 분노 가해자에게 실시할 수 있는 검사는 찾아보기 어려운 실정이다. 따라서 분노관리사는 분노 가해자와 관련자의 특성에 대해 이해하고 심리 검사에 대한 다양한 지식을 갖고서, 그들 개개인에게 맞는 검사 항목을 구성하여 각 검사들에서 나온 결과를 종합하고 해석하는 능력을 가지고 있어야 한다.

(2) 치료자의 역할

분노관리사는 심리치료사와 같이 심리 검사, 면접, 행동 관찰 등에서 나타나는 대상자의 독특한 요구를 만족시켜 주기 위한 치료 프로그램에 자문할 수도 있고, 직접 치료에 임할 수도 있다. 다리가 부러진 사람을 병원에 보내어 치료하는 것처럼, 심리적인 문제나 행동 문제를 갖고 있는 내담자를 전문적인 심리치료사에게 보내어 치료받게 한 다음에 다시 기관으로 되돌릴 수도 있다. 하지만 어느 특정 치료 한 가지 기법만으로 모든 내담자의 행동 문제를 치료할 수 있다고 단정지울 수는 없다.

(3) 정신 보건인에 대한 조력자의 역할

분노 가해자를 치료하는 데 필요한 사회적, 경제적 배경과 가족 배경을 조사하고, 분노 가해자 또는 분노 피해자의 사생활에 대한 정보를 수집하여 의사에게 알려준다. 그리하여 의사로 하여금 그들의 전인적으로 이해하도록 조력하는 역할을 한다.

(4) 분노 가해자의 가족원들에 대한 역할

분노 가해자의 정서적이고 육체적인 욕구를 그 가족원들이 이해할 수 있게 하며, 그 가족원들이 그들의 가정 복귀 계획을 받아들이고 그들의 책임을 이행할 수 있도록 돕는다.

(5) 분노 가해자에 대한 역할

- 분노 가해자의 정서적 또는 개인적 문제를 다루는 데 있어서 그를 돕기 위해서 적합한 상담 요법의 형태로 케이스 워크 서비스를 제공한다.
- 처방된 치료나 혹은 질병으로 인해 분노 가해자를 제한 또는 구속하는 것을 그들이 받아들일 수 있도록 돕는다.
- 분노 가해자의 잠재적인 능력을 최대로 개발하기 위해 지역 사회 자원 활용, 또는 사회적 환경에 적응하게 하는 관점을 가지고 그들의 미래 계획을 돕는다.

(6) 사후 지도에 대한 역할

분노가 완화된 이후 가정이나 사회에서 분노 가해자가 어떻게 적응하고 있는지, 정상적인 사회인으로 기능하고 있는지를 살펴보고, 적절한 서비스를 제공한다. 또한 가정이나 지역 사회로 그 환경이 바뀐 그들의 회복 상태와 욕구를 평가한다.

(7) 교육 및 훈련에 관한 역할

분노관리사 자격증 과정을 학습하는 학생의 실습 지도와 새로 들어온 직원의 교육 및 재교육의 역할을 담당한다.

3. 분노관리사의 윤리

1) 전문적 윤리의 필요성

전문직을 가지고 실천하는 전문직 실천가들에게는 그들의 활동을 이끌어 주는 특별한 규범과 윤리적 원칙이 필요한데, 그 이유는 사람들 사이에 해결하거나 결정해야 할 사항이 많이 있으며, 사회적으로도 큰 영향력을 끼치는 경우가 많기 때문이다. 또한 전문직에 종사하는 사람들에게는 윤리적 결정을 해야 하는 경우가 많이 생긴다. 전문가의 윤리는 바로 이런 면에서 그들에게 올바른 지침을 제공해 줄 수 있으므로, 전문적 지위를 추구하는 사람들은 전문적 윤리를 개발하고 적용하고 있다.

실천의 현장에서 전문직이 사회적으로 윤리적 갈등을 일으켜 문제가 될 소지는 다양하다. 첫째, 전문직은 과학적이고 철학적인 지식에 의존하게 됨으로써 일반직이나 사회 구성원들로부터 특수한 전문적 활동을 기대하게 되고, 고차원적인 직업윤리를 갖도록 강요받을 수 있다. 즉, 전문적 지식과 인격성이 합치하지 않을 수 있으며, 이러한 갈등은 전문가에게 긴장을 일으키게 한다. 둘째, 장기간의 교육과 실습 기간을 걸치게 됨으로써, 이로 인해 경제적 시간적 투자가 많이 발생하고, 이는 가족의 기여나 개인의 노력 그리고 지식을 전수받는 과정에서의 윤리성도 필요한 것이다. 셋째, 전문직은 일반 사회에 대하여 지도성을 발휘하게 되는데, 이는 전문직 자신의 영리적 활동과 윤리와의 관계에 있어서 갈등을 유발할 수 있다. 전문직은 한편으로는 봉사자로서의 위치와 지도자로서의 위치를 동시에 갖추게 됨으로써 진정한 리더십을 구현하는 데 윤리적 갈등이 초래되는 것이다. 넷째, 전문직은 일정한 성문화된 법률적 지위를 향유하게 됨으로써 자신의 행위에 대해서는 자율적인 윤리 체계가 필요하다는 것이다. 전문직의 성문화된 지위는 전문직의 업무 영역을 법적으로 옹호해 준다는 역설적인 면이 있고 타인들은 침범할 수 없는 독특한 영역을 구축하게 되는 것이다. 따라서 올바른 윤리적 지침이 없을 경우 하나의 이익 집단으로 변질될 수도 있는 것이다.

오늘날 매스컴에서는 기업체나 정부에서 자행하는 비윤리적 행위, 위법 행위나 각 개인의 범법 행위 등을 자주 보도하고 있다. 또한 과학자, 의사, 변호사, 회계사 같은 전문직에 의해 저질러지는 비윤리적 행위도 마찬가지다. 일반적인 윤리뿐만 아니라 특히 전문적인 실천가를 위한 윤리는 최근 들어 높은 관심의 대상이 되고 있다. 모든 인간에게는 윤리적 지침이 필수적이다. 그래서 최근의 전문가 윤리는 첨단 과학과 과학 혁신, 그리고 전문화 경향으로부터 인간의 가치와 도덕적 관심을 회복시키려는 열망을 강조하고 있다(김경희 외, 2015).

2) 분노관리사의 윤리

도덕과 윤리는 서로 혼용되어 사용된다. 도덕은 인간의 행위에서 무엇이 옳고 그른지에 대한 개념으로, 사람들이 행해야 하는 것과 행하지 말아야 하는 것에 대한 기본적인 사회의 가르침이다. 도덕은 주로 주변의 가족이나 동료, 사회 등으로부터 학습된다. 이와 비교하여 윤리란 사람이 사회적 관계의 마땅하게 행동하거나 지켜야 하는 도리를 말하는 것으로 사회의 도덕과 가치에 기반을 두고 있으며, 우리는 살아가면서 이러한 윤리를 지켜야 한다. 즉, 분노관리사가 분노 치료를 수행하여 대상자가 인간다운 삶을 영위할 수 있도록 도움을 줄 수 있어야 하며, 분노관리사는 윤리를 기본으로 하여 모든 업무를 수행해야 한다. 또한 분노관리사는 인간을 대상으로 하기 때문에 대상자를 인간으로서의 존엄성을 인정하고 존중해 주는 윤리성을 지녀야 한다.

분노관리사가 실무에서 분노 치료를 수행할 때에는 흔히 윤리성을 기반으로 하는 윤리적 의사 결정을 해야 하는 상황에 접하게 된다. 하지만 이러한 상황에서 윤리적 의사 결정을 해야 하는 문제에 대해 분노관리사들이 어떻게 대처해야 하는지 잘 알지 못하며 그렇기 때문에 어려움을 겪는다. 분노관리사는 그들이 지녀야 할 윤리에 대한 체계적인 교육과 훈련을 받지 않은 경우가 많기 때문에 개인의 일반 상식으로 문제를 해결하려는 경우가 많다.

하지만 인간을 대상으로 업무를 수행하는 분노관리사는 윤리성을 바탕으로 발생 가능한 문제를 해결하는 모든 판단과 행동을 해야 한다. 그렇기 때문에 분노관리사는 올바른 윤리 의식과 윤리적 의사 결정에 필요한 윤리적 기준을 가지고 있어야 한다. 따라서 분노관리사는 대상자에게 치료 업무를 제공하면서 겪게 되는 윤리적 문제를 해결하기 위해 다음과 같은 윤리적 원칙이 필요하다.

(1) 자기 결정권 존중의 원칙

자기 결정권이란 개인이 스스로 선택한 계획에 따라 행동 과정을 결정하는 행동 자유의 한 형태이다. 자기 결정권은 윤리 문제를 해결하는 데 중요하게 작용하는 개념이다. 따라서 자기 결정권 존중의 원칙이란 분노 가해자의 권리와 스스로의 삶을 결정할 권리를 존중하는 것으로 그들의 자율성을 최우선으로 존중해야 하는 것을 의미한다. 이것은 분노관리사가 어떠한 요양 보호 업무를 수행할 때 대상자가 원하는 바에 따라 그 서비스를 철회하거나 중단할 수 있는 근거가 된다.

다음은 자기 결정의 범위이다.

① **치료 과정** 상담 과정에서 그들의 치료 과정에 나타날 생활에서의 좌절과 혼란, 그로 인한 변화를 상세히 묘사하는 것은 힘들지라도 일반적인 사고는 알릴 필요가 있다. 어떤 분노 가해자는 좌절의 위험보다 오히려 한정된 지식을 원할지도 모른다. 그리고 초기 단계에서 재정 비용이나 개인적 사항에 관해 적절한 방법으로 솔직하게 논의되어야 한다. 분노 가해자는 자기 결정을 위해 치료 절차와 치료 목표에 관한 지식을 가져야 한다.

② **분노관리사의 정보 제공** 분노관리사의 전문적 발달 과정을 밝히는 것으로 분노 가해지기 전문기의 서비스를 이용하두록 원조하는 최고의 방법이다. 분노관리사는 분노 가해자에게 그들의 훈련과 교육, 특별한 전문적 기술, 다루어 왔던 문제와 분노 가해자

의 형태 등에 관해 제공하여야 한다. 만일 상담이 인턴이나 준전문가에 의해 제공된다면 그것도 알려주어야 한다.

③ **치료 비용**　분노 가해자의 권리에는 합리적인 재정적 동의가 포함되어 있다. 따라서 초기 단계에서 스케줄에 따른 모든 비용에 관한 정보를 제공하여 동의가 되어야 하고, 불필요한 진단이나 치료가 없어야 하며, 예기치 않은 비용은 없어야 한다는 것이다. 비용 부분은 미묘해서 초기에 명확하게 하지 않으면 분노 가해자와 분노관리사 사이의 관계에 영향을 미칠 수가 있다. 따라서 비용에 관한 고지된 동의는 분노 가해자와 분노관리사 사이의 치료 관계에 영향을 미치는 중요한 문제이다.

④ **치료 범위**　어떤 분노관리사는 분노 가해자에게 대략적 치료 범위를 논의할지도 모른다, 또 다른 분노관리사는 치료가 전형적으로 복잡하고 기간이 오래 걸리며, 오래 기다려야 하므로 이론적 범위에서 논의할지도 모른다. 이들 분노관리사는 분노 가해자의 개인차로 인해 예견하는 것이 불가능하므로, 초기 단계에서 하려고 하지 않을지도 모른다. 그럼에도 불구하고 분노 가해자는 치료에 참여함으로써 최선의 이득을 인식할 때 종결한다는 기대에 관한 권리를 가진다. 종결에 관한 논의는 분노관리사와 분노 가해자 사이에 개방하여 전개되어야 하는 것이다.

⑤ **동료의 자문**　일적으로 학생이나 신입 분노관리사들은 상담상의 문제나 과정을 슈퍼바이저에게 규칙적으로 자문을 얻는다. 상담가를 위해서는 상담 과정 중에 일어나는 사항을 슈퍼바이저나 다른 동료에게 이야기하는 것은 좋은 정책이지만, 분노 가해자에게는 상담 과정을 다른 사람들이 이야기한다는 측면이 되므로, 이러한 가능성을 분노 가해자에게 허락받아야 한다.

⑥ **분노 가해자의 파일에 접근할 수 있는 권리**　윤리적이고 법적인 문제 사이의 갈등은 분노 가해자의 파일과 기록을 볼 수 있는 분노 가해자의 권리를 허락하느냐의 여부이다. 분노 가해자에게 그들의 파일을 보여준다는 것은 정신 건강, 상담, 재활, 교육의 분야

에 영향을 주고 있는 고객 권리 운동의 측면이다. 의료 부분에서 법적 문제를 줄이는 하나의 방법은 분노 가해자의 의료 기록을 분노 가해자에게 허락하는 것이다. 그러한 접근으로 제공되는 피드백은 분노 가해자와 분노관리사에 있어 가치 있는 일이 될지도 모른다.

⑦ **진단적 낙인을 허락할 권리** 분노 가해자와 파일을 공유하는 데 있어 주요 장애물은 심리학적 서비스를 보상하기 위해 분노 가해자에게 필요한 진단적 분류이다. 대부분의 분노 가해자는 낙인을 원하지 않지만 자료 제공 시 필요한 경우도 있다. 분노 가해자의 기본적 권리 중의 하나는 심리학자와 정신 의학자에 의해 분류되는 데 있어 선택의 자유이다. 심리학자는 분노 가해자의 재보중의 목적을 위해 진단될 때 분노 가해자의 동의를 획득해야 한다고 한다. 만일 치료 절차상 공식적 진단이 분노관리사와 분노 가해자의 관계에서 포함된다면, 분노 가해자의 상태에 관해서 분노 가해자와 충분한 논의가 되어야 한다.

⑧ **테이프 기록과 비디오 촬영** 많은 기관이 훈련과 슈퍼비전의 목적을 위하여 상담의 기록을 요구한다. 분노 가해자는 초기 단계에서 이러한 절차에 관해 동의할 권리가 있다. 그리고 기록이 왜 필요하며, 그것이 어떻게 사용되며, 누가 그것을 볼 것인지에 관해 이해하는 것이 중요하다. 종종 분노관리사는 기록을 통해 경청 자료를 얻고, 동료로부터 자문을 얻고 다시 분노 가해자에게 피드백을 줄 수 있다. 하지만 만일 그렇게 한다면 반드시 분노 가해자의 동의를 얻어야 한다.

⑨ **개인적 관계와 고지된 동의** 분노관리사가 슈퍼바이저, 학생, 고용인, 동료, 밀접한 친구, 분노 가해자와 관련된 사람을 받아들이기 전에 이중 관계로 알려진 것과 관련될지도 모르는 예기되는 분노 가해자의 문제에 관해 논의하는 것은 필수적이다. 이중 관계는 윤리적 문제와 관련되어 분노관리사에게 스트레스를 준다. 분노 가해자는 근본적으로 분노관리사가 그들이 복지에 관심을 가질 것으로 기대하는 권리를 지닌다. 이러한 관심은 치료적 거리나 책임성의 정도에 따라 부과된다. 그것은 또한 분노관리사가 역전이를 인

식할 것이라는 것으로 부과된다.

⑩ **전통적 치료의 대안**　분노 가해자는 대안적 원조 체계에 관해 알 필요가 있다. 따라서 분노관리사는 분노 가해자에게 대안 치료가 될 수 있는 지역 사회 자원에 관한 지식을 가져야 한다. 예를 들어 개인적 자조 집단, 개인-효율성 훈련을 위해 계획된 프로그램, 동료 자조 집단, 위기 개입 체계, 또 다른 제도 원조 체계 등이다. 치료와 대안 치료의 논의에서 어떤 분노 가해자는 대안 치료를 선택할 수도 있지만, 분노 가해자가 치료를 선택하는 결정을 재강화시켜 줄 수도 있다.

(2) 무해성의 원칙

무해성의 원칙이란, 우리가 타인에게 의도적으로 해를 입히거나 해를 입힐 위험이 있는 행위를 하지 말아야 한다는 원칙이다. 즉, 어떤 행위의 결과가 다른 사람에게 해를 끼칠 수 있다면 그 행위를 삼가야 한다는 것을 뜻한다. 요양원에 노부모를 모시고 있는데, 자녀 중 한 사람이 분노 가해자로부터의 폭행으로 인해 사망한 경우, 요양원에 계신 노부모가 충격을 받을 것을 염려하여 자녀가 그의 죽음을 알리지 말아 달라고 부탁하는 것은 이러한 무해성의 원칙이 드러난 예이다.

　무해성의 원칙을 분노관리사의 입장에서 해석해 보면, 분노관리사가 분노 관리 업무를 수행하면서 내담자에게 어떠한 신체적, 정신적으로 피해를 주어서는 안 된다는 의미로 볼 수 있다.

(3) 선행의 원칙

선행의 원칙은 대상자에게 이득을 제공한다는 것이다. 선행의 원칙은 선을 목적으로 적극적으로 시행되어야 한다는 원칙인데, 단지 선을 목적으로 이루어져야 한다는 내용만을 의미하는 것이 아니라 악을 미리 예방하는 적극적인 선의 실행도 함께 포함한다. 그러나 선행의 원칙은 적극적인 선의 실행을 요구하기 때문에 때로는 공평성의 원칙이 지

커지지 않는 경우도 있다.

무해성의 원칙과 비교한다면 무해성의 원칙이 타인에게 피해를 주지 않는 범위까지라면, 선행의 원칙은 이보다 더 넘어선 대상자를 적극적으로 도와주는 행동이 요구된다는 범위까지를 말하는 것이다.

(4) 정의의 원칙

정의의 원칙은 공정함과 공평함에 관련되는 것으로 각자에게 각자의 몫을 돌려준다는 원칙이다.

학습 과제	1. 분노관리사가 왜 전문가로 분류되는지를 설명해 보라. 2. 분노관리사의 역할을 상담적, 치료적 관점에서 설명해 보라. 3. 분노관리사의 윤리적 딜레마에 대해 논해 보라.

PART 3

분노의
사례 관리에
대한
이해

분노의 사례 관리

이 장에서는 사례 관리에 대해 개괄적으로 살펴보고, 분노의 사례 관리에 대한 내용을 다루고, 분노의 사례 관리 과정을 제시함으로써 현장에서의 다양한 분노 대상자에 대한 이해를 높이고자 한다.

+ Rothman의 사례 관리 모델을 중심으로 사례 관리의 개념을 살펴본다.
+ 분노의 사례 관리에 대해 살펴본다.
+ 분노의 사례 관리 과정에 대해 논의해 본다.

인간은 이성을 가진 존재인 동시에 다양한 감정과 더불어 살아가는 정서적 존재이다. 삶의 순간마다 느끼게 되는 다양한 감정들은 일에 대한 만족감, 가까운 사람에 대한 사랑 등의 긍정적인 측면을 통해 인간을 더욱 생동적이고 활기차게 만들어 준다. 그러나 인간은 기쁨, 행복, 사랑, 친밀감 등의 긍정적 정서뿐만 아니라 분노, 우울, 공포, 불안, 슬픔과 같은 부정적 정서를 경험하게 된다. 이러한 부정적인 정서는 개인의 삶을 억압하거나 의도적으로 무시해야 하는 비합리적인 현상이라기보다는 생존과 적응을 위해서 고려해야 하는 필수적인 부분으로 받아들여지고 있다. 따라서 매 순간마다 자신에게 일어나는 정서를 자각하고 그것의 의미를 잘 파악하여 상황에 적절하게 반응하고 대처하는 것은 매우 중요한 일이다.

이렇듯 인간에게 있어 중요한 요소인 감정이 잘못 표현되면 자기 자신과 다른 사람에 대한 부정적 행동을 나타내게 되어 신체적 손상뿐만 아니라 대인 관계의 불안, 일상생활에서의 부적응과 같은 문제를 유발하게 된다. 특히 특정 대상에 대해 욕구가 좌절되거나 부당한 피해를 받았다고 생각될 때, 자신이 원하는 목표나 기대를 충족시키지 못하거나 현재 상태가 자신이 원하는 목표나 기대 수준보다 만족스럽지 못하다고 생각될 때 우리는 흔히 사소한 짜증에서부터 격분에 이르는 다양한 정도의 분노를 경험하게 된다. 분노 감정이 표현되었을 때 일어나거나 일어날 것으로 예상되는 부정적 영향 때문에 흔히 분노는 표현해서는 안 될 정서로 취급받고 있다.

우리나라 사람들은 분노를 표현하지 않고 단지 참는 것을 미덕으로 여기는 경향이 있다. 정서의 부정적인 측면을 인내하고 견디는 것이 군자의 덕이라고 여겨 온 우리의 뿌리 깊은 유교 사상의 특성 때문이기도 하다. 그러나 분노를 무조건 억압하게 되면 우울, 불안의 직접적인 원인이 되고 때로는 심인성 질환을 일으켜서 건강한 삶을 방해할 수 있다.

이에 이 장에서는 Rothman의 사례 관리 모델을 중심으로 일반적인 사례 관리를 살펴보고, 분노의 사례 관리, 그리고 분노의 사례 개입 과정에 대해 살펴보고자 한다.

1. 사례 관리 개관

1) 사례 관리 개요

사례 관리는 케이스 매니지먼트와 케어 매니지먼트를 혼용하여 사용하는 경향이 있다. 사례 관리라는 용어가 처음으로 등장한 시점은 미국의 경우, 1960년대 지역 사회 기반 서비스가 급속도로 확장되어 서비스 조정의 필요성이 사회적으로 인식되던 1970년대 초에 케이스 매니지먼트란 용어가 문헌 속에서 직접적으로 등장하기 시작했다. 당시 미국은 서비스의 단편화, 포괄적인 서비스를 필요로 하는 클라이언트 인구층의 증가, 비용 절감 문제 등에 직면해 있었고 보건교육복지부(Department of health, Education & Welfare)는 서비스 통합 프로그램을 증진시키기 위해 일련의 시범 사업을 지원했으며, 대부분의 시범 사업에서 서비스 조정을 담당할 케이스 매니저의 필요성이 언급되었다. 이에 따라 미연방 정부는 케이스 매니지먼트를 서비스 체계에 통합시키도록 하는 각종 법령을 통과시켰고, 그 결과 정신 보건, 노인, 아동, 신체 장애 등 다양한 분야에서 케이스 매니지먼트 서비스가 실제로 제공되기 시작했으며, 《사회 사업 사전(Encyclopedia of Social Work)》(18판, 1987)에서부터 케이스 워크라는 항목이 빠지고 케이스 매니지먼트가 포함되었다.

우리나라에서는 1990년대 케이스 매니지먼트란 용어가 들어와서 간호학, 사회복지학 분야 등에서 학문적인 관심을 받기 시작했다. 이 시기는 사회 복지의 방향이 재가 복지, 지역 사회 복지로의 전환을 준비하던 시기로서, 1993년 노인복지법 개정 시 재가 복지가 처음으로 사회 복지 사업의 한 분야로 규정되었고, 재가 복지가 공식적인 종합 프로그램으로 인정되자 기존의 노인 복지관, 장애인 복지관, 사회 복지관을 중심으로 다양한 재가 복지 사업이 진행되었다. 이후 여러 학자들과 실천가들에 의해 케이스 매니지먼트가 재가 복지 부문에서의 중요한 실천 방법으로 빈번히 언급되었다. 특히 1995년 제정된 정신보건법에서는 케이스 매니지먼트가 정신 질환자를 대상으로 하는 지역 사회 정신 보건 사업의 필수 사업 중 하나로 지정되었을 정도로 제도적·정책적으로 이 개념에 대한 인식이 높아지고 있다. 그러나 아직 우리나라의 각종 영역에서 케이스 매니지먼트에 관한 연구는 매우 미흡한 수준에 머물러 있다.

사례 관리는 현재 다양한 분야에서 논의되고 전문적 실천에서 중요한 위치를 점하는 것으로 평가되고 있지만, 아직까지 용어 선정에 대해 명확하게 합의된 바는 없다. 또한 매니지먼트의 대상이 '케이스'냐 '케어'냐에 관련된 논쟁이 아직도 진행되고 있다(송진영 외, 2016). 케이스 매니지먼트(case management)의 사용을 지지하는 사람들은 '케어'라는 용어가 개별 클라이언트의 강점보다는 의존성을 강조하고 클라이언트와 서비스 제공자 간의 수동적 관계를 암시하며, 나아가 케어 자체가 곧 일상생활로부터의 추방, 격리와 동일시될 수 있다고 주장한다. 이에 반해 '케이스'라는 용어는 개인에 대한 초점을 강조할 뿐만 아니라 국제적으로도 이미 널리 이해되고 있기 때문에 케어 매니지먼트라는 용어를 사용하기보다는 케이스 매니지먼트라는 용어의 사용이 보다 적합하다고 주장하고 있다.

반면 케어 매니지먼트(care management)의 사용을 주장하는 사람들은 케이스 매니지민트는 케이스 워크와 거의 동일시되고 있고 클라이언트와의 직접적 관계만이 강조되어 체계적 수준에서의 조직 활동, 즉 개입 방법으로서의 측면이 아닌 자원을 조정하며 서비스 전달을 조직하는 면이 강조되지 못하는 단점이 있다고 주장한다.

이와 같이 각각의 용어는 나름대로 특징과 차이를 지니고 있지만, 여기에서는 《사회 사업 사전》을 토대로 사례 관리를 케이스 매니지먼트로 사용하기로 한다.

사례 관리는 복잡하고 다양한 문제나 욕구를 가진 클라이언트가 개별적인 기관이나 전문가 등의 지역 사회 내의 서비스 제공자들을 일일이 찾아다니지 않고 사례 관리자로부터 필요한 서비스를 보다 용이하고 효과적으로 받아들일 수 있도록 필요한 자원을 활용하여 클라이언트로 하여금 지역 사회 내에 독립적인 생활을 할 수 있게 도와주는 통합적인 서비스 전달 방법이라고 할 수 있다. 전미사회복지사협회(NASW, national association of social worker)에서는 사례 관리를 "복잡한 여러 가지 문제와 장애를 가지고 있는 클라이언트가 적합한 형태로, 적당한 시기에 그들이 필요로 하고 있는 모든 서비스를 받을 수 있도록 보장하는 것이며, 따라서 이것은 포괄적 서비스를 제공하기 위한 방법"으로 정의하였다.

강선경·임윤형(2005)은 사례 관리를 다음과 같이 정리하였다.

사례 관리는 개인이나 가족을 대상으로 서비스를 제공한다는 측면에서 전통적인 사회복지실천방법론의 하나인 개별 지도(casework)와 유사하지만, 사회 복지 기관 이외에도 현장 개입이나 옹호 활동 등을 통한 지역 사회에서 서비스를 제공하는 간접적인 개입까지 포함하는 특징이 있다. 이러한 사례 관리의 특징을 좀 더 구체적으로 살펴보면 첫 번째 지역 사회에서의 서비스 활동과 연계를 강조하는 지역 사회 중심의 접근법이며, 두 번째 치료보다는 보호의 개념을 강조하며, 만성적이며 복합적인 문제를 가진 클라이언트를 지속적으로 관리하고, 세 번째 사례 관리자와 개인 클라이언트와의 긴밀한 상호 관계를 기초로 클라이언트 중심의 개별화된 접근을 하고, 네 번째 클라이언트의 변화를 위한 개별 지도 중심의 직접적 개입으로부터 자원의 조정을 포함하는 환경적 개입까지 사회 복지 실천의 개입 역할을 확대한다는 점을 들 수 있다.

이러한 내용으로 보아 사례 관리는 개별 사회 복지 대상자가 가진 복합적인 문제를 해결하기 위하여, 개별 지도는 물론 다양한 기관과 프로그램 및 지역 사회 자원을 통하여 단장기적으로 개입하는 전문적 사회 복지 실천 기술이라고 정의할 수 있다.

2) 일반적인 사례 관리 구성 요소

사회적인 약자, 예를 들어 노인, 장애인, 빈곤 가정 등은 신체·심리·사회·경제의 전 영역에 걸쳐 다양하고 복합적인 욕구를 갖는 반면, 필요한 서비스에 대한 정보를 얻고 서비스에 접근하는 능력은 상대적으로 제한적이다. 이에 이들의 문제를 해결하고자 도입된 방법론이 사례 관리이다. 즉 사례 관리는 '한 사람의 사례 관리자가 복합적 욕구를 가진 내담자에게 다양한 서비스 자원을 연결시켜 그들이 사회 생활상의 어려움을 극복할 수 있도록 돕는 사회 복지 실천의 한 방법'으로 정의할 수 있다. 사례 관리의 목적은 첫째 보호 서비스의 지속성 확보, 둘째 서비스 체계들의 조정을 통한 서비스 연계성 증진, 셋째 내담자의 개별적 욕구와 특성에 근거한 서비스 제공, 넷째 서비스의 포괄성, 다섯째 효과적인 자원의 개발과 분배로 궁극적으로는 내담자를 대상으로 한 보호 서비스의 질적 향상을 보장하고자 한다(김종일 외, 2006).

사례 관리의 구성 요소는 도움을 요청하는 클라이언트, 클라이언트의 욕구를 충족시켜 줄 수 있는 사회 자원, 이들 자원을 동원하고 조정하여 연결시켜 주는 사례 관리자와 사례 관리의 과정으로 볼 수 있다(권중돈, 2012).

(1) 클라이언트

사례 관리의 대상이 되는 클라이언트는 다양한 욕구를 가지고 있으면서도 신체적·사회적 기능상의 여러 가지 문제들로 스스로 욕구를 충족하기 어려운 사람들이다. 이러한 클라이언트의 일반적인 특성은 첫째, 복합적인 욕구를 충족할 수 있는 사회 자원의 존재를 모르거나 사회 자원과의 연결에 어려움을 가지고 있거나 사회 자원의 이용 방법을 알지 못한다. 둘째, 만성 질환을 가지고 있으며 신체적·정신적으로 심하게 손상되어 있다. 셋째, 자신들을 보호해 줄 가족이 없거나 가족이 있어도 그들을 적절하게 보호하지 못하고 있다. 넷째, 공적 서비스뿐만 아니라 비공식 자원 체계의 보호를 필요로 한다. 다섯째, 자기 보호 능력이 상실되어 있으며, 개별적인 옹호가 필요하다는 것 등을 들 수 있다.

(2) 사회 자원

사례 관리의 핵심 기능 중 하나가 서비스와 자원을 클라이언트에게 적절하게 연결시켜 주는 것임을 생각해 볼 때, 사회 자원은 매우 중요한 요소라고 할 수 있다. 만성적·복합적·다중적 욕구를 가지는 사례 관리 대상층들의 욕구를 충족하기 위해서는 다양한 자원의 확보와 동원이 필수적이다. 따라서 사례 관리자는 클라이언트의 욕구와 관련된 공식적 기관이나 조직의 자원뿐만 아니라 비공식적 자원. 즉 지역 사회 자원과 원조자들을 동원할 수 있는 능력이 있어야 하며, 나아가 그 자신을 자원으로 제공하기도 한다.

(3) 사례 관리자

사례 관리자는 대상자의 욕구를 파악하고, 사례 관리를 위한 계획 수립, 사회적 자원 확보, 연결, 조정, 점검하는 역할과 방문 원조자, 중재자, 상담자, 문제 해결자, 자원 개발자, 평가자, 교사, 지도 감독자, 행정가, 옹호자 등의 역할까지 수행하는 사람으로, 사례 관리팀과 주 관리자로 구분해서 살펴볼 수 있다. 일반적으로 사례 관리팀은 의사, 간호사, 사회복지사, 임상심리사, 재활치료사, 영양사, 주거 환경 전문가 등 다양한 영역의 전문가와 간병인, 가사 도우미 등의 보조 인력으로 구성되고, 주 관리자는 사례 관리를 주도하는 핵심 인력으로 리더와 책임자의 역할을 수행한다.

(4) 사례 관리 과정

사례 관리 과정이란 사례 관리자가 클라이언트를 처음 접촉해 종결하기까지 사례 관리의 지식, 기술, 가치를 적용해 실천하는 일련의 절차로, 학자마다 분류하는 방식은 다양하다(송진영 외, 2016). 여기에서는 사례 관리의 대표적인 모델인 Rothman(1991)의 모델을 중심으로 살펴보고자 한다.

3) 사례 관리 모델

사례 관리 과정은 클라이언트의 특성, 환경적 맥락, 기관이 고용한 사례 관리자의 유형, 담당 사례의 규모, 서비스 전달 체계의 성격에 따라 다양하게 나타난다. 이 중 Rothman이 개발한 포괄적인 사례 관리 과정은 클라이언트들의 복합적인 욕구에 대응할 수 있도록 포괄적인 사례 관리에 요구되는 기술, 지식, 자원들이 모두 포함하고 있어 사례 관리에 특히 유용하다(그림 8-1). 이 과정은 클라이언트가 홍보 활동 또는 의뢰를 통해 기관에 오는 것으로 시작되고 클라이언트 중심의 틀에 맞게 클라이언트가 모든 과정에 참여하도록 되어 있다. Rothman은 사례 관리 과정을 그림 8-1과 같이 ① 접수 ② 사정 ③ 목표 설정과 개입 계획 수립 ④ 계획 이행 ⑤ 모니터링과 재사정 ⑥ 종결로 제시하였다.

(1) 접수 단계

사례 관리의 첫 단계인 접수는 개인에 의한 의뢰, 사례 발견 등이 이루어지는 단계이다. 일반적으로 클라이언트들은 정보가 부족하고 문제 해결의 방법을 찾는 것에 대해 소극적인 경우가 많으므로 사례 관리자가 직접 서비스에 클라이언트를 연계하고 확인하는 데에 적극적·창조적으로 노력해야 한다. 이를 위해 지역 사회 병·의원, 보건 시설, 사회복지 기관 등과의 긴밀한 협조 연계 체계를 구축하는 것이 필요하다(김기태 외, 2002). 이 단계에서 클라이언트는 자신의 질병, 시설 보호나 서비스에 대한 욕구, 서비스 제공 가능성, 보호자의 유무와 보호 능력 등을 기준으로 사전 심사를 거쳐 사례 관리에 적합한 사례로 판정되면 계약을 하게 된다(권중돈, 2005). 사례 관리자는 내담한 클라이언트에게 원조 내용을 알기 쉽고 상세하게 설명하여, 이후 그들과 사례 관리자가 함께 사례 관리를 진행하는 것에 대해 협상·동의하며, 클라이언트는 기관에 준비되어 있는 고지된 동의서(informed consent)에 서명하기도 한다.

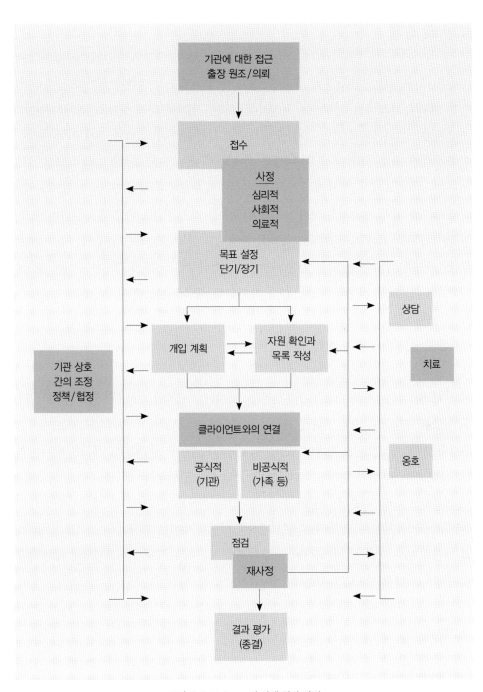

그림 8-1 Rothman의 사례 관리 과정

(2) 사정 단계

사정은 대개 직접 면접을 통해 클라이언트의 상태와 욕구를 정확히 평가하고, 동원 가능한 자원을 파악하는 단계이다. 사정의 내용에는 현재의 문제 상황, 신체적·정신적인 건강 상태, 심리·사회적 기능, 경제 상황, 노인의 사기, 가치관 및 대인 관계, 가족·이웃·친구에 대한 정보, 세대 구성, 거주 상황, 자조 능력 또는 프로그램에 대한 적극성, 주로 이용하는 서비스 또는 지원 체계 등이 포함된다. 이 단계에서 사례 관리자는 클라이언트와의 관계를 확립, 연속적인 서비스 계획에 활용할 기초 자료를 수집하고 클라이언트의 기능과 욕구를 여러 가지 분야로 나누어 파악하기 위해 표준화된 사정 도구를 사용할 수 있다. 또한 클라이언트와의 면접 과정에서 그들과 신뢰 관계를 확립하고 대인 관계에 있어서의 의사소통 기술과 다양한 면접 기술 등을 사용하여야 한다(김기태 외, 2002).

(3) 목표 설정과 개입 계획 수립

목표 설정과 개입 계획 수립은 전 단계에서 실시한 포괄적인 기능적 사정 결과를 기초로 목표를 수립하고 개입 계획을 세우는 단계이다. 이 단계에서 사례 관리자는 목표를 달성하는 데 필요한 실천 기술이 무엇인지 결정하고 실현 가능한 개입 계획을 세워야 한다. 이때 클라이언트와 함께 설정한 목표와 개입 계획은 달성하기가 훨씬 쉽고 성공적으로 실천할 수 있기 때문에 가능한 한 클라이언트가 목표 설정과 개입 계획 수립에 많이 참여하는 것이 중요하다. 그리고 개입 계획을 수립할 때에는 공식적·비공식적인 서비스와 지원을 모두 포함하고 클라이언트 및 가족의 부담액을 고려하여 작성하며 계획 내용을 정형화된 계획 용지로 문서화해야 한다(김기태 외, 2002).

(4) 계획

계획 이행은 사례 관리자가 비공식적인 지원, 공식적인 서비스 제공 기관 등의 서비스 공급자와 관계를 갖고 클라이언트가 이러한 서비스를 이용할 수 있도록 연결하는 단계이다. 이 단계에서 사례 관리자는 클라이언트에게 서비스 공급 기관의 주소, 전화번호, 서비스 신청에 대해 알려주는 것부터 거동이 불편한 클라이언트에 대한 교통 편의 제공, 기관까지의 동행, 다른 기관에 접수하는 등 구체적으로 실행해야 한다. 또한 클라이언트가 서비스를 이용하는 데 장애가 되는 문제들을 밝혀내어 장애들을 개선·제거해 나가며 클라이언트 목표, 욕구의 관점에서 도움이 될 수 있는 모든 관계망을 파악해서 체계적·정기적으로 접촉을 가지고 좋은 관계를 형성해 나갈 필요가 있다(김기태 외, 2002).

(5) 모니터링과 재사정

모니터링은 클라이언트에게 서비스를 적절하게 제공하고 있는가를 지속적·총괄적으로 점검하는 것이다. 사례 관리자는 비공식적 원조 체계와 공식적 서비스의 연결 모두를 살펴보아야 한다. 특히 신체적 기능이 취약한 클라이언트의 경우 욕구가 복합적이며 신체 기능 약화에 따라 욕구가 급속하게 변화하기 때문에 모니터링에 많은 노력과 시간을 투자해야 한다. 재사정은 클라이언트의 기능이나 주위 환경의 변화로 클라이언트 욕구가 변한 경우에 정기적으로 3개월 또는 6개월에 한 번씩 실시하는 것이 좋고 클라이언트의 생활상의 욕구를 충족하지 못하고 있거나 새로운 생활상의 어려움이 생긴 것이 명확할 경우 사례 관리의 세 번째 단계인 목표 설정과 개입 계획으로 되돌아가야 한다(김기태 외, 2002).

(6) 종결

마지막 단계인 종결은 서비스를 계획대로 실행되어 클라이언트 능력 또는 자립 정도가 높아졌다고 확인될 때 사례 관리자와 클라이언트가 함께 결정하는 것으로 종결 이후 사례 관리에 대한 평가를 할 때 세 번째 단계인 목표 설정과 개입 계획 단계에서 설정한 목표를 달성했는지에 초점을 맞춰야 한다. 또한 사례 관리자는 종결 이후에도 클라이언트가 다시 상담하러 올 수 있도록 관계를 유지하면서 재방문이나 안부 전화 등의 사후 작업을 준비해야 한다(김기태 외, 2002).

2. 분노의 사례 관리

누군가가 분노를 경험했다는 것은 그의 인간관계나 환경에 무언가 잘못된 일이 일어났다는 것을 의미한다. 분노를 촉매로 이용하면 잔악한 행위를 폭로하고, 불법을 근절하며, 부패한 구조와 부정한 시스템을 새롭게 탈바꿈시킬 수 있다. 반대로, 분노는 파괴를 낳기도 한다. 전쟁, 가족 간의 오랜 반목, 그리고 이혼의 이면에는 분노가 도사리고 있다. 분노한 상태에서 내뱉은 말은 아무리 끈끈한 유대 관계라도 갈기갈기 찢어 놓는다. 분노의 화살을 죄책감과 수치심의 형태로 자신에게 돌리면 자존감과 의욕, 그리고 자신에 대한 믿음이 무너진다. 오랫동안 참고 부인하면 분노는 점점 곪아가다가 예상치 못한 때에 폭발함으로써 사람들에게 큰 상처를 입히거나 건강을 빼앗기도 한다. 이처럼 분노는 인간이 삶에서 자주 경험하고 상호 간의 관계에 중요한 역할을 한다.

Stern(1993)은 분노 정서가 인간의 관계에 중요한 영향을 미치는 점을 주목하여 '관계적 정서'라고 표현하기도 하였다. 또한 '관계 정서(interpsychic emotion)'의 핵심은 인간관계가 전제되고, '혼자된 느낌', '관계가 단절된 느낌'과 같은 부정적 정서를 포함한다고 지적했다. 이렇듯 인간관계에 중요한 영향을 미치는 분노 문제에 효과적으로 대처하기 위해서는 분노 사례를 체계적이고 통합적으로 관리하는 사례 관리의 도입은 필수적이다.

분노로 인한 피해자 사례 관리는 위와 같은 사례 관리의 개념적 정의를 기반으로 하되, 그들의 피해의 심각성을 고려하여 단계적 활동 과정으로 나아가야 한다.

사례 관리를 위한 실행 과정에서 사례 관리자는 사례 관리 체계를 구성하는 핵심적인 요소라고 할 수 있다. 사례 관리자는 클라이언트와 서비스 체계를 연결시키고, 다른 서비스 제공자들과 협력하여 클라이언트에게 수직적(시간적 차원), 수평적(하나의 기관을 넘어서는) 보호의 연속성을 보장해 주고자 노력한다. 나아가서는, 클라이언트가 가장 높은 수준의 사회적·경제적·신체적 통합을 달성하도록 보장하는 1차적 책임을 가진다고 할 수 있다(장인협·우국희, 2001). 그들에 의하면, 사례 관리자의 역할은 치료적 역할과 개입적 역할을 모두 통합하는 것으로, 직접 개입과 간접 개입으로 구분하여 각각의 상황에 따른 사례 관리자의 역할을 수행해야 할 필요성이 있음을 제시하였다. 직접적 서비스 활동이 클라이언트의 능력을 강화하는 것에 초점을 두는 것이라면, 간접적 서비스 활동은 사례 관리자가 클라이언트를 대신하여 외부 체계의 작용을 변화시키는 것과 관련한 것에 초점을 두는 것이라고 할 수 있다(Moxely, 1989).

권진숙·박지영(2015)은 사례 관리자의 역할을 직접 서비스 역할과 간접 서비스 역할, 통합적 역할로 구분하였다. 직접 서비스 역할로는 이행자, 교육자, 안내자, 협조자, 진행자, 정보 전문가, 지원자의 역할을, 간접 서비스 역할로는 중계자, 연결자, 조정자, 옹호자, 협동자, 협의자의 역할로 제시하였다.

분노 피해자를 위한 사례 관리에 있어서 사례 관리자는 이들 각각에 속하는 다양한 역할들 중에서 우선 순위를 정하여 통합적으로 수행할 필요가 있다. Jewkes(2002)는 친밀한 파트너 분노 관리에 개입하는 실천가는 피해자를 대상으로 하는 직접적인 실천 활동 외에도 피해자에 대한 옹호 활동, 폭력을 예방하는 사회적 환경을 조성하기 위한 활동 등의 간접적 역할을 적극적으로 수행할 필요성이 있음을 제시하였다. 또한, 가정 폭력을 예방하기 위해서는 의료 영역에 의한 개입뿐만 아니라, 다른 영역들(지역 사회, 학교, 형사 사법 시스템 등)의 개입과 공동 협력해야 할 필요성이 있음을 제시하였다.

분노 사례 관리자의 역할은 분노 피해자가 분노 폭력으로부터 안전한 삶을 선택할 수 있도록 하는 데 목적을 두고 클라이언트와의 협력적 활동을 통해 욕구를 구체화하여 그 실현을 원조하는 데 있다. 그 구체적 역할로는 첫째, 위기 사정과 그에 대한 개입을 통해 피해자의 안전을 확보하는 것이다. 이때의 사례 관리자는 위기 개입가와 상담가로서의 역할 수행을 필요로 한다. 둘째, 분노 피해자와 그 자녀의 욕구를 확인한 후에는 부합하는 자원의 조정과 연결을 통해 복지 증진을 도모한다. 클라이언트가 갖고 있는 복합적이고 다양한 문제에 대한 접근을 위해서는 각각의 자원과 서비스가 질서정연하고 체계적으로 제공됨으로써 비로소 문제 해결에 이를 수 있다. 사례 관리는 단순히 서비스와 급여 체계를 묶는 활동뿐만 아니라 서비스의 질적인 수준을 보장하기 위하여 지속적으로 감시 감독하고, 클라이언트가 적절한 시기에 적절한 장소에서 가능한 서비스를 제공받을 수 있도록 원조할 뿐만 아니라 그들의 권리를 옹호하는 활동인 것이다. 즉, 조정자, 옹호자, 평가자로서의 역할 수행을 필요로 한다. 통합적 활동 수행은 직접적 서비스 제공자로서의 역할과 간접적 서비스 제공자로서의 역할이 상호 유기적으로 이루어질 때 가능할 수 있다.

3. 분노의 사례 관리 과정

1) 초기 단계

초기 단계에서는 접수, 자료 수집 및 사정, 목표 설정 및 클라이언트와 계약 업무 동의 및 원조 여부를 결정하는 일과 나아가서 정확한 문제 파악을 위한 사정과 구체적 개입을 위한 목표 설정을 주요 활동으로 삼는다. 향후 이들 활동들은 전반적 원조 과정의 성공 여부를 가능하는 초석이 되며, 이 점에서 분노의 사례 관리 과정에서 초기 단계의 중요성이 있다.

(1) 접수

접수란 문제를 가진 사람이 분노 관리 기관을 찾아왔을 때 분노관리사가 그의 문제와 욕구를 확인하여 그것이 기관의 정책과 서비스에 부합되는지 여부를 판단하는 과정이다. 클라이언트는 첫 만남에서의 느낌이나 감정으로 다시 올 것인지의 여부를 결정하게 되므로 접수는 앞으로 진행될 전문적 관계의 양상을 결정하는 중요한 만남이라 할 수 있으며 접수 단계에서 요구되는 과제는 다음과 같다.

① **클라이언트의 문제 및 욕구의 확인** 분노 피해자 또는 보호자(클라이언트)와의 초기 면접을 통해 현재 명백하게 드러나는 문제를 확인한다. 만약 피해자의 자녀가 있는 경우, 필요에 따라 자녀와의 면접을 통해 자녀의 상황, 욕구, 어려움 등에 대해 스스로 어떻게 생각하고 있는지 파악하고 자녀의 행동, 특성, 대처 기제 등에 대한 초기 사정을 병행하여 수행한다. 이는 분노가 가정 폭력으로 이어질 수 있음을 가정한 것이다.

② **서비스 수행 합의 또는 타 기관 의뢰** 분노관리사는 초기 면접에서 문제와 욕구를 확인하여 그 문제의 성격이나 제공받고자 하는 서비스가 기관의 목적이나 기능에 부합되면, 클라이언트와 서비스 수행에 관한 잠정적인 합의를 한다. 자녀도 참여시켜 자녀에

게 수행될 서비스에 대해 솔직하고 간단명료하게 설명한다.

만일 초기 면접에서 확인된 클라이언트 문제의 성격이나 욕구가 기관의 목적이나 기능을 벗어나면 타 기관에 의뢰한다.

(2) 자료 수집

자료 수집은 분노관리사가 클라이언트의 문제를 이해, 분석, 해결하는 데 필요한 자료를 모으는 것을 말한다. 이렇게 수집된 자료를 바탕으로 사정을 하게 되므로 자료 수집이 사정에 선행되어 이루어져야 할 것으로 보이지만 실제 자료 수집과 사정은 거의 동시에 반복적으로 이루어진다. 즉, 분노관리사는 자료를 수집하면서 문제를 분석하고 또한 분석 과정에서 필요한 정보를 수집한다.

다음은 자료의 출처이다.

① **클라이언트의 이야기(구두 보고)** 클라이언트가 말하는 것은 대체로 상당한 정보 출처일 뿐 아니라 어떤 경우에는 거의 유일한 정보 출처이기도 하다. 여기에는 클라이언트의 문제, 그가 느끼는 감정, 문제를 해결하기 위한 개인적 자원, 문제를 해결하기 위한 노력, 문제의 역사, 원인 등에 대한 의견이 포함된다. 비록 클라이언트가 자신의 어려운 일과 자원을 매우 정확하게 서술한다 하더라도 분노관리사는 클라이언트의 이야기가 때로는 당혹감, 편견, 왜곡된 지각 및 강한 정서적 감정에 의해 왜곡된다는 것을 알아야 한다.

② **부수 정보** 클라이언트 외에 가족, 이웃, 친구, 친척, 다른 기관, 학교 등으로부터 얻게 되는 정보다.

③ **클라이언트가 작성한 양식** 보통 첫 면접 이전에 기관의 간단한 초기 면접 시에 클라이언트가 직접 이름, 성별, 나이, 직업, 주소나 전화번호, 문제, 가족 구성원 등을 작성하기도 한다. 이것도 클라이언트를 이해하는 중요한 정보원이 될 수 있다.

④ **심리 검사** 분노관리사에 의해 실시되는 다양한 성격 및 지능 검사 결과로부터의 정보이다.

(3) 조사

① **클라이언트의 생활력 및 문제의 발달력 조사** 클라이언트의 출생부터 발달 단계별로 아동의 생활력을 조사하고, 현재의 발달 상태 및 기능 수행을 조사한다. 아동의 발달 상태 및 기능 수행을 조사하기 위해 다양한 측정 도구를 활용하고 심리 검사를 수행한다.

② **가족 배경 조사** 클라이언트의 가족 배경 조사는 각 가족 구성원에 대한 정보, 가족의 역동성 및 상호 작용, 가족 문화 및 가족의 사회적 배경 등에 관해 조사한다.

③ **환경의 자원 조사** 클라이언트 주변의 환경에 아동에게 도움이 될 만한 자원은 무엇이 있는지 사회적 지지망을 조사한다.

2) 욕구 사정 단계

욕구 사정은 문제가 무엇인지, 어떤 원인 때문인지 그리고 그 문제를 해결하거나 줄이기 위해 무엇이 변화되어야 하는지에 대해 답하는 분노 사례 관리 과정의 핵심적 단계이다.
　욕구 사정 단계는 조사 단계와 엄격히 구별되지는 않으며 조사 단계에서 수집된 사실과 정보를 조직화하여 분석하는 단계이다.

(1) 클라이언트에 대한 사정

클라이언트의 상황 속에서 그들의 발달과 행동을 심도 있게 이해하는 것이다.

- 피해자와 가족의 발날 단계 및 기능 수행의 분석

- 피해자와 가족의 보호 욕구 분석
- 피해자와 가족의 강점 확인
- 피해자와 가족의 대처 기제와 자아 방어에 대한 분석

(2) 가족 간 상호 작용 사정

가족 간 상호 작용 사정에서는 가족의 생활 주기, 가족의 역동성 및 가족 기능, 그리고 부모–아동 상호 작용 등을 분석한다.

(3) 환경에 대한 사정

- 사회적 지지 사정: 클라이언트와 정기적으로 상호 작용을 하는 개인 또는 집단에 대한 지지 및 영향을 사정한다.
- 지역 사회의 자원 사정: 지역 사회의 공식적, 비공식적 자원을 확인하여, 클라이언트 주변의 환경에서 클라이언트에게 도움이 될 만한 자원은 무엇이 있는지를 확인한다.

3) 목표 설정(계획) 단계

목표는 이전 단계인 욕구 사정 과정에서 문제와 욕구를 정의하고 문제에 영향을 미치는 요인을 분석한 것을 근거로 설정되는 것이다. 분노 사례 관리 과정에서 목표 선정이 중요한 이유는 분노관리사와 클라이언트에게 개입 과정의 방향을 명확히 제시해 주어 방황 없이 진행할 수 있도록 도와주고 개입이 끝난 후, 그 결과를 효과적으로 평가할 수 있게 해 주기 때문이다.

4) 개입 단계

분노관리사는 지금까지 설명한 분석 및 사정에 기초하여 클라이언트 및 그 가족 체계의

욕구 및 성격 등에 적절한 개입을 구상해야 한다. 개입 단계에서는 우선 개입 방법을 선택해야 한다.

개입 방법은 클라이언트의 문제 및 욕구, 환경 자원의 특성, 분노관리사의 능력에 따라 다양하게 선택한다. 특히, 아동이 있는 경우, 이러한 개입 모델에서 놀이 치료가 활용될 수 있다. 분노관리사는 한 가지 개입 모델을 집중적으로 사용하는 것보다는 절충적 방식이나 대상자에게 가장 적절한 것으로 보이는 다양한 방식을 구사하는 것이 좋을 수 있다.

(1) 수준에 따른 개입

① **개인 수준의 개입** 개별 사회 사업이란 명칭으로 호칭되면서 발전, 일대일 관계를 기반으로 개인적이고 사회적인 문제를 해결할 수 있도록 돕는 데 그 목적이 있다. 면담과 상담 기술이 필수적이다.

② **집단 수준의 개입** 1960년대 이후 사회 변화뿐 아니라 개인의 치료와 변화를 목적으로 정신 병동, 병원, 아동 복지 기관, 교도소, 학교 등에서 소그룹 활동이 활성화되면서 사회 복지 실천의 주요 개입 방법으로 성장하게 되었다.

③ **가족 수준의 개입** 가족의 기능을 도와 궁극적으로 가족 구성원들이 적절한 사회적 역할을 수행할 수 있도록 돕는 것이 가족 개입, 혹은 가족 치료이다.

④ **지역 사회 수준의 개입** 분노 관리 실천에서의 지역 사회 복지를 포괄적으로 정의하면 전문 혹은 비전문 인력이 지역 사회 수준에 개입하여 지역 사회에 존재하는 각종 제도에 영향을 주고 지역 사회의 문제를 예방하고 해결하고자 하는 일체의 사회적 노력을 의미한다.

(2) 개입 모델에 따른 개입

① **심리 분석 중심의 심리 치료**　첫째, 개입 목표를 클라이언트의 내적 갈등 또는 가족 구성원 간 관계의 갈등과 내면적 심리 과정에 둔다.

둘째, 클라리언트와 분노관리사의 면담을 통해 저항의 분석, 불완전 문장 분석, 독서 상담, 이야기 말하기, 놀이 치료 활용과 자유 연상, 해석, 전이 분석 등의 방법도 활용할 수 있다.

② **행동 수정 이론에 따른 개입 방법**　첫째, 행동 분석에 기초해서 개입 계획을 수립한다.

둘째, 점진적인 변화 과정을 통한 행동 수정에 중점을 둔다.

③ **비지시적 클라이언트 중심 치료**　첫째, 개입 목표는 클라이언트에게 일관성 있는 가치관을 수립, 자신감 부여, 타인과의 정직한 관계 형성에 도움을 둔다.

둘째, 클라이언트가 분노관리사와의 관계를 통해 자아를 자유롭게 표현, 관대, 따뜻, 안정적으로 분노 조절을 할 수 있는 기회를 경험하게 함으로써 치료를 한다.

(3) 놀이 치료 활용: 놀이 치료자로서의 분노관리사

아동이 있는 경우, 아동의 입장에서 아동의 언어, 표정, 행동 등에 민감하게 관찰, 반응하여 많은 정보를 얻을 수 있다.

분노관리사는 놀이 치료 시 다음과 같은 점을 주목하여 관찰한다.

- 아동의 놀이가 연령에 맞는가?
- 아동 놀이에서 반복적으로 나타내는 주제가 있는가?
- 아동이 주로 좋아하는 놀이는 어떤 것인가?
- 아동 스스로 놀이를 시작하고 즐길 수 있는가?
- 놀잇감을 가지고 노는 형태에서 눈에 띄는 점이 있는가?

- 놀이에서 어떤 감정을 표현하는가?
- 감정을 표현할 때의 얼굴 표정이나 태도는 어떠한가?
- 놀이에 몰입되어 노는가?
- 적절한 언어 표현을 사용하는가?

5) 평가 및 종결 단계

(1) 평가

문제 해결 과정의 마지막 단계이다. 의도한 대로 서비스 계획을 이행했는가의 여부와 목적들이 성취되었는가를 결정짓고, 이를 토대로 문제나 목표, 서비스 계획 등이 수정될 수 있으며, 동일한 서비스 계획을 다른 방식으로 수행할 수도 있다.

　분노 관리 실천의 과학성과 전문성을 강화해 주고 클라이언트에 대한 책임성을 높여 준다는 면에서 매우 중요한 의미를 지니고 있다. 결과 평가는 성취된 결과들에 대한 사정을 의미한다. 과정 평가는 원조과정에 대한 클라이언트의 인식과 관련해서 이루어진다. 분노관리사에 대한 평가는 분노관리사의 행동, 태도 및 속성들이 원조 과정에 어떠한 방식으로 긍정 혹은 부정적 영향을 미쳤는가에 대한 피드백을 통해 이루어진다.

(2) 종결

분노관리사와 클라이언트 간의 개입 과정의 종결을 의미한다. 즉, 종결이란 원조 관계의 해제를 위한 체계적 과정이다. 미리 계획된 기간 내에 바라던 목표를 성취해서 서로 합의하에 종결하는 것이 가장 바람직하다. 이때 분노관리사는 종결에 대한 클라이언트의 반응 등을 고려하고, 또한 분노관리사에 의해 제공되지 않는 자원을 클라이언트와 연결시켜 주거나 주변 사람들을 관여시켜 종결 이후에도 문제 해결에 도움을 줄 수 있게 한다. 종결 이후 클라이언트가 이전의 방식으로 돌아가는 것이 쉽고 새로운 변화에 대해 지지적이지 못할 수 있으므로 사후 관리를 통하여 클라이언트와 접촉을 갖는다.

(3) 분노 관리 실천 과정의 종결 단계 기술

① 종결을 계획하기

- 종결의 시기를 결정하고 종결 과정에서 클라이언트를 가장 효과적으로 도울 수 있도록 하여야 한다.
- 클라이언트의 정서적 애착과 이에 따른 의존성을 감소기키고, 종결에 대한 두려움과 상실감을 통제할 수 있도록 하는 데 도움을 주어야 한다.
- 최종 모임이 다가오는 후반부 모임에서 종결에 관해 이야기할 시간을 가지고 특히 종결이 예상보다 빨리 이루어질 경우는 더욱 그러하다.

② 부정적 정서적 반응의 해결

- 클라이언트는 종결에서 문제가 원만히 해결되었을 때 긍정적 정서를 경험한다.
- 특히 원조 과정에서 사회복지사에게 과도하게 의존하게 된 클라이언트는 종결에서 만족감을 경험하기보다는 대체할 수 없는 사람을 상실했다고 느낀다.
- 시간 제한이 없는 개입 모델에서 이러한 부정적 반응이 더 많이 발생한다. 분노 관리는 상당 기간 동안 클라이언트의 삶에서 의미 있는 역할을 수행했으며, 이에 따라 형성된 의존성과 독립에 대한 두려움이 종결에 대한 부정적 반응을 보이도록 한다.
- 클라이언트의 종결에 대한 부정적 감정 표현은 다음과 같은 방식으로 나타난다.
  ① 종결에 대한 부정
  ② 과거 문제의 재발을 보고하기
  ③ 새로운 문제를 가져오기
  ④ 분노관리사를 대체할 사람을 구하기
  ⑤ 상실감이나 사회복지사에 대한 분노를 직접적으로 표현하기
  ⑥ 분노의 간접적 표현으로써 회피 행동(약속 불이행)
- 종결 시, 클라이언트의 부정적 정서적 반응을 예방하기 위하여 개입 과정에서 초기부터 강점 관점의 개입이 지속적으로 이루어지고 클라이언트의 자립심을 가르는 것을 목표로 하여 강조를 한다면 이런 반응을 최대한 예방할 수 있다.

- 새로운 문제를 가지고 올 경우에도 문제에 초점을 주기보다는 종결 이후의 삶에 대란 클라이언트의 두려움과 불확실성에 초점을 두는 것이 중요하다
- 분노관리사가 종결에 대한 자신의 느낌을 표현함으로써 클라이언트에게 감정 표현의 모델링이 되기도 한다.
- 분노관리사는 클라이언트가 그 동안 이런 과정을 통하여 클라이언트는 자신의 성취를 현실적으로 수용하게 되고 자기 효능감을 회복하여 자립심을 가지고 미래를 향하여 직면할 용기를 얻게 되는 경우가 많다.

(4) 목표 달성의 평가

주요 과제 중 하나가 클라이언트의 목표가 성취되었는지를 재확인하는 것이다. 그동안 성취한 바를 정리해 주고 클라이언트가 자신의 성장을 인식하도록 도와주어야 한다.

(5) 변화의 안정화

클라이언트가 원조 과정에서 성취한 변화를 종결 이후 다른 환경의 일상적인 삶 속에서도 계속하여 유지되도록 돕는다. 이것을 변화 노력의 일반화 혹은 안정화라고 한다.
　원조 과정에서의 변화를 유지하고 일반화하도록 돕는 방법은 다음과 같은 것들이 있다.

- 클라이언트가 변화를 시도해 볼 수 있는 적절한 상황을 선택하도록 돕는다.
- 자신의 능력에 대하여 확신을 하도록 돕는다.
- 새로운 행동을 습득하도록 도움을 줄 때에는 다양한 상황과 환경을 활용하도록 한다.
- 인위적 상황보다는 지연적 상황에서 습득하도록 돕는다.
- 치료를 사후 지도에까지 확장시키도록 한다.
- 학교, 직장 혹은 가정과 같은 다른 환경에서의 퇴보를 감소시키도록 한다.
- 문제 해결 과정을 가르침으로써 장차 문제에 직면하여 실제로 문제 해결 기술을 향상시킬 수 있도록 돕는다.

(6) 미래의 상황에서 클라이언트가 원조를 요청할 수 있도록 격려하기

종결 후에 현재의 변화를 잘 유지하고 문제 행동의 재발을 방지하는 계획과 함께 앞으로 언제든지 클라이언트의 상황에서 필요시에는 기관에 찾아와서 원조를 요청할 수 있다는 가능성에 대하여 논의를 하도록 한다.

(7) 의뢰하기

서비스가 종결된 이후에 클라이언트를 다른 기관이나 전문가에게 보내 추가적 서비스를 받게 하고자 할 때 행해진다. 다음 같은 주의 사항이 있다.

- 새로운 서비스에 대한 불신, 걱정, 잘못된 개념에 대한 클라이언트의 감정을 끌어내 다루어 주고 의뢰 과정의 필요성을 강조하며 준비시키도록 한다.
- 분노관리사는 클라이언트와 함께 최선의 서비스가 무엇인지를 결정한다.
- 분노관리사는 의뢰 시, 가장 도움이 될 만한 가능한 대안들을 제시된 클라이언트의 자기 결정권을 존중해야 한다.
- 타 기관의 서비스에 대한 헛된 약속이나 비현실적인 보증을 하지 않도록 해야 한다.
- 의뢰하는 다른 기관의 기능을 명확히 하되 그 기관의 사회복지사의 역할에 대하여 미리 설명하거나 하여 클라이언트가 실망하는 일이 없도록 한다.

(8) 사후 지도

클라이언트와 분노 관리의 공식적 관계가 종료된 다음 일정 기간이 지나서 클라이언트가 원조 과정에서 획득한 변화를 유지하고 있는지를 확인하는 과정이 필요하다. 사후 지도는 다음과 같은 이유에서 실시한다.
- 클라이언트가 종결 시와 같은 수준에서 잘 기능하고 있는 지를 알아보기 위해서 실시한다.

- 만약 클라이언트가 어려움을 겪고 있다면 필요한 도움을 제공하기 위해서 실시한다.
- 종결 시, 클라이언트와 함께 계획할 수도 있다. 또는 개입의 전 과정을 계획하는 단계에서 사후 지도가 포함되도록 고려할 수도 있다.
- 계획된 사후 지도는 클라이언트에게 분노관리사의 지속적 관심을 받고 있다는 지지감을 부여함으로써 종결 시의 개입 효과를 지속적으로 유지하는 데 도움을 주게 된다.
- 분노관리사에게 클라이언트의 진전을 확인함으로써 자신의 개입에 대한 긍정적 확신을 얻는다는 이점이 있다.
- 때로 클라이언트의 상황이 점진적으로 악화되고 있거나, 문제 상황이 재발되었음을 보고하는 수도 있다. 이러한 경우에는 재발이나 악화를 보고하는 클라이언트에게 그에 대한 대처를 위한 정보와 정서적 지지를 제공할 수 있으며, 다른 기관에의 의뢰와 개입의 필요성을 논의할 수도 있다.
- 개입 방법의 효과를 측정하는 데도 도움이 될 수 있다. 특히 학대 행동의 중단을 위한 개입에 있어서는 사후 지도가 필수적이다.

(9) 종결 기술

- 과정의 재검토: 분노관리사가 클라이이언트와 함께 일하는 시간 동안 일어난 일들을 되돌아보는 기술이다.
- 최종 평가: 분노관리사는 문제 해결과 목표 달성 정도를 최종적으로 평가하는 데 클라이언트를 참여시킨다. 사전 검사와 사후 검사를 비교하여 피드백을 준다.
- 종결과 관련된 감정을 공유하고 작별 인사 나누기: 클라이언트가 관계를 종결할 때 경험하는 감정적인 반응은 분노, 슬픔, 상실, 두려움, 죄책감, 의존, 불안정, 감사, 애정 등 다양하게 나타난다. 이러한 감정 표현을 감정 이입의 기술을 적용하여 클라이언트의 다양한 감정을 이해하고 수용하되 전문적인 관계를 유지하면서 종결에 임해야 한다.
- 사례 종결 요약하기: 최종 접촉의 날짜, 클라이언트의 이름과 사회복지사의 이름과 직함, 서비스 시작일, 계약이 성립된 이유, 합의된 문제와 목표, 개입 방법 및 서비스 내용, 긍정적 부분과 부정적 부분의 대한 무제와 목표, 현재의 문제와 상황에 대한 간단

한 사정, 사례를 종료하는 이유 등을 작성한다.

학습 과제	1. 사례 관리가 왜 필요한지를 설명해 보라. 2. 분노관리사의 관점에서 분노 사례 관리를 설명해 보라. 3. 분노 사례 관리의 과정에 대해 논해 보라.

대상자별 분노 사례 관리

이 장에서는 이전 장에서 학습한 분노의 사례 관리에 대한 개념 및 과정을 토대로 대상자별 분노 사례 관리를 살펴봄으로써, 현장에서의 다양한 분노 대상자에 대한 대처 능력을 높이고자 한다.

+ 아동의 분노 관리에 대해 살펴본다.
+ 청소년의 분노 관리에 대해 살펴본다.
+ 가족 관계에서의 분노 관리에 대해 논의해 본다.
+ 직장인의 분노 관리에 대해 논의해 본다.

이 장에서는 대상자별로 영역을 구분한 사례를 소개하고자 한다. 먼저 아동의 분노 사례 관리는 이전 장의 사례 관리 방법을 토대로 사례 관리의 사례를 제시하였다. 다음 청소년, 가족 관계, 그리고 직장인의 분노 사례는 주제를 주고 자신의 분노를 탐색하는 방법으로 접근하였다. 사례 내용별 구분은 사례의 사건 개요, 화가 났던 원인, 화가 날 때 나의 몸에서 일어나는 변화는 어떤지(얼굴, 팔, 다리, 마음속 등의 변화), 나는 분노 시 주로 어떻게 행동하는가, 화를 내고 나면 나와 다른 사람에게 어떤 영향을 미치는지 등을 탐색해 본 내용들이다. 또한 각 사례의 끝부분에는 분노의 경험을 탐색한 뒤 앞으로 분노를 줄이기 위해 다짐을 제시하였다.

1. 아동의 분노 관리 사례

1) 학령 전 아동 사례

(1) 인적 사항

- 이름: A(CT: 남/가명)
- 나이: 4년 5개월
- 인상 및 행동: 통통한 체구에 모자를 쓰고 노란 어린이집 가방을 매고 들어와서 오자마자 가방을 벗어 놓고 복도를 돌아다닌다. 분노관리사가 함께 가자고 손을 내밀자 씩 웃으며 쳐다보고는 손을 잡고 평소 언어 치료를 하던 치료실로 들어가려 한다. 여기가 아니고 저쪽 넓은 곳에서 놀이할 것이라고 하며 이끌어 놀이실에 들어가게 한다.
- 현재 반지하 방에서 부모님과 생활하고 있으며, 아버지는 주 2~3회 밤에만 잠시 집에 있고 어머니는 나이가 많은 데다 관절염이 심하여 열악한 양육 환경하에 있다. 고집이 센 편으로 부모님의 말을 듣지 않고 떼를 쓸 때가 많으며, 어린이집이나 놀이터에서 주로 혼자 놀고 또래와 어울리지 못한다. 또한 놀이터에서 그네를 혼자 한 시간이나 타며 비켜 주지 않았고, 그네를 밀어주지 않는다고 우는 등의 행동이 나타난다.
- 부모님은 늦둥이라 키우기 힘들고 아동의 고집을 감당할 힘이 없다며 호소하고 있다. 또한 떼를 다 받아주고 오냐오냐하거나, 아동이 울고 떼를 쓰는 상황에서 계속 내버려 두는 등 비일관적인 양육 태도를 보인다. 어머니의 말은 조금 어눌한 편이다. 아동 역시 언어 발달이 또래 아동에 비해 느린 편으로, "엄마", "아빠", "뽀로로", 숫자 1부터 10까지 셀 수 있으며, "이게 뭐야?" 정도를 구사하며, TV, 휴대폰을 보면서 보내는 시간이 많다.
- 타 기관 의뢰자의 소견: 아동의 어머니는 관절염으로 다리를 절고 있지만 아동을 위해 병원 치료를 미루고 있고, 아버지는 고령에도 불구하고 힘든 일을 하며 생계를 위해 노력하고 있다. 하지만 아동의 양육을 위한 정서적, 교육적 자원을 제공하는 데는 어려움이 많은 상태이다. 이로 인하여 아동은 자기중심적이고 고집스러운 측면이 있으

며 또래 아동과 잘 어울리지 못하고 있다. 신체 발달은 또래 아동과 비슷한 수준이나 언어 발달이 느린 편이다. 따라서 언어 치료 및 심리 치료, 부모에 대한 양육 상담이 필요한 것으로 보여진다.

• 내방 경위: 언어 상담을 종결하였다가 최근 다시 시작하면서 종결 시보다 언어 발달 상태가 나빠져서 놀이 치료에 의뢰되었다.

(2) 가족 사항

관계	성명	연령(만)	학력	직업	종교	월수입
부	김○○	51		폐차업(용역직)		편차가 큼
모	이○○	49		주부	무교	
CT	김안녕	4				

(3) 주요 호소 내용

• 대화가 잘 안 된다.
• 떼를 많이 쓰고 이유 없이 울고, 물어보아도 대답이 없다.
• 다른 아이들하고 같이 노는 법을 배웠으면 좋겠다.
• 하고 싶은 것만 하고 장난감을 안 가지고 논다. 던져 놓기만 하며, 뛰어놀기만 한다.
• 아동의 고집이 세다.
• 부모의 비일관적인 양육 태도의 개선이 필요하다.

(4) 가계도
그림 9-1의 가계도를 살펴보면 아버지는 51세, 어머니는 49세, CT는 4세이다.

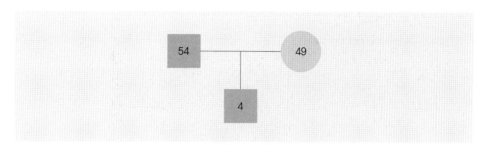

그림 9-1 가계도

(5) 현재 상황

가족	성격 특성	스트레스 대처 유형	아동과의 관계
부	양육에 관심 없음	술	다 받아줌
조부			
조모			
부의 형제			
기타			
모	사람 만나는 것을 좋아하지 않음	없음	아동이 자신을 무시함
외조부			
외조모			
모의 형제			
기타			

(6) 특징

① **운동 행동** 걷거나 뛰는 데에 능숙하고 크고 힘 있게 움직이는 것으로 보아 대근육 운동 기술과 균형 감각이 적절하고, 혼자 신발을 신거나 장난감을 조작하는 데 미숙하게나마 성공하는 것으로 보아 소근육 발달과 눈과 손의 협응 능력이 또래와 비슷하게

발달한 것으로 보인다.

② **정서 및 감정**　다소 산만하게 둘러보며 신기해 하고 주의 집중이 상당히 짧은 것으로 보아 주의 집중력이 다소 떨어지는 것을 알 수 있으며, 조작이 잘 안 되는 놀잇감을 해 달라고 요구하는 경우가 많다. 도와주지 않으면 짜증을 내며 떼를 쓴다. 평소에도 스스로 하기보다는 떼를 쓰며 의존하는 경향이 있을 것으로 보인다.

③ **언어**　한 단어와 두 단어의 결합이 나타나지만 또래에 비해 많이 떨어지는 것으로 보이며 혀 짧은 소리로 발음한다. 질문에 대해 대부분 "네"라고 답하는 경향이 있으며 말에 잘 집중하지 않는 모습을 보이는 것으로 보아 의사소통이 잘되지 않을 것으로 볼 수 있다.

④ **인지**　처음에는 낯을 좀 가렸으나 시간이 갈수록 적응하는 모습을 보였고 놀이 시간을 시작하자마자 놀잇감을 골라서 놀이하기 시작했고, 관심이 금방 바뀌며 주의 집중이 짧은 것을 알 수 있다.

(7) 상호 작용

아동의 어머니는 상당히 지쳐 있고 "하지마", "가만히 있어", "그만해" 같은 말을 많이 하고 아동도 과도하게 활동하는 경향이 있어 나이가 많은 어머니가 받아주기에 어려움이 많다. 아동 A는 어머니에게 계속해서 장난을 치려고 하거나 일부러 보는 앞에서 위험한 행동을 하며 관심을 끌려고 하는 경향이 있다.

　아동은 분노관리사의 존재를 크게 신경 쓰지 않는 듯 놀이에 집중하며 대부분의 시간을 분노관리사에게 등을 돌린 채로 놀이하다가도 놀잇감을 건네며 놀이에 합류하도록 초대하는 모습을 보이기도 한다. A는 부끄러움이나 타인에 대한 경계가 어느 정도 있으나 관계하고 싶은 욕구도 있는 것으로 여겨진다.

　놀이를 마무리할 때 쯤 갑자기 벽장 속에 있던 스티커를 가지고 가고 싶다고 표현하였다. 분노관리사가 가져갈 수 없다고 제한하고 다음 시간에는 가지고 놀 수 있다고 대안을 제시하는 데도 몇 번 반복해서 가져가겠다고 우기며 스티커를 꽉 쥐고 놓지 않았다. 분노관리사가 반대쪽에서 스티커를 잡고 꽉 잡은 채로 "가져가고 싶구나. 하지만 가져갈 수 없어"를 반복하자 칭얼거리며 버티다가 "정리할 거야"라고 소리치며 스티커를 제자리에 두고 나왔다. 제한에 대해 쉽게 받아들이지 못하고 떼를 쓰는 경향이 있지만 계속 단호한 태도를 유지하자 제한을 받아들이되 스스로 정리할 것이라고 말하며 정리를 하는 것으로 보아 자기주장이 센 편이긴 하지만 제한도 적절하게 받아들일 수 있는 것으로 보이고 그간에는 버텨 주는 역할의 부재가 있었음을 추측해 볼 수 있다.

(8) 사례 개념화

A는 또래에 비해 언어와 인지 발달이 늦고 대화가 제대로 되지 않아 또래와도 적절한 관계를 형성하지 못하는 주 호소 문제를 가지고 있다. 늦둥이로 태어난 A는 양육에 무관심한 아버지와 어머니 사이에서 적절한 양육을 받지 못했다. 어머니에게 적절하게 지지해 줄 자원이 주변에 없는 상태에서 활동량이 많고 산만한 A를 돌보면서 체력이나 건강, 금전적인 이유로 비일관적인 양육 태도를 보이게 되고, 그 영향을 받아 A의 언어나 인지 발달에 문제가 생겼을 것으로 보여진다.

(9) 치료 목표

- 아동: 자유롭고 안전한 놀이 환경과 공감해 주고 수용해 주는 분노관리사와의 라포르(rapport) 형성을 통해 상호 작용을 촉진한다.
- 부모: 엄마에 대한 지지, 격려를 통해 양육 스트레스를 줄인다. 건강한 양육 태도와 관련한 정보 제공으로 일관된 양육 태도를 가질 수 있도록 한다.

2) 초등학생 아동 사례

(1) 접수

① **인적 사항**　여기에서 제시하는 대상 아동 IP는 서울 소재 K 초등학교 3학년에 재학 중인 남학생이다(그림 9-2). IP는 9세 3개월의 125cm 정도의 키에 30kg 정도의 체격으로 또래 친구들보다 키가 조금 작은 편이다. 용모는 대체로 단정한 편이나, 입는 옷의 종류가 제한적이다. IP는 2학년 중반에 K 초등학교로 전학해 왔으며, 어머니의 말로는 전에 다니던 학교에서 담임 교사가 친구가 하는 말을 참지 못하고 싸움을 자주 일으켜 어머니와 수차례 통화했었다고 하였다.

② **개인 및 가족력**　IP는 2남 중 둘째로 태어났다. 중학교 3학년인 형과는 6살 터울이 있으며, 부모님은 2년 전 이혼 후에 현재는 별거 중이며, IP는 친할머니 집에서 거주하고 있다. IP의 어머니의 말에 따르면, IP는 어렸을 때부터 의존성이 강하고 어머니에게 강한 애착을 보였다고 한다. 또한 6살 차이인 형에게 자주 대들고 먼저 말싸움을 거는 등의

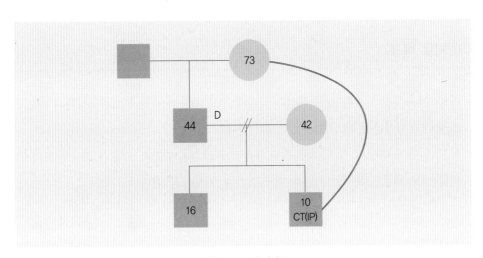

그림 9-2 IP의 가계도

행동을 보여 형에게 많이 맞았으며, 아버지에게 엄하게 혼난 일이 잦았다고 한다.

IP의 부모가 이혼한 사유는 아버지의 잦은 가정 폭력 때문이었는데, 양육 방법에 대한 의견으로 인해서도 잦은 대립이 있었던 것으로 보인다. 특히, 아버지는 본인의 기분에 따라 양육 태도가 많이 달랐는데, 첫째를 키울 때는 잦은 음주로 인해 가정을 돌보지 않고 아이의 성장에 무관심하였으나 둘째인 IP의 경우 극단적으로 허용적으로 대하다가도, 과음을 하거나 기분이 좋지 않을 때에는 폭력을 휘두르는 적이 많았다고 하였다.

IP는 부모의 이혼 후에 어머니의 양육권 소송 승소로 청주에 있는 모 초등학교에 취학하였는데, 어머니의 돌봄이 필요한 나이인 1학년에 어머니의 늦은 퇴근으로 인해 정서적, 심리적으로 많이 힘들었다고 한다. 또 담임 교사에게 대들거나 심한 경우 물건을 집어던지는 등의 행동을 보이고, 교우 관계에서 문제를 일으키는 등의 충동 조절에 문제를 보이기 시작하였다.

인근 중학교에 재학중인 학생 중에 가정 환경이 좋지 못해 주변 초등학교 학생들에게 소위 '일진' 조직을 만들어 돈을 갈취하거나, 여학생을 성추행하는 등의 행동을 보이는 학생들이 있었는데, 거기에 IP가 2~3회 동참하였던 경험이 있었다. IP는 무엇을 보았냐는 질문에 어떤 누나들을 강제로 만지고, 때리고, 담배를 피웠으며, 학교 끝나고 돈을 빼앗았다고 대답하였다. IP가 가담하게 된 경위는 아버지가 1주일에 1~2회 꼴로 IP를 보러 오는 것이 미안하여 돈을 쥐어준 것으로 형들에게 환심을 사려 한 것으로 보인다.

또한 IP는 수업 시간에 교사의 말을 의도적으로 가로막거나, 의식적으로 옆 사람과 크게 이야기를 하거나, 교사의 지도에 불응하여 학급을 이탈하여 배회하는 등의 부적응 행동을 자주 보이는데, 그것이 현재 본인이 처한 상황과 부모에 대한 분노의 표출로 보인다.

(2) 내담자의 종합적 이해 및 문제 도출

IP의 개인력, 교실에서의 행동 관찰, 심리 검사 실시 결과를 통해 다음과 같은 핵심적 문제를 도출하였다.

① **분노 조절 문제** 작은 일에도 쉽게 흥분하며 친구의 행동이나 말이 자신에게 조금이

라도 부정적이거나 불리한 것으로 판단되면 욕설, 폭력 등의 극단적인 분노를 표출하는 행동을 많이 보인다. 장익태(2012)가 사용한 분노 유발 상황 질문지에 따라 IP의 주요 분노 유발 상황(전혀 화가 나지 않음: 0점, 매우 화가 남: 3점 중 2점 이상의 반응을 보임)을 수행해 본 결과, 아래와 같은 상황에서 분노가 잘 유발되는 것으로 나타났다.

(가) 강요된 상황(부모/가족)

• 하기 싫은데 부모, 선생님이 억지로 시키는 경우
• 사람이 많은 곳에서 야단치는 경우
• 부모님이 항상 양보를 강요하는 경우
• 부모, 선생님이 다른 친구를 안 시키고 본인에게 시키는 경우

(나) 피해받은 상황(부모/가족)

• 부모, 선생님이 잔소리를 하는 경우
• 부모가 약속을 지키지 않는 경우
• 숙제를 하는데 동생이 귀찮게 하는 경우
• 부모가 본인에게 화풀이를 하는 경우

(다) 신의가 위반된 상황(또래 관계)

• 친구가 고자질을 해서 선생님, 부모에게 꾸중을 들은 경우
• 친하던 친구들이 나를 따돌리고 자기들끼리 노는 경우
• 놀이터 미끄럼틀을 타다 친구가 밀어서 떨어진 경우

(라) 자존심이 손상된 상황(또래 관계)

• 친구가 물건을 잃어버리고 나를 의심하는 경우
• 내가 말을 걸면 친구들이 짜증부터 내는 경우
• 나보다 힘센 사람이 내가 아끼는 것을 빼앗은 경우
• 다른 친구에게 맞아서 멍이 든 경우

• 패스트푸드점에서 계산할 때 뒤에 있던 어른부터 계산해 주는 경우

(마) 타인에 대한 당위적 기대 상황(또래 관계)
• 게임 중에 나는 친구를 봐 주었는데 친구가 나를 공격하는 경우
• 운전하는 어른이 자신이 신호 위반해 놓고 도리어 야단치는 경우
• 게임에서 다른 사람들이 하필 나만 집중 공격하는 경우
• 다른 친구들도 잘못했는데 하필 나만 지적당하는 경우

(바) 타인 비난 상황(또래 관계)
• 긴 줄넘기를 하다 자신도 잘못해 놓고 나를 비난하는 경우
• 수업 시간에 친구가 말을 걸어서 대답했는데 꾸중받는 경우
• 친구가 공부를 잘하기는 하지만 잘난 척하는 경우
• 어느 한 가지도 잘하지 못하면서 자신은 잘했다고 우기는 경우

② **비합리적 신념 문제**   IP의 비합리적 신념 검사 결과, 모든 사람들로부터 인정받고 사랑받아야 한다는 과다 인정 신념, 자신이 가치롭기 위해서는 모든 분야에서 완벽하리만큼 유능하고 성취적이어야 한다는 과다 자기 기대 신념, 일어날 가능성이 거의 없는 위험에 대해 강박적으로 불안해 하는 과잉 위험 발생 신념, 어려움이나 책임을 피하는 것이 상책이라는 과다 회피 선호 신념, 사람은 누구나 남에게 의존해야 한다는 과잉 의존 신념이 특히 높은 것으로 나타났다.

③ **공격 성향 문제**   IP의 공격성 검사 결과, 신체적 공격성, 언어적 공격성, 흥분성, 적의성, 수동적 공격성 및 죄의식의 6개 하위 영역에서 모두 높은 공격성 수준을 보였으며, 특히 적의성과 수동적 공격성, 신체적 공격성이 두드러지게 높게 나타났다.

④ **교우 관계 문제**   전학 온 이후 건전하고 정상적인 교우 관계를 갖기보다는 파괴적인 행동으로 타인의 관심을 끌고 비행 집단을 주도하거나 추종하는 성향이 강하다. 친구의

유무와 신뢰도에는 다소 긍정적으로 반응하였으나, 교제의 지속과 적응 측면에서 낮은 효능감을 가지고 있으며, 친구와의 공동 생활과 이타심, 배려심이 많이 부족한 것으로 나타났다.

(3) 개입 계획

① **목표 설정**　위에서 살펴 본 내담자 문제에 비추어 볼 때, 본 과정을 통해 궁극적으로 추구해야 할 목표는 다음과 같다.

첫째, 분노를 잘 다스리고 조절할 수 있도록 돕는다.
둘째, 긍정적인 자아관과 더불어 긍정적 대인 관계 형성을 돕는다.
셋째, 거짓말, 도벽, 공격적 행동 등의 부적응 행동을 억제하고 학교 및 가정 생활에 잘 적응하도록 돕는다.

이러한 최종 목표를 달성하기 위하여 본 과정에서 설정한 개입 목표는 다음과 같다.
목표 1: 분노를 조절하는 능력을 길러 공격적인 행동을 줄인다.
목표 2: 학교, 학급 규칙에 적응하고 친구, 교사와의 신뢰를 형성한다.
목표 3: 사회적 기술 습득을 통해 건전한 교우 관계를 형성한다.
목표 4: 기초적인 학습 능력과 태도를 기르도록 한다.

② **전략 수립**　전략은 분노 조절이 어려운 아동, 좋은 양육 환경을 제공받지 못한 아동의 부적응 행동과 관련된 문헌 및 사례를 탐구하여 내담자의 행동 특성을 고려하여 설정한다. 어떤 문제에 대하여 쉽게 화를 표출하거나 효과적으로 화를 다스리지 못하여 공격적인 행동을 하는 내담자를 변화시키기 위해서는 분노를 유발시키고 표출하는 데 작용하는 비합리적 신념을 합리적 신념으로 변화시키는 것이 필요하다.

그러한 과정 속에서 분노 조절 능력을 증가시킴과 동시에 건전한 방식으로 분노를 표출하도록 돕기 위하여 인지 행동 치료 기법을 활용하기로 한다. IP를 위하여 초등학생의

표 9-1 개입 전략

대상	전략(기법)	비고
할머니, 아버지	· 할머니, 아버지 양육 태도 점검 및 조언 · 심리적 지지, 격려 · 아동에 대한 이해 및 수용적인 가정 분위기 조성	부모 면담 (전화 통화)
아동	· 장점 찾아 격려하기 · 자율성 존중, 상호 존중의 관계 형성 · 공감적 이해와 수용, 진솔성 · 사회적 행동 시범 보이기 · 행동 관찰 목록표 작성	아동 면담
어머니	· 아동과 주 2회 이상 전화 통화, 월 1회 이상 면담 · 양육 상황 확인 및 심리적 지지, 격려 · 연구자에게 가정에서의 정보 제공	부모 면담 (전화 통화)

분노 유발 상황에 초점을 둔 인지 행동적 분노 조절 기법을 IP의 특성에 맞게 다음과 같이 재구성하여 사용한다(표 9-1).

첫째 순간적으로 지나가는 자동적 사고를 긍정적으로 바꾸는 훈련이 필요하며, 부정적인 감정을 유발하는 인지적 왜곡을 발견하여, 그 유형을 알고 다양하게 푸는 방법을 익혀서 실천하도록 하는 데 의의가 있고, 둘째 분노의 상황에 돌입하기 전, 나 자신에게 일어나는 분노의 조짐이나 경고를 알아차려 생각의 변화(비합리적 신념의 극복)를 통하여 분노의 감정을 조절하고 통제할 수 있는 능력을 기르는 데 있으며, 셋째 분노의 감정을 가라앉히는 여러 기법들을 배움으로써 나와 타인에게 상처 없이 표현할 수 있는 방법을 익히며, 분노와 같은 갈등 상황 속에서 현명하게 문제를 해결하는 방법을 배워서 대인 관계 속에서 분노를 건전하게 표현할 수 있도록 도움을 주고자 하였다.

또한 신체적인 활동을 매우 선호하는 IP의 성향에 맞추어 짝이나 집단으로 참여하여 함께 활동하며 자신이 집단에서 가치가 있음을 느끼면서 사회성을 향상시킬 수 있는 또래 놀이 중심의 사회적 기술 훈련을 적용하기로 하였다. 사회적인 관계 맺음 방법을 모르고 안하무인 격으로 행동하는 IP에게 자신의 감정만을 앞세우거나 자신의 입장을 전혀 고려하지 않은 채 타인의 기대에 부응하여 행동하지 않고 타인의 기분을 고려하고,

기분을 상하지 않게 하면서 자신의 의사를 표현하는 사회적인 의사소통 방법을 역할 놀이 방법으로 실시하여, 사회성 발달에 도움을 주고자 한다.

가정에서 할머니와 아버지의 양육 태도를 점검하고 적절한 아동의 양육 방식을 안내하였고, 상담을 통해 보호자의 양육 태도가 아동의 부적응 행동을 일으키는 주요 원인이 될 수 있음을 느끼도록 하였다. 따라서 아버지가 일관된 양육 태도를 가지고 수용적인 가정 분위기를 조성하여 긍정적인 대인 관계 경험의 장을 제공하도록 노력한다.

(4) 평가 및 종료

목표 달성 여부를 객관적으로 확인하기 위한 개입의 사전, 사후에 검사 도구를 이용한 양적 평가를 실시하여 상담 전후의 결과를 비교 분석한다. 이와 병행하여 상담 일지, 학교에서의 행동 관찰 목록표, 학급 친구들의 설문지 작성, 보호자와 내담자, 연구자의 소감문을 통한 행동 변화를 질적으로 분석한다.

상담이 종료된 후에 상담자, 내담자, 내담자의 부모가 소감문을 작성하여 내담자의 행동 변화에 대해 평가한다. 소감문은 상담 목표에 근거하여 변화된 내용을 중심으로 작성하도록 한다.

2. 청소년의 분노 관리 사례

1) 중학생

• 분노가 발생했던 사건과 시기는?

> 내가 분노가 발생했던 시기와 사건은 15살이던 중학교 2학년 때이다. 친구 1명과 양손으로 '누가 많이 때리나?'와 같은 게임을 했는데, 내가 전부 다 맞았을 때 분노가 대폭발했다.

- 분노가 발생했던 시기에 스트레스를 주는 일은 무엇이었으며 왜 분노가 발생했는지?

처음에는 장난으로 시작했지만 시간이 지나면서 나만 맞아 엄청나게 열이 나고 스트레스 동반은 물론 상대 친구를 때려야만 한다는 생각에 괜히 분하고 화가 치밀러 오르면서 분노가 발생했다.

- 그때 술이나 약물을 하였는지? 하였다면 어떤 영향을 미쳤는지?

그때 학생 신분이었기에 술과 약물은 하지 않았고, 머릿속에는 오직 상대 친구를 꼭 때려야 한다는 생각밖에 없었다. 그 순간 너무나 분하고 화가 나서 커터 칼을 들고 말았다. 하지만 상대 친구는 태권도 3단 유단자여서 나의 공격에 방어를 잘하여 다치지는 않았지만 정말 큰일이 날 뻔했었다.

- 그 상황에 관련 있는 사람은 누구인지?

동네 친구 한 명과 주변에서 구경하고 있던 친구 3명 있었다.

- 분노를 촉발시킨 게 무엇인지?(말, 행동 등)

게임을 하면서 그 친구가 비웃으면서 장난을 쳤고, 나는 그 친구를 한 대도 못 때렸다는 것에 흥분하여 순간 "씨, 죽을래?" 하면서 커터 칼을 들고 공포스러운 분위기를 조성하였다.

- 그때 무슨 말을 하였는지? 또 어떤 생각을 하고 어떤 느낌이었으며, 어떤 행동을 하였
  는지?

> **무슨 말**: 야, 한 대도 못 때리냐. 때려 봐 등
> **어떤 생각**: 처음에는 내가 꼭 한 대 때린다는 생각으로 시작했지만……
> **어떤 느낌**: 시간이 지나면 지날수록 이성을 잃어 갔고 화만 나서 아무 느낌이 없었다.
> **어떤 행동**: 오른손에는 커터 칼, 왼손은 주먹을 움켜쥐고 폭언을 퍼부었다.

- 분노는 어떻게 멎었는지?

> 분노는 시간이 해결해 주었다. 그때는 처음이라 분노가 무엇인지도 몰랐고, 한 5분 정도
> 폭언과 그 친구를 어떻게든 꼭 한 대 때려야만겠다는 생각뿐이었는데, 결국 그 친구가 그
> 냥 나에게 한 대 맞아 주어 분노가 끝이 났다.

- 그때 통제력을 되찾기 위해 어떻게 했으며 얼마나 노력했는지? 그리고 효과는 있었는지?

> 그때는 너무 어려서 그것이 분노인지 몰랐지만 한 1년 정도 지나자 그 친구에게 분노가
> 완전히 풀렸다. 그리고 고등학교 진학하면서 지난 시절을 되돌아보았다. '아! 그때 그런 일
> 이 있었지?' 하고 반성을 하면서, 특별한 방법은 아니지만 화가 나면 일단 그때 일을 한 번
> 더 생각하고 행동을 하기 시작했다.
> 지금이야 알고 있지만 그때는 한 번 더 생각하고 단전 호흡을 하면서 분노를 조절했다는
> 것이 대단했었던 것 같다. 그 뒤에는 지금까지 큰 분노가 없었으며, 하는 일마다 잘되고
> 있다. 나는 그때의 깨달음이 참 잘 된 일이라 생각한다. 그때 내가 분노 조절을 못했더라
> 면 지금의 나는 없다고 생각한다.

- 분노가 일었을 때 이성을 완전히 잃는지, 아니면 부분적으로 잃었는지? 그도 아니면 전혀 이성을 잃지 않았는지?

  완전히 이성을 잃었었다. 아무것도 기억이 안 났다. 오직 나는 그 친구를 한 대 때려야 한 다는 생각밖에 없었다.

- 돌발성 분노를 터뜨린 다음 자신에게 무슨 일이 있었는지?(이별, 수치감, 불면 등)

  그때는 잘 몰랐다. 밤에 잠이 오지 않고 오직 그 친구와 다음에 게임하면 무조건 이겨야 한다는 생각밖에 들지 않았다. 이후 역효과로 밤잠을 설쳐 학교에 등교하면 수업 시간에 졸아 선생님에게 발바닥을 맞았다.

- 얼마나 자주 분노가 발생하는지?

  고등학교 진학 전까지는 한 달에 한 번꼴로 그 친구에게만 분노했다.

- 분노를 관리하기 위해 어떤 방법들이 있는지?

  나는 분노를 관리하기 위해서는 단전 호흡이 가장 좋은 방법이라고 생각한다. 왜냐하면 단전 호흡을 하게 되면 마음이 편해지고 분노가 올라오다가 내려간다. 마음이 편하면 분 노 관리에 도움이 많이 된다.

- 과거 비폭발 분노를 살펴보고, 어떻게 하여 분노를 관리했는지 탐색하기

  중학교 2학년 이후부터 한 달에 한 번 꼴로 이성을 잃고 분노와 폭언을 했다. 그때는 몰 랐지만 고등학교 진학 전 삼촌이 나의 분노에 대해 지적을 해 주면서 단전 호흡하는 방법 을 알려 주어 지금까지 큰 분노 없이 살고 있다. 단전 호흡을 하면 마음이 편해진다.

2) 고등학생

• 분노가 발생했던 사건과 시기는?

> 전에는 분노를 잘 느끼지 않던 내가 처음 분노했던 것은 아버지와 어머니가 이혼을 하더니 아버지가 갑자기 나를 때리던 사건이다. 그때 나는 고등학교 1학년 정도였다.

• 분노가 발생했던 시기에 스트레스를 주는 일은 무엇이었으며 왜 분노가 발생했는지?

> 내 눈에는 평소 잘 지내던 부모님이 어느 날 갑자기 이혼을 한다고 해서 무의식적으로 스트레스를 받았던 것 같다. 평소에는 그냥 참는 게 편하던 나였는데, 그리고 이혼이란 것을 그리 크게 생각하지도 않았는데, 그 일로 인해서 아버지가 왠지 모를 이유로 나를 때렸다고 생각하니, 그때부터 아버지에 대한 분노가 참을 수 없이 커졌다.

• 그때 술이나 약물을 하였는지? 하였다면 어떤 영향을 미쳤는지?

> 학생 신분이었는데도 술도 먹고 담배도 시작했다. 술이야 호기심이었고, 어질어질한 게 기분이 좋다고 해서 마시게 되었는데, 딱히 좋은 기억은 없다. 담배는 억지로 구역질이 나도 피우려고 했다. 담배 또한 신체적으로 좋은 영향은 하나도 없지만, 그 상황에서 만큼은 무언가 가라앉고, 차분해지는 결과를 주었고, 생각할 수 있는 시간 또한 주었던 듯 하다.

• 그 상황에 관련 있는 사람은 누구인지?

> 그 상황에 관련 있는 사람은 당연히 부모님이다.

- 분노를 촉발시킨 게 무엇인지?(말, 행동 등)

처음에는 아무것도 상관이 없었다. 사람과 사람이 만나고, 사람과 사람이 마음이 맞지 않거나, 무엇인가 관계에 문제가 있다면 이혼할 수 있는 것이라고 생각했다. 다만 동생이 마음에 많이 걸렸고(당시 동생은 초등학생), 결과적으로 분노가 촉발되었던 것은 아버지의 변한 태도 때문이었다. 아버지는 평소에는 집에 잘 들어오시지는 않았지만, 그렇다고 문제 삼을 만큼 좋지 않은 분도 아니었고 말을 좀 험하게 해서 그렇지 그런 것도 그러려니 참고 넘어갔는데, 아버지가 화풀이식으로 나를 때린 것에 대해서 분노가 시작되었다.

- 그때 무슨 말을 하였는지? 또 어떤 생각을 하고 어떤 느낌이었으며, 어떤 행동을 하였는지?

무슨 말: 아빠에게 도대체 뭐가 화가 나서 그러냐고 대들었다. 지금 화가 나서 그러는 거냐고, 단지 그거냐고. 이혼하고 힘든 것은 알겠는데 아빠가 이러면 나도 힘들어진다고 말했다. 그러고는 혼자 밖으로 나가서 마구잡이로 혼자 욕설을 내뱉었다.

어떤 생각: 한 가지 생각밖에 들지 않았다. 이 사람이(아버지가) 나한테 화풀이를 하는구나, 진짜 화가 치밀어 오른다.

어떤 느낌: 진짜 욕을 하고 싶었다. 너무 화가 났고 이해도 해 주고 싶지 않았다. 내 아버지라는 게 정말 싫을 정도로 분노했다.

어떤 행동: 아버지가 때렸을 때 울기보다는 웃었던 것 같다. 그러고는 나 또한 분노가 가라앉지 않아서 초저녁이었는데 집을 나왔다. 나와서는 옆 아파트 단지 놀이터에서 저녁 내내 담배를 피웠고, 괜히 낙엽을 모아서 불을 붙이거나(어차피 사람이 잘 오지 않는 놀이터여서) 아파트 쓰레기 분리 수거장으로 가서 폐전구나 폐형광등을 가져와서 전부 다 깨부수고, 놀이터 의자를 계속 발로 차고 미끄럼틀 쪽으로 돌을 집어던지고 핸드폰도 또한 집어던졌다.

그 놀이터는 3층으로 된 놀이터였는데 2층에는 모래 대신 잔디가 깔려 있었다. 나는 앉아서 잔디를 죄다 뜯었다. 집에 돌아와서도 커튼을 다 뜯어 내렸고, 책이나 앨범 같은 것들을 전부 침대로 집어던졌다. 그리고 방바닥에서 잠을 잤다.

- 분노는 어떻게 멎었는지?

> 밖에서 혼자 앉아 있는데 아버지한테 전화가 오고 엄마한테도 전화가 오더니 동생도 전화를 했다. 그러나 나는 전부 받지 않고 핸드폰을 꺼 버렸다. 그리고 혼자 생각을 했다. 아버지는 나한테 왜 그런 행동을 했을까? 돌발성 분노를 일으켰다가 진정이 된 후 혼자 있으니 계속 눈물이 났다.
> 그래도 꾸역꾸역 눈물 닦으면서 대체 왜 그랬을까 생각을 했고, 그 당시에는 분노가 잘 멈추지 않았지만, 가만히 아버지의 입장이 되어 생각하다 보니 차차 분노가 멎었다.

- 그때 통제력을 되찾기 위해 어떻게 했으며 얼마나 노력했는지? 그리고 효과는 있었는지?

> 아버지가 나한테 못되게 행동을 했을 때는 통제력을 찾기 위해 전혀 노력을 하지 않았다. 그 후 밖에 나가서도 계속 분노를 표출했고 그러다 보니 차츰 분노가 멎었다. 그리고 상대방의 입장이 되어 생각을 해 보니 분노가 가라앉았다. 가장으로서 스트레스를 받으면, 나도 남자 친구가 있다가 헤어지면 미치도록 신경 쓰이고 예민해지는데, 결혼과 이혼이라니…… 생각하고 또 생각했다.

- 분노가 일었을 때 이성을 완전히 잃는지, 아니면 부분적으로 잃었는지? 그도 아니면 전혀 이성을 잃지 않았는지?

> 그때는 이성을 완전히 잃지 않았지만, 그 후 밖에 나와 버린 후에는 이성을 잃어서 너무 화가 나고 분해서 계속 울고, 물건들을 마구 집어던졌다.

- 돌발성 분노를 터뜨린 다음 자신에게 무슨 일이 있었는지?(이별, 수치감, 불면 등)

> 그렇게 밖에 혼자 있다가(분노가 조금 가라앉은 후) 도저히 집에 가기가 싫어서 동네 친구한테 연락도 해 보고 잠깐 만나기도 했다. 집에 들어가라는 친구의 말에 억지로 집에 들

어가서 자려 하니 계속 생각나고 분해서 잠이 오지 않았다.

그렇게 밤을 보내고 학교에 가려고 하는데 부은 얼굴과 멍든 자국 때문에 학교에 가기가 싫었다. 그리고 여러 날이 지난 후에 사람을 못 믿는 버릇이 생겼고, 친구들끼리 조금만 일이 생겨도 예민하게 생각하고, 혼자 조마조마하는 버릇도 생겼다.

• 얼마나 자주 분노가 발생하는지?

고등학교 1학년 때부터 시작된 아버지에 대한 분노는 아버지를 볼 때마다 계속 생겼다. 그 분노가 완전히 멎은 것은 22살이 되던 해 2월쯤이었다. 이혼하고 집에 안 계셨던 아버지는(이혼 후 엄마는 따로 살게 되었고, 집에는 동생과 나, 그리고 친할머니와 친할아버지가 같이 살았다. 아버지도 밖에서 따로 살았다) 종종 제사나 명절날 집에 왔고, 한 달에 한두 번 정도 안부 전화를 했었는데, 아버지의 얼굴을 볼 때는 물론이거니와 전화가 오는 것 그 자체만으로도 분노가 일어서 전화도 피했고, 아버지가 온다고 하거나 만날 일이 생기면 아버지가 집에 있는 동안 방에 틀어박혀 있거나 아예 집에서 나가 있었다.

하지만 처음처럼 심하게 물건을 집어던지거나 그러지는 않았고, 그저 머리를 쥐어뜯거나 핸드폰을 침대에 던진다거나 그랬다.

• 분노를 관리하기 위해 어떤 방법들이 있는지?

나는 취미 생활을 했다. 그중 건전한 취미 생활로는 뜨개질을 한다거나, 그림을 그린다거나, 무얼 만지작 거려서 작품을 만든다거나……. 그러면 분노가 풀리고 마음이 차분해졌다. 그리고 그때 분노한 사건이 생각날 때마다 술을 마시기도 했지만, 일부러 믿을 만한 사람들이랑 만나서 수다를 떨고 더 활발하게 지냈다.

성인이 되고 나서는 밖으로 나와서 독립했기 때문에 차차 분노가 잊혀져 갔다. 그래도 가족이 최고라는 것을 느꼈던 것은 직장을 옮길 때 짐 때문에 차가 있는 아버지가 나를 데리러 왔을 때였다. 그때 아버지와 나는 차 창문 사이로 서로를 보고 미소를 띄웠다. 그때 다 풀렸다.

- 과거 비폭발 분노를 살펴보고, 어떻게 하여 분노를 관리했는지 탐색하기

> 분노를 그 자리에서 바로 표출하기보다는 한 번 참고, 다른 생각을 하면서 관리했다. 그러고 나서 마음을 가라앉히기 위해 앉아서 무엇을 끄적거린다거나 그림을 그린다거나 하는 취미 생활을 했고, 그러다 보면 스스로 마음이 가라앉고 관리가 되었다.

3. 가족 관계에서의 분노 관리 사례

1) 사건 개요

- 부모에게서 다른 형제들과 차별 대우받을 때
- 믿고 의지 했던 가족들에게 외면당할 때
- 남편의 부적절한 생각과 행동 때문에 시댁 식구들에게 본의 아니게 욕을 먹을 때
- 시댁 식구들에게 부당하고 황당한 처신들 때문에

- 그 상황에서 화가 났던 원인은 무엇이었나?

> 1) 나는 1957년생으로, 그 당시 형제 많은 시골 농부의 집에서 위로 오빠가 넷이나 있고 아래로 남동생 둘에 여동생 셋이나 있는 가운데에서 맏딸로 태어났다. 없는 집 맏딸은 살림 밑천이라고 하면서 오빠와 동생들이 모두 공부를 할 때 나는 어린 나이에 회사에 다니면서 동생들 학비와 집안 살림에 보탬이 되어어야만 했는데, 그때 나는 너무도 고등학교를 가고 싶었지만 항상 엄하기만 했던 엄마가 너무 무서워서 내 마음을 말할 수가 없었다. 그래서 나는 항상 부모님이 시키는 대로 군말 없이 살아야만 했던 나 자신에 대하여 그때는 부모를 원망할 줄도 모르고 그냥 내가 할 도리인 줄로만 알고, 열심히 회사를 다녔다. 결혼하면서 그때 받은 퇴직금까지 한 푼도 떼지 않고 고스란히 부모님에게 갖다 드리면서도 나는 이제부터 돈을 벌어 드릴 수기 없게 된 점이 괴송힐 뿐이있나.

그러나 친정 부모님도 형제들도 아무도 미안하고 고마웠었다는 인사도 하지 않고, 오히려 계속 부모 형제들에게 희생하기를 바라는 것 같았고 또 그래야 착한 딸이라고 인정하는 것만 같았다. 양가 부모님 도움 한 푼 없이 자수성가를 하면서 정말 열심히 살았고, 양가 부모님들에게 형편 닿는 대로 잘해 드리려고 했지만 양가 부모님들과 형제들 모두가 금전적으로나 육체적으로나 너무도 이기적이었고, 남편은 한 번도 내 편에 서서 방패막이 되어 주지 않았다.

2) 결혼을 한 후부터는 시누이들을 공부시킬 수 있게 학비를 보태라는 시아버지의 엄명에 매달 월급에서 10%를 떼어 시댁에 드렸다. 그런데 시누이들은 우리가 학비를 책임지고 있다는 것을 모르는 같았다. 나는 그만큼 쪼들리고 힘이 들었던 차에 첫 아이를 임신을 하게 되었고, 배가 점점 불러올 무렵쯤 문득 떠오른 생각에 고심을 하게 되었다. 이렇게 시누이들의 학비를 계속 감당하다가 훗날 내 아이들 공부시키려면 금전적으로 문제가 되어 어릴 적 나 같은 딸로 키우게 된다면 정말 큰일이다 싶었다. 그래서 고심 끝에 더 이상 시누이의 학비는 책임지지 못하겠다고 정중히 말씀을 드렸더니 그때부터 미운털 박힌 며느리로 낙인찍혔다. 결혼 3년차가 되던 해 첫 적금을 탈 무렵, 시아버지가 나와 동갑내기인 딸을 데리고 와서, 적금을 타게 되면 애들에게 빌려주라고 하셨다.
그리고 형제간에는 이자 같은 것은 없어야 한다며 명을 하셨다. 참으로 어이가 없었다. 너무나 힘들게 저축을 하고 첫 적금을 탄다는 기대에 재산 목록 1호로 기대에 부풀어 있었는데 오셔서 무조건 그러라는 명에 무서워서 꼼짝없이 따를 수밖에 없었다. 원래 형제간에는 금전 거래를 하지 말아야 한다는 말도 있는데, 어른이라면 너희 올케가 이렇게 빌려준다니 고맙지 않냐면서, 이자는 은행 이자라도 꼭 챙겨 주어야 한다는 말씀을 하셔야 한다는 생각이 들었다. 이자가 중요한 것이 아니라 도리라는 것도 있는데, 그렇게 예의를 갖추어 주었다면 아마도 나는 아버님에게, 형제간에 무슨 이자를 받겠냐고 관두라고 했을 것이다.
또 시어머니는 시누이 결혼식에 부주를 당신에게 달라고 하시기에 아무 생각 없이 드렸더니 그 돈을 내놓지 않고 그냥 써 버리는 바람에 며느리를 부주 안한 사람으로 만들어 놓기도 하였다. 나는 그 사실을 모르고 8년 동안이나 있다가 큰 시누이가 또 돈을 빌려달라고 하기에 빌려줄 돈이 없다고 하니 입에 담지도 못할 욕설을 하면서 부주 건에 대하여 언급을 하기에 그때서야 나는 전후 사정을 알고 너무나 기가 막혀 말문이 막혔다.

이후 시어머님의 행동들을 모두 말하고 누명을 벗기는 했지만, 오히려 큰시누이는 식구들 모두 모여 있는 자리에서 자기에게 돈 안 빌려 준다고 내 얼굴에다가 침을 뱉으면서 너희 집에 가라고 했다. 그때 나의 큰딸이 초등학교 4학년이었고 남편도 함께 그 자리에 있었다. 딸에게 그런 꼴을 당하는 모습을 보여 주게 되어서 나는 자존심이 상해 딱 죽고 싶은 생각인데, 그때 남편이 묵언으로 가만히 있었다는 사실에 더 이상은 이런 남자와 살수 없다고 생각을 하면서 이혼을 하려고 하였다. 그러나 그때마다 대화로 풀기에는 바위에다 계란치기일뿐, 대화는 되지 않았고 소통을 기대하기 어려우니 속으로 삼키며, 그래도 남편이고, 시댁이니 어디 밖에 나가서 하소연도 못하고, 친정에는 더더욱 자존심이 허락하지 않아서 아무에게도 도움을 청하지 못했다.

그러다가 병이 나고 속병으로 끙끙 앓다가 대인 기피증과 거식증 등으로 문밖 출입을 못하고, 결국에는 어처구니없는 일로 인해 충격으로 쓰러지기까지 했는데, 시아버지는 며느리에게 지랄병 한다고 하면서 욕설을 하셨다. 그 후 서로 믿고 아껴야 하는 가족들에게 나는 항상 실망과 절망으로 상처를 받게 되면서 사람들이 무섭고, 싫어지기 시작했고, 더 이상 이렇게는 살 수 없다 싶었기에 이혼을 요구하다가 남편의 행패에 겁에 질려 경찰에게 도움을 청하기에 이르렀다. 그러나 경찰들 앞에서 남편은 시치미를 떼고 딴 사람처럼 행동하니까 경찰들은 도로 나를 이상한 여자로 보면서 웬만하면 참으라며 가 버렸다.

정말 자존심이 상했다. 남편은 너무나 이기적이고 무심한 사람이었고, 서로의 성격 차이가 너무 커서 이혼을 하려고 정중히 말을 하게 되면 남편은 막무가내으로 화를 내고 난폭해진다. 그러나 아직도 친정에서는 이러한 사실을 모르고, 남편을 착한 사람으로만 여기면서, 일등 사위인 줄로 알고 칭찬이 자자하니 정말 아이러니한 일이 아닐 수가 없다. 친정식구들 모두가 남편에게 잘해 주라고 하면서 이런 사람이 어디 있겠냐고 한다.

3) 항상 나보다 남을 먼저 챙기고 배려하는 것이 미덕으로만 알고 살면서 나는 나 자신을 스스로 챙기지 못하고, 어릴 적부터 부모에게 억압을 받고 자랐던 것이 성장하면서도 자아와 자존감이 낮았기에 무의식적인 과거에 얽매여 있던 터에 아주 이기적인 집안의 남편을 만나 자신밖에 모르고, 시댁 식구들에게 생각 없이 말해서 어처구니없이 오해받고, 욕을 먹게 만들고, 책임감이 부족하여 직장 생활 2년을 한곳에 못 다니는 사람이므로 항상 미래를 걱정하게 하게 하는 이유로 화를 나게 하는데도 대항할 수 있는 용기가 없었다.

- 화가 날 때 몸에서 일어나는 변화는 어떤지?(얼굴, 팔, 다리, 마음속 등의 변화)

> 화가 나면 마음속이 갑갑해지면서 두통에 시달린다. 남편과 속 시원한 대화를 하지 못하니 숨이 막힌다.

- 분노 시 주로 어떻게 행동하는가?

> 뜨개질을 하면서 외출을 하지 않게 되고, 사람이 만나기를 꺼린다. 자기 고립에 빠지게 된다. 그러나 이제는 학업에 열중하면서 화를 스스로 치유한다.

- 화를 내고 나면 나와 다른 사람에게 어떤 영향을 미치는지?

> 화를 내고 난 후 시원하기보다 사나워지는 나의 모습에 놀라면서 나 자신에 대해 또 화가 난다. 그리고 가족들과의 냉랭한 집안 분위기로 서로의 일상이 힘들어진다.

2) 다짐 목표

(1) 노력하겠다는 각오로 임하기

어릴 적부터 부모에게 억압을 받고 자랐던 것이 성장하면서도 자아와 자존감이 낮았기에 나 자신의 열등감과 자격지심으로 고립되어 있었다는 것을 모르고 살았으나 분노 관리를 하면서 내 안의 나를 발견하게 됨과 또한 잠재력을 가지고 있음을 알게 되면서 그 잠재력을 현실적인 것으로 이끌어 올리기 위해서는 자기 자신을 진실된 자신으로, 살아있는 자신으로, 그리고 자기가 어떤 사람인가를 인식하는 자신으로 바꾸고 싶은 의욕을 가지게 되었다. 이러한 의욕 창출을 위해서 현실적으로 실천 가능한 방법들을 시도하려한다.

(2) 부인하는 습관 버리기

과거의 불행했던 나의 인생에 집착한 나머지 과거에 있었던 괴로웠던 일만을 생각하며 그것들을 현재와 미래에까지 연결시켜 향수처럼 되씹으며 '나는 언제나 불행한 사람이었으니까 앞으로도 불행할 것이다'라는 비현실적이고 비과학적인 망상에 잠겨 있기가 일쑤였으나, 후회스럽게 생각하려는 이유 등으로 비생산적이고 파괴적인 행동과 습관을 분노 관리를 통한 깨달음으로 과거의 얽매인 억압들에서 벗어나기를 원하며, 모든 것을 나를 중심으로 초점을 맞추며 원망들의 집착 따위는 모두 버리려 한다고 느낀다.

(3) 자기 합리화 멈추기

나 자신의 미성숙한 심리적 유희(遊戲)라는 것을 모르는 것이 커다란 문제의 원인이었던 것으로, 열등감과 자존감 상실로 스스로 고립되어 있었다는 것을 모른 채 상대방에게만 책임을 전가시키면서 합리화를 시켰다는 사실에 깊이 반성을 한다.

(4) 무력감과 절망에 찬 소리 멈추기

삶에 대한 의욕 상실을 스스로 재촉하고 있다는 무서운 사실을 의식하지 못하고 과거의 불행했던 자신의 인생에 집착한 나머지 과거에 있었던 괴로웠던 일만을 생각하며, 과거의 불행했던 것을 비현실적이고 비과학적인 망상에 잠겨 있기가 일쑤였으나, 지금부터라도 남아 있는 자신의 인생을 자기답게 살 수 있게 모든 일들을 지금 당장 실천에 옮겨야 할 것이다.

(5) 미루기 멈추기

잃어버린 인생의 광맥을 찾아보려는 이유가 지금 생겼다면 그것은 새로운 탄생을 의미하므로 그동안 잃어버린 인생의 광맥을 찾는 것을 미루지 않아야 할 것이며, 그동안 집착했던 과거의 불행의 씨앗들을 버리고 원망을 멈출 것이다.

(6) 세계관 바꾸기

인간 존재에 있어 극히 주관적이고 정신적인 차원에서 이러한 관점을 통해 자신의 견해를 타인의 경험과 행동에 강제로 뒤집어씌우지 않고, 그들의 즉각적인 경험, 세계관, 행동의 의미를 이해할 수 있게 됨으로써, 일종의 우리 인간들 사이(between) 속에서 살아간다는 것을 상기할 것이다. 즉, 결코 '나'라는 독자적 존재는 없고, 주변에 항상 타자와 함께 살아간다는 것을 느껴야 할 것이다.

(7) 자신을 아끼기

사람은 자기답게 살기 위해서는 모든 것이 자신의 탓이라 한다. 어린 시절의 경험에 의해 길러진 습관은 성년이 된 후에도 버리지 못하고 무의식적인 과거에 얽매여 부정적이고 불유쾌한 삶에서 벗어나서 사람다운 삶으로 나 자신을 아끼며 열심히 살 것으로 다짐해 본다.

(8) 성숙하고 건강한 사고 갖기

'존재'는 용기를 주고, 우리의 선택이 우리의 사람됨을 결정해 줌으로써, 우리 안에는 끊임없는 갈등이 성숙과 독립을 향해 성장하고자 하지만 성장이 고통스러운 과정이라는 사실을 깨닫는 경우가 많다. 실존적 개념의 핵심은 우리가 자유를 원한다고 하면서도 그 자유를 회피하려는 경우가 많다는 것이다. 우리가 살아갈 방식과 우리가 변화되는 모습은 우리 선택의 결과일 것이므로 이러한 자유의 본질 때문에 인간은 자신의 삶을 이끌어야 할 책임을 받아들여야 함이므로 좋은 행동은 생산적이다.

4. 직장인의 분노 관리 사례

1) 사건 제시

- 책임감 없는 근무 행동에서 오는 분노

- 그 상황에서 화가 났던 원인은 무엇이었나?

> 건축 현장에서 각자의 분야별로 해결해야 할 일들이 있으나 일용직 근로자들의 결근으로
> 인하여 일정 진행에 차질이 생기게 되며 일정이 늦어질수록 공사비의 지출이 늘어날 뿐
> 아니라 건축주와 약속한 완공일을 맞추기에 어려움이 생길 수 있기 때문에 화가 난다.

- 화가 날 때 나의 몸에서 일어나는 변화는 어땠는지?(얼굴, 팔, 다리, 마음속 등의 변화)

> 화가 날 때 얼굴색이 순식간에 붉게 변하고 팔과 다리는 경직되는 현상이 나타나며 마음
> 속에는 결근한 근로자들에 대한 원망이 생겨나기 시작함.

- 나는 분노 시 주로 어떻게 행동하는가?

> 전화기를 들고 결근한 근로자들에게 먼저 전화를 걸지만 대부분이 전화를 받지 않는다.
> "이렇게 책임 의식이 없는 행동을 하며 살아가는 날이 많으니 나이가 들어도 여전히 일용
> 직 일만을 하며 떠돌이 생활을 면하기 힘들지"하며 결근한 근로자들을 비난한다. "이런
> 모습을 고치지 못하면 늘 그 모양 그 꼴로 살지" 하며 험한 비난을 하기도 한다. 부득이하
> 게 일정을 맞추기 위해 다른 근로자들에게 함께 그들의 업무를 나누어 요구하게 되는 상
> 황이 생겨나기도 한다. 이후 만나게 되는 가족들이나 다른 지인들에게 나의 불편한 심리
> 가 전이되어 나를 대하는 다른 사람들에게도 불편한 상황을 만들기도 한다.

- 화를 내고 나면, 나와 다른 사람에게 어떤 영향을 미치는지?

> 화를 내고 나면 마음속에 큰 덩어리가 생긴 듯 답답함을 느끼게 된다. 이로 인한 소화 불량을 경험하기도 하며, 일에 더욱 집착을 하게 되는 모습도 나타나게 된다. 다른 근로자들에게 때로는 과중한 업무가 요구되어지면 거부할 수 없는 상황에 처한 근로자들은 육체적, 정신적인 고통을 호소하며 불편한 심리를 경험하게 된다. 근로 시간에 따른 수당 지급에도 불구하고 초과 근로를 한 근로자들로 하여금 원망의 소리를 듣게 된다. 이로 인하여 다른 근로자들에게 정중히 양해를 구하고 설득하게 되는 번거로움으로 인해 심리적 억울함 또한 느끼게 된다. 이런 일들이 자주 반복될수록 결근한 근로자들에 대한 불신이 나의 마음 한구석에 자리하게 되어 무의식중에 차별적인 행동이 나타나기도 한다.

2) 분노를 다스리기 위한 나의 노력 및 각오

- 나 스스로 마음을 다스리지 못하여 나뿐만 아니라 주변의 다른 사람들로 하여금 함께 불편한 상황을 만들어 가게 됨을 알면서도, 늘 그 상황이 일어나게 되면 나 한사람의 화로 인하여 모두가 눈치를 보며 불편한 심리를 경험하게 되는 같은 상황이 반복하고 있었음을 알게 되었다.
- 나를 중심으로 늘 생각하고 행동하던 나는 다른 사람들을 헤아리려는 노력이 부족하였음을 느끼게 되고 반성하게 되었으며 스스로 생각해 보았다.

하나: 일용직 근로자들의 입장에서 그들을 다시 헤아려 보려 한다.
그들의 성장 과정이나 스스로의 피나는 노력에도 불구하고 지금의 저런 모습으로 자리할 수밖에 없었을 그 무엇이 있었으리라는 다른 관점으로 접근해 보려 한다. 자연스럽게 그들의 고충도 들어주면서 그들 스스로 더 나은 모습들을 위해 변화할 필요성을 느낄 수 있도록 감싸 주는 배려를 해 보리라 다짐해 본다.

둘: 내 일처럼 할 수 있는 책임감 및 소속감을 가질 수 있도록 함께하려 한다.

일용직 근로자인데 뭐 대충 하루하루 시간만 보내려 한다고 늘 생각해 오던 편견으로 인하여 그들 스스로 책임감 및 소속감을 가지고 열심히 일을 하려는 동기 부여가 이루어지지 못하였던 것 같다. 나의 인식 속에 자리하고 있던 이런 편견들을 나 스스로 버리고 근로자를 바라보고 지도할 때 그들 또한 스스로 느끼며 더욱 열심히 일하고자 노력하려는 마음을 가질 수 있으리라 생각한다.

• 이런 나의 노력이 시간이 지나면서 함께 느끼고 전해진다면, 근로자들의 무책임한 행동들이 사라질 수 있을 것이라 여겨지며, 나의 분노 또한 줄어들게 되어 모두가 편안한 일상을 지낼 수 있을 것이다.

학습 과제	1. 아동의 분노 관리 사례를 살펴보고, 팀별로 나누어 사례를 토의하고, 이에 대한 개입 방안을 제시해 보라.
	2. 청소년의 분노 관리 사례를 살펴보고, 팀별로 나누어 사례를 토의하고, 이에 대한 개입 방안을 제시해 보라.
	3. 가족 관계에서의 분노 관리 사례를 살펴보고, 팀별로 나누어 사례를 토의하고, 이에 대한 개입 방안을 제시해 보라.
	4. 직장인의 분노 관리 사례를 살펴보고, 팀별로 나누어 사례를 토의하고, 이에 대한 개입 방안을 제시해 보라.

분노 관리 기술

이 장에서는 분노 관리에 대한 다양한 기술을 학습함으로써 가정과 직장에서, 그리고 사회에서의 다양한 분노 대상자에 대한 대처 능력을 높이고자 한다.

+ 분노 문제 해결 모델에 대해 살펴본다.
+ 의사소통 기술에 대해 살펴본다.
+ 인지 재구조화 기술에 대해 학습해 본다.
+ 용서 기술에 대해 논의해 본다.

우리는 살아가면서 분노로 인해 어떤 일을 망치고 그르치는 사람을 많이 본다. 옛말에도 "참을 인(忍) 자 셋이면 살인도 피한다"는 말이 괜히 나온 것은 아닌 것 같다. 분노로 인해 좋은 기회를 놓치지 말고 인내하며 살자. 여기에 한 좋은 일화가 있다.

매와 함께 사냥에 나간 칭기즈칸이 사냥 중에 갈증이 났고, 한두 방울 아주 조금씩 흐르는 물을 발견했다. 많은 시간이 흐른 후에 잔에 물이 차서 마시려는데 데리고 나간 매가 그 잔을 엎질렀다. 처음에는 매의 실수라 여기고 다시 물을 담는데 또 매가 잔을 엎질렀다.

세 번째! 칭기즈칸은 오른손에 칼을 쥐고 왼손에 잔을 받았다. 그런데 세 번째 또다시 매가 그 잔을 엎지르자, 단칼에 매를 베어 죽여 버렸다. 그러고 나서 물줄기 위쪽을 보게 되었는데, 맹독사가 물 위에 죽어 있었다. 칭기즈칸은 바로 후회하며 매를 금으로 박재해 늘 곁에 두고 보며 그리워했다.

훗날 칭기즈칸은 그 분노를 참고 인내함으로 좋은 사람을 많이 얻었고 대제국을 건설하게 되었다.

이 내용은 칭기즈칸의 그 유명한 '매의 분노'의 일화이다. 이와 같이 분노는 잘 관리하면 사람들과 좋은 관계를 유지할 수 있을 뿐만 아니라 칭기즈칸과 같이 대업을 이룰 수도 있다. 이에 이 장에서는 먼저 분노 문제의 해결 모델을 제시하고, 구체적인 분노 관리 기술로서 의사소통 기술, 인지 재구조화 기술, 용서 기술 등을 다루고자 한다.

1. 분노 문제 해결 모델

화가 나 있는 사람은 삶의 어려움이나 도전을 해결할 수 있는 문제로 보지 못하고, 계속해서 불평하고 투덜대거나 불공평하고 정당하지 않다는 생각을 하면서 행동한다. 또한 문제를 회피하기 위해 도박을 하거나 약물을 사용하고, 소리를 지르거나 시무룩해 있고, 복수를 생각하거나 좌절에 빠져 있는 등의 행동을 보이기도 한다. 그런 반응은 분명히 성공적인 문제 해결을 가져다주지 못한다. 화가 난 사람들은 원치 않는 자극과 불쾌감을 피하기 위해 신중하지 못한 충동적인 행동을 하는 경향이 있다. 그리고 그들은 자신의 행동이 가져올 장기적인 결과와 당면한 문제를 심사숙고하지 못한다.

심리학자들은 심장 질환 환자의 부정적인 감정을 감소시키는 것부터 건강을 회복시키는 것까지의 모든 문제를 가지고, 아동과 성인을 돕는 다양한 문제 해결 접근법을 개발해 왔다. D'Zurilla & Goldfried(1971)는 문제 해결 이론을 인지행동주의 치료에 적용하여 문제 해결 치료 모델을 개발하였다. 그 기본적인 가정은 분노라는 것은 해결 가능성과 적절한 대처 행동이 없이 스트레스에 직면할 때 분노는 더 촉발되고 강렬하게 된다는 것이며, 이를 토대로 문제 해결의 4단계 모델을 제안하였다. 이 모델은 특정 개인의 문제를 해결하기 위해서 많은 해결책 중 가장 효과적인 방법을 찾도록 하는 것에 첫 번째 목적이 있으며 반드시 의사소통을 통해서 이루어지는 특징이 있다. 보통 내담자와 분노관리사가 문제 해결 접근의 목적에 대해 명확히 동의를 하면 실제 개입에서 내담자의 반감이 일어나는 것이 아니라 분노관리사와의 동맹이 더 강화된다. 두 번째 목적은 이후에 화를 촉발할 수 있는 새로운 자극이 나타났을 때 그것을 잘 다룰 수 있도록 가르치는 것이다. 여기에서는 이를 일부 수정하여 분노 문제 해결 모델로 제시한다.

1) 상황을 분명하게 정의하고 일반적으로 가능한 해결책 모색하기

분노로 인해 내담자가 계속 대인 관계를 어렵고 도전적인 것으로 생각한다면, 우선 그 상황을 협조적인 태도로 보도록 하며, 하나의 상황에 초점을 두고 촉발 사건을 확인하는 것이 중요하다. 이 단계에서는 문제를 유발하는 자극을 '언제-그래서(when-then)' 형식을 따르는데, 예를 들면 다음과 같다.

> *"A씨, 당신이 퇴근하고 늦게 집에 들어갈 때(when), 아내가 화를 내서(then), 심각한 싸움을 하게 되고, 그래서 더 흥분하게 된다(then)고 말했지요. 제가 이해한 것이 맞나요?"*

언제-그래서 형식을 사용하면 상황을 정도 이상으로 확대 해석하거나 비난을 하는 것과 같은 생각을 과도하게 표현할 가능성이 적다. 이를 통해 촉발 요인이 분명하게 확인되면 다양한 해결책이 나타난다. 분노관리사는 다음과 같이 말할 수 있다.

> *"당신이 싸움을 피하려고 집에 늦게 들어온 다음에 할 수 있는 것을 찾아봅시다."*

내담자가 보이는 대안 행동을 각각 적는다. 그것들을 기록하는 것은 잘 기억하게 하기 위한 것이 아니라 내담자의 사고, 행동, 문제 해결 모델을 객관화·체계화하기 위한 것이다. 분노가 있는 내담자는 흔히 자신의 문제를 분명하게 개념화하지 못한다는 것을 기억해야 한다. 이 기술의 목적 중 하나는 문제 해결 과정을 가르치는 것이다. 그래서 분노관리사가 회기 내내 철저히 구조화하고 조직화하는 것이 중요하다.

내담자는 대안을 분명하게 찾지 못하고, 흥분한 상태로 문제를 해결하려고 하기 때문에 자신의 문제를 자주 비효율적이고 극단적인 방법으로 해결하려는 경향이 있다. 또한 내담자는 분노관리사가 어떻게 반응하는지 관심을 기울이기도 한다. 따라서 분노관리사는 내담자가 제안하는 대안이 효율적인 것이든 비효율적인 것이든, 단순한 것이든 기이한 것이든 간에 떠오르는 모든 것을 기록한다. 또한 내담자가 제시하는 대안에 어떠한 비판이나 평가도 하지 말고 극단적인 생각이라고 강하게 반응하지 않는 것이 좋다. 단지 내담자가 말한 것을 적기만 한다.

내담자는 한두 가지의 좋지 않은 대안 행동을 내놓고 더 이상의 대안은 생각해 내지 못할 수도 있다. 이런 경우에는 다른 가능한 대안을 생각해 볼 수 있도록 친절하게 내담자를 격려한다. 예를 들면 다음과 같다.

> *"A씨, 당신이 집에 늦게 들어갔을 때 아내가 화를 냈다고 했죠. 그래서 당신이 할 수 있는 대안으로 내놓은 것 중 첫 번째는 당신이 아내에게 바보라고 하면서 조용히 하라고 말하는 것이었고, 두 번째는 아내를 무시하고 잠자러 들어간다는 것입니다. 그 외에 아내에게 말하거나 할 수 있는 다른 어떤 것이 없을까요?"*

대부분의 내담자가 계속해서 건설적인 대안을 찾을 수 있도록 격려한다. 이 예에서 주목할 것은 내담자가 찾아낸 2가지 대안이 극단적이라는 것이다. 하나는 직접적으로 대처하는 것이고, 다른 하나는 회피하는 것이다. 화가 난 내담자는 집에 늦게 들어오면서 어떻게 해야 할지를 계획할 때 서로가 동의할 수 있는 안을 만들고 설명하고 논의하는 것과 같은 대안적인 타협점을 찾기 어렵다. 당신은 "만약 다시 그런 일이 있어났을 때 그 문제를 해결할 수 있는 다른 방법이 있습니까?"와 같은 질문으로 대안을 찾을 수 있도록 도울 수 있다. 이를 통해 효율적이든 비효율적이든 일단 대안 목록이 만들어지면, 내담자에게 돌려주어서 확실하게 기록하였는지 확인하게 한 후 그 다음 단계로 넘어간다.

2) 각 대안의 결과 평가하기

내담자가 내놓은 각각의 대안이 가져올 수 있는 결과가 어떠한지 평가한다. 내담자는 각 경우에 따라 상난기적인 관점에서 실제로 일어날 수 있는 것이 무엇인지 생각해 본다. 예를 들면 다음과 같다.

"그래요, 당신의 어머니가 당신의 양육 방식에 대해 비난할 때, 그 반응으로 당신의 어머니가 양육할 때 잘못했던 것을 지적할 수 있다고 했습니다. 만약 당신이 그렇게 직접적인 반응으로 대응한다면 결과가 어떨 것 같습니까? 어머니가 어떻게 반응할까요? 만약 당신이 그렇게 한다면 장기적으로는 어머니와의 관계가 어떻게 될 것 같습니까?"

내담자가 각 대안 행동의 결과를 더 신중하게 생각해 볼 수 있도록 의문을 제기하는 것도 분노관리사가 할 일이다. 일단 대안 행동을 했을 때 나타날 수 있는 결과에 대해 내담자가 말하는 것을 기록하라. 이 시점에서 당신은 내담자가 말하는 대안 행동의 목록을 따라가되, 그것에 대해 비난이나 비판은 하지 않도록 한다. 전체 목록을 다 훑어볼 때까지는 수용될 수 있는 것과 제거되어야 할 것을 구분하지 않는 것이 좋다.

이러한 태도로 대할 때, 대부분의 내담자는 일어날 수 있는 결과를 정확하게 평가할 수 있다. 그러나 내담자가 대안 행동의 결과를 정확하게 보지 못한다고 생각된다면, 논의와 토의를 통하여 그 결과를 평가해 볼 수 있다. 예를 들면 다음과 같다.

"B씨, 당신이 동료에게 당신의 부서 일 외에 동료 자신의 일이나 신경을 쓰라고 직접적으로 말했다면 그가 당신의 부서 일에 덜 간섭하게 될 수 있습니다. 만약 그 문제를 이렇게 해결했을 때 어떤 일이 일어날 수 있을까요?"

목표는 내담자와 협력하여 최상의 시나리오를 얻는 것이다. 우선 당신이 보았을 때 적절한 것이라고 판단된다면 다음 대안 행동의 결과를 파악한다. 예를 들면 다음과 같다.

"B씨, 당신이 어머니와 함께 시간을 보내지 않기로 결정했지요. 만약 당신이 그렇게 한다면 어떤 일이 일어날 수 있을까요? 장기적으로 봤을 때 어머니와 만나지 않는다면 당신의 인생에 어떤 일이 있을 수 있을까요? 더 넓게는 당신의 가족에게는 어떤 영향이 있을까요?"

각 대안 행동에 대한 결과가 파악되면 그것을 내담자에게 주어 읽어 보게 한다. 이는 내담자가 작성한 목록이 정확한지 확인해 보는 습관을 기르는 데 도움이 될 수 있다. 실제로 작성한 목록을 읽는 것이 더 중요한 이유는 각 대안에 대해 각각 다른 결과를 산출해 낼 수 있기 때문에 가능한 대안이 얼마나 되는지 보도록 하려는 것이다. 이러한 과정을 통해 내담자는 극단적인 반응과 적절한 반응을 구별할 수 있게 될 것이다.

3) 가장 좋은 대안을 선택하고 실제로 실행하기

내담자가 작성한 목록에 동의하게 되면, 그 다음 단계에서는 대안 중에 최선의 행동으로 보이는 대안을 선택하도록 한다. 분노관리사는 내담자가 결정하도록 요구하는 것이 아니라 내담자가 선택할 수 있도록 질문을 던진다. 우선은 내담자가 기대하는 결과를 가져다주지 못할 것 같이 보이는 선택이 무엇인지 평가하는 것으로 시작할 수 있다.

> *"C씨, 이러한 대안이 아내와의 관계를 더 돈독하게 할까요? 혹은 더 많은 갈등을 일으킬까요?"*

보통 긍정적인 결과를 가져올 수 있는 두세 가지의 선택이 있는데, 이러한 선택 사항 중에서 반드시 하나를 선택해야 한다. 분노관리사가 명심해야 할 것은 당신의 내담자가 '최선의' 해결책을 선택하도록 하는 것이다. 이는 내담자의 대인 관계 기술의 수준에 달려 있다. 대안을 선택할 때 일어날 수 있는 흔한 실수는 가장 긍정적인 결과를 가져오는 대안을 선택하기는 하지만, 내담자가 그 역할을 적절하게 해낼 수 있는 기술이 없는 것이다. 예를 들어, 직장 생활이 즐겁지 않은 내담자를 상담할 때, 직장에서 책임 의식을 갖는 것이 최선의 선택이었다고 생각해 보자. 그러나 내담자가 책임 의식을 가져야 하는 이유를 알고 직장에서 받을 수 있는 비난에 적절하게 반응하는 것 등의 기술이 필요하다는 것을 받아들이지 못한다면 그 방법은 효과가 없다.

이러한 상황에서 내담자와 분노관리사는 2가지 선택을 할 수 있다. 첫 번째는 내담자가 사신의 현재 사회 기술 수준에서 성공 가능한 대안을 선택하는 것이고, 두 번째는 내담자가 가장 원하는 선택을 성공적으로 달성하기 위해 필요한 기술을 습득하는 것이다.

4) 새로운 행동의 효과성을 평가하고 실행하기

일단 행동의 방침이 결정되면, 내담자가 대안 행동을 하는 데 필요한 기술을 가지도록 한다. 그리고 마지막 단계는 행동을 평가하고 적응하는 것이다. 내담자는 의견 일치를 본 행동을 해 보고, 다음 상담에 와서 새로운 행동의 효과를 말하게 된다. 이것은 다양한 방법으로 실시될 수 있다. 내담자가 분노관리사에게 주요 정보를 보고하고 수용될 수도 있지만, 배우자나 자녀, 친구, 동료 등 주변 사람으로부터 더 많은 정보가 필요하다면 그들이 상담에 함께 오도록 할 수도 있다. 또한 어떤 내담자의 경우에는 분노관리사가 직접 그 행동을 관찰해야 할 수도 있다. 예를 들어, 학교, 직장, 교정 기관 혹은 집에서 분노관리사가 직접 관찰하는 것도 경우에 따라 가능하다. 이 같은 직접 관찰은 내담자가 새롭게 습득한 기술을 분노관리사가 직접 강화해 주는 기회를 제공한다. 특정 대인 관계 문제에서 성공한 경험은 다른 대인 관계 상황에도 적용할 수 있다.

2. 의사소통 기술

분노는 인간에게 있어서 빈번히 경험되는 일차적이고 보편적인 정서로, 다른 사람과 상호 작용하는 동안에 종종 발생하며 여러 가지 형태로 표현된다. 분노가 제대로 표현되지 못하거나 지나칠 경우 공격성이 표현되기도 하며, 분노 표현이 부적절하게 이루어질 때 자신의 육체적, 심리적, 정서적인 상해를 입거나 인간관계의 어려움, 사회적 문제가 되는 반사회적인 성향이 표출되기도 한다(이정숙 외, 2010). 그들은 분노를 인간이 가지고 있는 자연스럽고 기본적인 정서로 스트레스 상황에서 자신을 지키기 위해 자연스럽게 발생하는 적응 행위이며, 분노 촉발 사건에 대한 정서적인 스트레스 반작용으로 보았다.

사람들 특히 아동들은 욕구 좌절이나 신체적 고통에 의한 자극으로 분노가 발생하며, 치거나 때리기, 발로 차기 등 신체적 위협을 받았을 때와 험담하기, 놀리기, 깎아 내리기 등 심리적 위협을 받았을 때 분노를 느낀다. 이때 부적절한 분노 표현은 심리적 문제, 질병의 원인이 되기도 하고, 반항적이고 공격적인 행동을 수반하는 경우가 많아 인간관계가 악화되거나 사회적으로 해로운 결과를 가져오기도 한다(문소현, 2007). 초등학교에서의 부적응 아동들을 보면, 이들은 분노를 잠재적으로 가지고 있으며, 공격적인 성향이 강하다. 이러한 성향 때문에 친구들이나 어른들과의 관계에서 공격적으로 행동하게 될 가능성이 크고, 그들로부터 외면당할 여지가 높다. 부적응 아동들은 다양한 생활 경험에서 받은 심리적 상처로 인해 분노가 억압되어 있을 가능성이 크며, 대상에 대한 복수 심리를 유발할 뿐 아니라 자신을 방어하고자 하는 욕구에서 공격하게 되기도 한다(양미경, 2008). 안윤영(2012)은 최근 사회 문제가 되고 있는 학교 폭력, 비행, 가출 등의 부적응 문제는 그 심리적 근원이 정서, 특히 분노를 잘 관리하지 못한 점과 밀접한 관련이 있다고 하였다. 따라서 아동이 일상생활에서 경험하게 되는 다양한 분노를 잘 관리하고 억압된 분노를 해소하는 것은 아동의 건강한 정서 발달 및 성장을 위해 매우 중요하다고 할 수 있다.

초등학교 학령 후기인 4~6학년 아동들은 저학년 때와는 달리 부모나 교사, 사회가 더 많은 것을 요구하고 기대를 하기 때문에 부담감이 많이 생기고 스트레스 상황에 처하는 경우가 많으며, 아동기에서 청소년기로 전환되는 시기이므로, 이 시기의 아동들은 심리적·정서적으로 매우 불안정하고 스트레스를 경험할 가능성이 높은 시기이다(Elder & Caspi, 1988).

한국청소년정책연구원(2011)에 따르면, 아동·청소년들의 정신 건강 수준이 고학년으로 올라갈수록 악화되고, 학업과 관련한 스트레스를 비롯하여 진로, 외모, 부모와의 관계 등에서 스트레스를 받는 것으로 나타났다. 그 보고에 의하면, 아동의 스트레스는 학업 부진, 우울, 불안, 학교 생활 부적응, 공격성, 문제 행동 등을 일으키는 원인이 되고, 더욱이 자신들이 경험하고 있는 스트레스에 대한 이해가 부족하고 스트레스에 효과적으로 대처하는 능력이 부족하기 때문에 스트레스 상황이 닥치면 분노 정서를 경험하게 된다고 하였다.

아동의 분노에 영향을 주는 변인에 가족 체계 요인을 고려하지 않을 수 없다. 특히 부모와의 상호 작용에 있어 대화, 즉 의사소통은 자녀의 사회화와 교육에 중요한 역할을 하기도 하지만, 아동에게 성취에 대한 압력과 부담감을 주며 스트레스와 분노를 유발하는 요인이 될 수도 있다.

의사소통이란 의미를 창출하고 공유하는 상호 교류 과정으로, 인간관계에서 가장 보편적이고 기본적이며, 언어를 통하여 정보나 메시지를 전달하고 서로의 행동에 영향을 미치며, 가정 내에서는 가족 구성원 간의 관계를 형성하고 유지하는 수단이 된다(Galvin & Brommel, 1986). Bowlby(1988)는 자녀의 성장 발달에 영향을 주는 대부분의 요인이 부모와 연결되어 있으며, 부모의 부재, 양육 태도, 양육 방식 및 언어 유형이 자녀의 성장과 발달을 결정하는 중요한 요인이라고 하였다. 즉, 의사소통은 태도, 생각, 애정, 사상 등을 전달해 주는 인간관계의 핵심적인 요소이기 때문에 문제가 있는 자녀의 가족을 보면 가족 구성원 간의 의사소통이 공통된 문제로 떠오르며, 의사소통을 하는 형태에 따라서 같은 내용의 말을 하더라도 상대방의 감정을 건드리거나 마음을 상하게 할 수 있다.

Satir(1972)는 의사소통 유형을 가족 체계를 이해하는 데 도움이 되도록 순기능적 의사소통과 역기능적 의사소통으로 분류하였다. 순기능적 의사소통은 상대방의 메시지를 경청하며, 명확하게 질문하고, 질문에 대하여 적절하게 대답하며, 상대방에게 자신의 의견을 정확하게 전달하는 것을 말한다. 반면 역기능적인 의사소통 유형은 모든 것을 자기 책임으로 돌리고 무조건 동의하며 상대방이 원하는 대로 행동하는 회유형, 독선적이고 명령적이며 잘못을 남의 탓으로 돌리고 남의 말을 무시하는 비난형, 지나치게 이치에 맞게 비평하고, 주로 부정적인 측면을 말하며 자신의 감정을 부정하고 중립을 유지하는 평가형, 상황에 맞지 않는 말을 하며 비합리적이고 산만하게 의사소통을 하는 혼란형의 4가지 유형으로 분류하였다.

Barnes & Olson(1982)은 의사소통 유형을 개방형 의사소통과 문제형 의사소통으로 구분하였으며, 개방형 의사소통은 부모와 자녀의 상호 작용에서 억압받지 않고 자유롭게 생각이나 감정을 표현하는 기능적인 의사소통 유형을 말하며, 문제형 의사소통은 의사 교환을 주저하고 비난적 표현을 많이 하며, 의사소통이 원활하게 이루어지지 않는 역기능적인 의사소통을 의미한다.

일반적으로 초등학교 고학년 또는 중학교 시기에는 사춘기의 영향으로 부모에게 화내거나 자신의 의견에 고집을 내세우기도 하며, 아버지보다는 어머니와 함께 하는 시간이 많기 때문에 어머니에게 반항을 더 많이 하게 된다. 이때 부모와 감정적 대립을 겪으면서 부모의 통제, 강요, 간섭, 비난 등이 아동의 분노 조절을 어렵게 하고 부모-자녀 관계가 악화되기도 하며, 부모-자녀의 의사소통을 더욱 어렵게 만들 수 있다.

최근 분노 관리 기술로서 분노 감정 알아차리기, 경청, 공감, 나 메시지, 자기주장 훈련 등으로 건강하게 분노를 표현하는 방법과 분노 상황에서 갈등 해결 기술 등의 합리적인 의사소통 기술 등이 중요하게 다루어지고 있다(박영숙, 2010; Robinson et al., 2002).

Williams(2002)는 인지, 정서, 행동의 통합적 중재로서 분노 조절 프로그램의 구성 요소를 다루었다. 그 내용은 분노에 대하여 알아보기, 자기 이해하기, 타인 이해하기, 분노 조절 전략, 합리적인 의사소통, 분노 상황의 문제 해결의 6가지 내용 영역으로 순차적으로 실시된다. 분노에 대해 알아보기는 분노를 인지적으로 이해하고, 자신의 분노 수준을 평가하는 기술을 습득하도록 도와주며, 자기 이해하기는 자기 존중과 자신을 긍정적으로 인식하고 수용하는 내용이 포함된다. 타인 이해하기는 타인의 감정 이해하기와 자신의 관점으로 문제 상황을 판단하지 않고 타인의 관점에서 문제를 이해하도록 조력하며, 분노 조절 전략은 당황스러운 감정 다루기, 곤란한 상황에 대처하기, 침착함을 유지하기, 이완 훈련하기 등의 기술이 포함된다. 그리고 합리적인 의사소통은 언어적 기술, 비언어적 기술, 협상 기술, 듣기 기술이 해당되며, 마지막으로 분노 상황의 문제 해결은 실제로 분노가 발생하는 문제 상황을 대처하기 위해 최상의 해결책을 수립, 토의, 대안을 선택한 뒤, 추후 계획을 세워보는 등 종합적인 영역을 다루고 있다. 김영희(2015)는 Williams(2002)가 제시한 내용 요소를 3개의 영역, 즉 인지적 영역에는 분노의 이해 및 분노 조절 전략을, 정서적 영역에는 자기 이해 및 타인 이해를, 행동적 영역에는 합리적인 의사소통과 문제 해결을 위한 대안 및 실행으로 구성하였다. 이를 나타내면 그림 10-1과 같다.

그림 10-1의 구성은 첫째는 분노의 이해 영역에는 '분노 이해하기, 분노 패턴 발견하기, 분노와 관련된 가족의 행동 양식 이해하기, 분노의 긍정적인 면, 부정적인 면 알기'로 분류되어 있다. 둘째는 분노 조절 전략 영역에는 '분노와 관련된 비합리적인 신념 바꾸기, 자기 진술 및 자기 지시를 통해 분노 조절하기, 분노 상황 시 대안적인 해결책 알기'로 구성되어 있다. 셋째는 자기 이해하기 영역에는 '분노 뒤의 욕구 알아차리기, 분노 감정 알아차리기, 분노 감정으로 생기는 변화 알아차리기'로 분류되었고, 넷째는 타인 이해

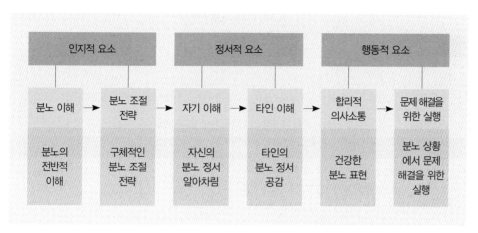

그림 10-1 분노 문제 해결을 위한 합리적 의사소통 방안

하기 영역에는 '역할극으로 분노표현 연습하기, 경청으로 분노 줄이기, 공감으로 화난 마음 다루기, 화나게 한 사람 용서하기'로 구성되어 있다. 다섯째는 합리적인 의사소통 영역에는 '나 메시지로 분노 표현하기, 자기주장 행동하기, 건강한 분노 표현 양식 선택하기, 비언어적 메시지 점검하여 표현하기'로 분류되었고, 여섯째는 문제 해결을 위한 대안 및 실행에는 '분노 상황에서 문제 해결 방법 적용하기, 갈등에 대처하는 방법 모델링하기, 대처 행동에 대한 피드백 주고받기'로 구성되어 있다.

다음은 서울특별시교육정보원(2015)에서 청소년들이 자신을 알아가는 과정으로 개발한 교재 중 의사소통 기술에 대한 내용이다.

표 10-1 의사소통 기법

회기	4회기	대상(인원)	35명	시간	45분
주제	의사소통 기법				
학습 목표	갈등의 주요 요인으로 의사소통의 실태를 진단하고 의사소통의 기법을 익힌다.				
준비 자료	활동지(의사소통 걸림돌 체크리스트, 대화 능력 검사지 등)				
활동 내용					
활동 과정	□ **마음 열기** • 의사소통의 중요성 인식 – 의사소통의 걸림돌로 말하기와 듣기의 중요성을 이해한다. □ **활동하기** • 대화 능력 진단 검사 실시 – 자신의 대화 능력 수준을 검사지를 통해 진단한다. • 적극적 듣기의 중요성 이해 – 의사소통의 기본이 되는 적극적 듣기의 중요성을 이해하고 효과적 의사소통의 기법을 익힌다. • 말하기의 중요성 이해 – 말하는 방식에 따라 정보가 어떻게 왜곡되는지를 이해하고, 합리적인 자기주장 행동을 연습한다. □ **마음 다지기** • 오늘 참여 활동을 통해 느낀 소감을 말해 보고, 집단 참여 일지에 작성해 본다. • 다음 시간에는 '분노 조절 방법 탐색'에 관한 시간을 갖는다.				
활용 Tip	듣기와 말하기의 중요성을 인식하고 효과적인 의사소통의 기법을 익힌다.				

📖 의사소통의 걸림돌

1. 내용

말 그대로 아픈 마음을 더 아프게 하는 말을 걸림돌이라 한다. 친구들이 속상할 때, 내가 도움을 주거나 사실을 알아보려고 충고나 질문을 할 수 있다. 내 입장에서는 좋은 의도를 가지고 친구가 잘되라고 하는 말인데, 친구의 반응은 기대와 다르게 반감을 갖고 감정이 상하게 되어 친구관계가 서먹해지거나 멀어질 때가 있다. 그 이유는 친구의 마음이 불편할 때, 걸림돌이 되는 말은 아픈 마음을 더욱 쓰리게 한다는 사실을 모르거나 인정하려고 하지 않기 때문이다.

2. 걸림돌의 종류

- 너 전달법 사용

> '너'를 주어로 하여 상대방의 행동에 대한 평가나 비평하는 대화 방식으로 "너는 도대체 왜 ~ 하냐?" 혹은 "너는 ~하다"는 표현 방식으로 상대방을 비난하는 식으로 전달되어 두 사람의 관계 형성에 해가 된다.

1) 명령, 강요: "~해야 할 것이다."
2) 경고, 위협: "만약 ~ 하면", "만약 ~ 하지 않으면"
3) 훈계, 설교: "너는 ~ 해야 한다."
4) 충고, 해결 방법 제시: "~하는 게 어떻겠니?"
5) 논리적인 설득, 논쟁: "무엇이 문제냐 하면 ~."
6) 비판, 비평, 비난: "너는 항상 ~ 하는 게 문제야!"
7) 칭찬, 찬성: "그래! 너 잘했다."
8) 욕설, 조롱: "바보야! 네가 잘하는 게 뭐니!"
9) 분석, 진단: "네가 ~ 하려고 한 거지?"
10) 동정, 위로: "괜찮다, 걱정하지 말아라."
11) 캐묻기와 심문: "왜 ~ ?", "누가 ~ 무엇을 ~?"
12) 빈정거림, 후퇴: "자알 한다. 계속 그렇게 해라!"
13) 반대 또는 거부: "안 돼!~하긴 뭘 해!"
14) 남과 비교하기: "너는 동생만도 못해!", "~는 다 잘하더라!"

3. 의사소통의 걸림돌 체크리스트

• 체크리스트를 통해 나의 대화 방법을 생각해 보세요. '상'이 많이 나올수록 걸림돌이 많은 것입니다.

순	항목	비언어적 요소	나는 어떤가요? (상, 중, 하)
1	말할 때 눈을 마주치지 않고 피한다.	시선 맞추기	
2	친구의 말을 자주 막는다.	성대방의 말을 끊지 않기	
3	친구보다 더 많이 말한다.	경청하기	
4	친구의 감정을 염두에 두지 않는다.	감정에 초점 맞추기	
5	충고를 많이 한다.	친구의 입장에서	
6	너무 많은 질문을 한다.	잘 듣기	
7	대화할 때 멀리 떨어져 앉는다.	상대에게 몰두하는 자세와 태도	
8	주제를 계속해서 바꾼다.	상대방의 이야기 흐름 따라가기	
9	친구의 말을 듣는 것보다 내 일에 신경을 쓰고 있다.	집중하기	
10	친구가 무슨 말을 할 것이지 예측하여 상대방의 말을 충분히 듣지 않는다.	경청하기	

📖 대화 능력 진단 검사

1. 나의 대화 능력 진단 검사

대화랑 친구할래!	자주 그렇다	보통이다	그렇지 않다
1. 친구와 다투고 나면 먼저 말 붙이기가 어려워요.	1	2	3
2. 집에 오면 학교에서 있었던 일을 말하기가 싫어요.	1	2	3
3. 친구들은 나와 이야기하는 것을 별로 좋아하지 않아요.	1	2	3
4. 고민이 생기면 부모님보다 친구에게 말하는 것이 편해요.	1	2	3
5. 선생님께 내 생각을 말하기 힘들어요.	1	2	3
6. 친구에게 불만이 있어도 그냥 참는 편이에요.	1	2	3
7. 컴퓨터 채팅이 생활 속 대화보다 훨씬 편해요.	1	2	3
8. 친구들이 내 말을 안 들어주면 짜증이 나요.	1	2	3
9. 친구들과 대화하다 보면 괜히 자신이 없어져요.	1	2	3
10. 세상은 대화보다 힘과 돈으로 움직인다고 생각해요.	1	2	3

자신 있게 친구할래!	자주 그렇다	보통이다	그렇지 않다
11. 교실 앞에 나가면 떨려서 말이 잘 안 나와요.	1	2	3
12. 상대방의 얼굴을 똑바로 쳐다보고 이야기할 수 없어요.	1	2	3
13. 선생님께 질문하기 전에 뭐라고 하실까, 걱정하곤 해요.	1	2	3
14. 친구나 선생님의 이야기를 할 때 내 생각에 빠져 있을 때가 많아요.	1	2	3
15. 선생님 이야기를 오래 듣지 못해요.	1	2	3

	자주 그렇다	보통이다	그렇지 않다
16. 친구와 이야기하다 보면 꼭 말다툼을 하게 돼요.	1	2	3
17. 속으로 싫지만 그냥 '좋아!'라고 말할 때가 있어요.	1	2	3
18. 내 뜻대로 하고 싶지만 엄마의 눈치를 보며 '괜찮아요'라고 말한 적이 있어요.	1	2	3
19. 선생님이나 부모님이 나에게 말버릇이 없다고 해요.	1	2	3
20. 친구들과 대화하면서 욕을 많이 하는 편이에요.	1	2	3
21. 내가 말하면 재미있는 이야기도 재미없어지는 것 같아요.	1	2	3
22. 친구들과 대화하면서 '왕따'가 되었다고 느낀 적이 있어요.	1	2	3

대화·토론을 이끌어 볼래!	자주 그렇다	보통이다	그렇지 않다
23. 학년 초 자기 소개 시간이 정말 싫어요.	1	2	3
24. 다른 아이들과 나를 비교하면 자신이 없어져요.	1	2	3
25. 어떤 생각이나 사건, 물건에 대해 정확하게 설명하기가 힘들어요.	1	2	3
26. 남들 앞에만 서면 머릿속 생각들이 모두 지워져 버려요.	1	2	3
27. 많은 사람들 앞에서 웅변이나 연설은 절대 못 할 것 같아요.	1	2	3
28. 차분하게 토론하기 보다 자꾸 흥분하고 목소리가 커져요.	1	2	3
29. 친구의 생각에 대해 솔직한 나의 생각을 말하기가 힘들어요.	1	2	3
30. 친구나 선생님, 어른들 생각은 모두 옳은 것 같아요.	1	2	3
31. 내가 바라는 것이 있어도 대화를 통해 얻기가 힘들어요.	1	2	3
32. 친구에게 부탁하고 싶어도 자존심 때문에 말하지 않아요.	1	2	3

33.	회의를 이끄는 사회자가 되고 싶지만 자신이 없어요.	1	2	3
34.	가족회의를 한 번도 해 본적이 없어요.	1	2	3

2. 나의 대화 능력 진단 검사 해석 방법

대화랑 친구할래!		자신 있게 대화할래!		대화·토론을 이끌어 볼래!	
점수	나의 대화 수준은	점수	나의 대화수준은	점수	나의 대화 수준은
10–15점	대화할 친구가 필요해요	12–17점	대화할 때 자신감이 필요해요	12–17점	자신감을 가지고 말하기 연습을 해 보세요
16–24점	좀 더 대화를 많이 해 보세요	18–26점	대화 방법을 배워야 해요	18–26점	말하기 전에 준비가 필요해요
25점이상	대화로 더 멋진 일을 해 보세요	27점이상	대화의 리더십으로 친구를 도와요	27점이상	대화의 리더십으로 왕따 없는 우리 반을 만들어 봐요

📖 딴청하기

1. 내용
의사소통의 기본이 되는 적극적 듣기의 중요성을 이해한다.

2. 진행 과정(딴청하기)
- 두 모둠으로 나누어 둘씩 짝지우기

- 한 사람이 '장래 희망이 무엇인지에 대하여 말하고', 다른 사람은 '상대가 무슨 말을 하든 무시하거나 다른 말로 자르는' 딴청을 하도록 하는 과제를 제시한다(10분간).

- 두 번째 과제로 무시한 사람은 '공부하는 데 어려움'에 대하여 말하고, 무시당한 사람은 '상대가 하는 말에 적극 공감하며 열심히 들어주도록' 과제를 제시한다(10분간).

- 돌아와 소감 나누기, 적극적 듣기가 무엇인지, 어떻게 듣는 것이 필요한지에 대해 서로 나눈다.

📖 의사소통의 필터

1. 내용
의사소통의 필터를 이해하고, 필터를 줄이는 방법을 익힌다.

2. 진행 과정(귓속말 전달)

- 4~5명 한 모둠으로 나누어 한 줄로 서게 한 후, 맨 앞사람에게 시나리오를 제시하고 잠시 읽게 한 후, '소리 내지 않고, 되묻지 않고' 뒷사람에게 전달하게 한다.

- 맨 뒷사람은 자신이 들은 말을 나와서 적게 한다.

- 모든 사람에게 각 모둠이 적은 것을 비교하게 한 후, 어떻게 달라졌는지?(빠지거나, 보태거나, 왜곡되거나.) 그 이유가 무엇일까? 묻고 답하면서 판서한다.

- 의사소통의 필터가 있으나 그것을 인정하지 않는 것이 문제임을 이해하게 한다.

- 다시 모둠으로, 의사소통의 필터를 줄이는 방법 2~3가지 논의하여 발표하게 하고, 총합한다.

📖 들은 대로 그리기

1. 내용
정보를 이해하고, 전달하는 과정이 보는 관점에 따라 전달하는 방식에 따라 어떻게 변화(왜곡)하는지 이해하기

2. 진행 과정(공동체 놀이, 들은 대로 그리기)
- 4~5명이 한 모둠으로 나누어, 맨 앞사람이 나와 준비한 그림을 보게 한다.

- 자신이 본 그림을 모둠원에게 설명해 주고 모두 자신이 들은 대로 그리게 하고, 앞에 붙이게 한다.

- 모두 관찰하게 하고 같은 그림을 보고도 어떻게 다르게 설명하였는지, 같은 설명을 듣고도, 어떻게 다르게 그렸는지 비교하게 하고 소감을 나눈다.

📖 자기주장 행동

1. 내용

자기주장 행동에는 소극적 자기주장, 주장적 자기주장, 공격적 자기주장 등의 행동이 있다.

세목 구분		소극적 자기주장	주장적 자기주장	공격적 자기주장
행동의 특징들		자신의 욕구, 권리를 표현하지 못함	자신의 욕구, 권리를 표현	타인을 희생하여 욕구, 권리를 표현
		정서적으로 정직하지 못하고 간접적으로 표현	정서적으로 정직하고 직접적 표현	정서적으로 정직하고 직접적 표현
		다른 사람이 자기의 권리를 빼앗는 것을 허용	자기의 권리를 유지하나 다른 사람의 권리를 빼앗지 않음	상대방에게 공격적으로 반응하거나 무시하고 창피를 줌
행동하고 나서 느끼는 감정	본인	불안, 자기에 대한 실망과 뒤늦은 분노	좋은 감정, 확신감	당당한 우월감, 분노, 나중에 죄의식
	타인	안달, 초조, 동정, 연민, 넌더리	존경	분노, 원한, 복수심
결과		목표를 성취하지 못함	목표 성취	타인을 희생하여 목표 성취

2. 자기주장 행동 검사지

아래의 예들은 학교에서 친구들과의 관계에서 흔히 겪게 된 상황들에 대한 반응이다. 읽은 다음 이러한 반응이 어떤 행동에 속하는지 ✓해 본다.

상황	반응	소극적 자기주장	주장적 자기주장	공격적 자기주장
별로 친하지 않은 친구가 찾아와서 같이 게임을 하고자 한다.	"네가 서운하게 생각할 것 같지만 너하고는 게임을 하고 싶지 않아."			

싸움을 잘하는 아이가 나를 겁쟁이라고 놀리면서 한번 겨루어 보자고 한다. 주위에는 친구들이 있다.	"너와 한번 겨루어 보고 싶지만 네가 다칠까 봐 그만두겠어"(사실은 이길 자신이 없다).			
수업을 마치고 나니 오늘 따라 너무 피곤하다. 그런데 친구가 맛있는 것을 사 준다고 가자고 한다.	"너무 피곤해. 너나 가서 많이 먹어라."			
친한 친구가 내가 아끼는 게임 프로그램을 빌려 달라고 한다. 그 친구는 한번 빌려 가면 돌려주지 않아 빌려주기가 싫다.	"미안하지만 이제 너에게 게임 프로그램은 빌려 줄 수 없어. 지난번에 빌려주었을 때도 네가 고장내고선 미안하다는 말도 안 했잖아."			
같은 반 친구가 자기는 필기를 못했다고 노트를 빌려 달라고 한다. 공부 시간에 딴짓하다가 시험 때마다 빌려 달라고 하는 것이 마음에 안 든다.	"너는 수업 시간에는 필기도 제대로 안 하다가 시험 볼 때마다 난리냐?" 하며 중얼거린다.			

3. 자기주장할 때 주의 사항

- 자기주장 행동은 때와 장소에 따라 달라질 수 있지만 구체적으로 말해야 한다.
- 지금까지 소극적으로 행동해 오다가 갑자기 자기주장 행동을 하게 되면 다른 사람들이 이상하게 볼 수 있다.
- 새로운 것을 시도하는 것은 처음에는 이상하고 불편할지 모르나 인내심을 가지고 행동하면 차차 쉽고 자연스럽게 된다.
- 자기주장 행동이 항상 좋은 것은 아니다. 항상 자기주장 행동을 할 필요는 없다.
- 자기주장 행동을 통해서 원하는 바가 이루어지지 않을 수도 있다. 그러나 그렇다 하더라도 노력하는 것 자체에 의미가 있다.
- 자기주장 행동을 하는 데는 항상 다른 사람의 권리도 염두에 두어야 한다.
- 불안을 느끼면 느낄수록 자기주장 행동을 하기 어렵다. 그러므로 처음에는 불안을 줄이는 것부터 시작한다.
- 자기주장 행동을 하는 데는 다른 사람에 대해 통성적인 도움말을 주는 것이 중요하다.
- 변화에는 시간이 걸린다. 우선은 깨달아야 하고, 그런 후에 다짐을 하고, 실행에 옮겨야 한다.

3. 인지 재구조화 기술

1960년대 이래, 많은 과학적인 논문은 우울, 불안, 섭식 장애 등 내담자가 가지고 있는 다양한 문제에 대해 인지적인 개입을 사용하는 것을 지지하는 내용을 발표하였다. 여러 형태의 인지 재구조화는 Ellis(1962), Beck(1964)에 의해서 발전했고, 다양한 배경에 있는 치료자 사이에서 대중화되기 시작하였다. 인지 재구조화를 제안하는 사람들은 심리 치료와 장애에 관한 기본적인 이론을 받아들여, 치료의 효과성을 지지해 줄 수 있는 가치 있는 연구와 내담자와 함께 사용할 수 있는 도구를 확실하게 제공한다. 또한 그 연구들은 인지 치료가 효과적임을 지지해 준다.

여기에서는 인지 치료에 관한 기본적인 문제를 다루고, 특히 Beck의 관점에 초점을 두고자 한다. Beck의 인지 치료 모델은 내담자가 상황을 보다 정확하고 현실적으로 지각할 수 있도록 돕기 위해서 분노를 촉발시키는 대표적인 생각을 평가할 수 있는 기술을 가르친다. 그의 접근은 화가 난 내담자의 기본 가정과 핵심 신념을 정의하도록 하는 것이다. 한편 앞에서 분노 치료 프로그램으로 소개한 Ellis의 합리적 정서 치료 이론(REBT)는 일상생활에서 겪는 불행에 대한 반응으로서 인생관을 수용하고 이를 더 유연하게 발전시키도록 하는 것을 강조한다. 내담자는 어려움을 더 잘 견디고 요구가 줄어들게 됨에 따라 분노를 점차 덜 경험하게 될 것이다.

Beck의 인지 치료는 다음과 같은 가정에서 시작한다.

- 인간은 자신의 과거, 현재, 미래의 경험에 대해 끊임없이 인지하고 지각하며 생각하고 해석한다. 그들은 환경에 단순하게 반응하지 않고, 오히려 환경을 적극적으로 해석한다. 그러므로 인간은 그들의 사고에 대해서도 생각할 수 있다.
- 사건이나 경험에 대한 특정 사고 방식이나 사고의 본질은 감정과 행동을 넘어 강력한 영향력을 가진다.
- 시간이 지나면서 계속되는 초기의 사고는 자동적으로 나타나고, 유연하지 않다. 그래서 많은 인간의 기능처럼 대표적인 사고 반응은 뿌리가 깊어 우리가 쉽게 인식하지 못하게 된다. 그러므로 화가 난 내담자는 일상적인 사건이 일어났을 때 자신의 생각을

의식하지 못하는 것이다.

- 사고의 변화는 부적응적인 정서 경험과 표현 방식을 감소시킬 수 있도록 도울 것이다. 게다가 감정과 행동을 바꾸는 사고는 다른 수단으로 변화될 수 있지만 이러한 사고의 변화를 통해서 기능이 향상될 수 있다.
- 발달된 자각, 상념, 습관, 사고 패턴은 수정될 수 있다. 그러한 수정은 다른 사람과의 상호 작용 패턴과 화를 경험하고 표현하는 방식을 변화시킬 수 있다. 그러나 뿌리 깊은 사고와 경직된 사고는 피상적인 사고보다 바꾸기가 더 어렵다.

다양한 인지 이론가와 치료자는 여전히 이러한 기본 원리를 따르지만, 자신만의 접근 법으로 분노한 내담자를 변화시킨다. 그러나 실제로 그들 간에는 유사성이 있다. 예를 들어, 화가 났을 때를 정의하고 인지적 개입을 시행하는 첫 단계에서는 내담자가 화가 났을 때 하게 되는 생각이 무엇인지를 평가한다. 비록 내담자가 분노와 관련된 다른 많은 사고를 가지고 있더라도 사고는 감정과 즉각적으로 관련된 것이 있다는 것은 인지 심리 치료를 시행할 때 매우 흥미로운 것 중 하나다. 이러한 사고의 일부는 의식적이고 지속적인 것이며, 내담자가 치료자에게 보고하는 것이다. 다른 사고는 스치듯 지나가는 것으로, 의식적으로 자각할 수 있는 수준 아래에 있는 것으로 보인다. 이러한 전략은 분노 관리사의 질문, 내담자의 자기 관찰, 역할 시연을 통해 이런 사고가 뚜렷해지도록 도울 수 있다(Howard & Raymond, 2002).

Beck의 인지 치료가 강조된 것은 실제 생활 사건에 대한 사고의 왜곡을 파악하고, 그 것을 더 현실적이고 정확하게 지각하고 평가하도록 대체해 주는 것이다. 그림 10-2의

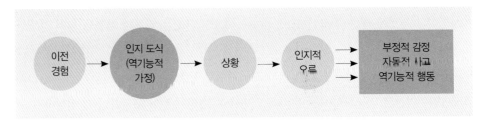

그림 10-2 Beck의 인지 모델

Beck의 인지 치료 모델은 도식(인지 구조), 역기능적 가정, 인지적 오류, 자동적 사고라는 개념을 가정하고 있다.

1) 도식

우리의 마음속에는 도식이라는 인지 구조가 있다. 도식은 정보 처리와 행동의 수행을 안내하는 비교적 안정적인 인지적 틀로서 과거의 경험을 통해 형성된다. 한 개인은 도식을 통해 현실을 바라본다. 개인이 지각한 현실은 객관적인 사실이라고 할 수 없다. 현실 내의 여러 가지 자극들 중에서 도식에 부합하는 특정 자극에 선택적으로 주의를 기울이고 정보를 해석하여 처리하기 때문이다.

2) 역기능적 가정

역기능적 가정은 믿음, 규칙을 도식으로 이루고 있는 구체적인 내용으로 각 개인이 경험을 통해 자신과 타인 및 세상에 대해서 지니고 있는 일반적인 가정 중에서 지나치게 경직되고 극단적으로 절대화된 것이다. 예를 들면, 아무도 나 같은 사람을 사랑해 주지 않을 것이라는 가정, 나는 잘하는 것이 하나도 없다는 믿음, 친구 사이에 그렇게 이기적인 행동을 해서는 안 된다는 규칙과 같은 것이다.

　매우 일반적이고 추상적이어서 그 내용을 파악하기가 쉽지 않지만 구체적인 상황에서의 구체적인 자동적 사고를 통해 그 모습을 드러내므로 자동적 사고를 통해 확인할 수 있다. 인지 치료에서는 자동적 사고를 파악하기 위해 구체적인 상황을 강조하는 이유가 바로 여기에 있다.

3) 인지적 오류

인지적 오류란 도식에 부합하는 부정적 경험의 동화 과정을 일컫는 말로서, 일단 도식의 내용을 이루고 있는 한 역기능적 가정이 활성화되면 현실을 제대로 지각하지 못하거나 사실 또는 의미를 왜곡하여 받아들이게 되는 것을 말한다. 대표적인 인지적 오류에는 파국화, 절대적이거나 당위적인 요구, 과잉 일반화, 독심술, 싸잡아 모욕 주기, 이분법적 사고, 성급한 결론, 과잉 확대 또는 과잉 축소, 감정적 판단, 나와 관련짓기 같은 것이 있다.

4) 자동적 사고

자동적 사고는 구체적인 상황에서 자동적으로 떠오르는 생각이나 영상, 상황이나 사건에 대한 즉각적인 해석으로, 어떤 의도나 의지 없이 자발적으로 나타나는 사고이자 역기능적 가정에서 나온 것으로서 도식에 의한 인지적 오류를 포함하는 정보 처리의 결과라고 볼 수 있다. 예를 들면, 친한 친구가 나에게 행동이 이상하다는 말을 했다고 하자. 사건이 발생하자마자 친구 사이에서는 듣기 싫은 말이나 행동을 하는 것이 아니라는 역기능적 가정이 활성화된다. 순간 머리 속으로 '친한 친구가 그런 말을 하다니, 배신자'라는 생각이 스치고 지나가면서 화가 나고 친구에게 공격적인 말과 행동으로 화를 표현하게된다. 이 경우 당위적 진술과 이분법적 사고라는 인지적 오류가 자동적 사고로 표현되었다고 할 수 있다.

인간이라는 존재는 그들을 둘러싼 세상에 대해 끊임없이 사고하고 평가한다. 자동적 사고는 계속되는 내적 대화의 부분으로 누구에게나 자연스럽게 일어난다. 또한 자발적으로 일어나고 잠깐 스쳐 지나가며 의식적으로 자각할 수 있는 것이 아니다. 그리고 심상이나 기억의 형태로 존재하기도 한다. 대부분의 사람은 최소한의 노력으로 내적인 대화 중에 조율이 가능하며, 순간순간 일어나는 특정 사고를 정의할 수도 있다.

예를 들어, 당신은 처음 이 책을 접했을 때 사고의 형식으로 다음과 같은 자동적인 반응을 보였을 수 있을 것이다. "나는 이 책을 통해서 분노를 경험하고 있는 내담자를 더 잘 도울 수 있게 될 거야. 이 책은 반드시 내가 필요한 정보를 줄 거야"라는 긍정적인 생각이나 기대를 했을지도 모른다. 이런 경우 사고는 처음부터 끝까지 책을 읽는 행동뿐만 아니라 열정 같은 긍정적인 감정과도 관련된다. 이 책은 흥미로워. 이 책을 읽어 볼 거야"와 같은 자연스러운 사고는 중간 정도의 정서 반응과 약간의 동기와 관련이 있을

표 10-2 분노 유발 상황에서의 자동적 사고 기록 형식

상황	정서(기분)	자동적 사고	인지적 왜곡	합리적 반응	반응결과
분노 유발 상황 (누가, 무엇을, 언제, 어디서 일어난 일인지 자세히 기록)	한두 개의 단어로 설명하고 정도를 백분율로 표시	상황과 관련된 생각, 신념, 걱정, 심상, 의미 등	자동적 사고에 대한 인지적 왜곡 찾아 쓰기	자동적 사고에 대한 합리적 반응 쓰기	기록표 작성을 마치는 현재의 정서를 백분율로 표시

수 있다.

하지만 당신은 "내 성격은 상냥하고 감정이입이 잘되는 분노관리사의 모습에는 적합하지 않으니까 이 책은 분명히 나에게 도움이 되지 않을 거야"라는 부정적인 자동적 사고를 할 수도 있다. 물론 이러한 반응이 다른 사고로 반박되지 않으면, 당신은 책을 읽거나 추가적인 치료 기술을 발전시키기 위해 그 밖의 다른 것을 하지 않게 될 가능성이 있다.

화가 난 내담자와 진행하는 데 있어서 분노 관련 사건과 연관되어 있는 부정적이고 왜곡된 자동적 사고를 식별하는 것은 중요하다. 초기에는 내담자가 심하게 화내는 행동을 일으키는 사고에 주목하도록 돕는 것에 초점을 둔다. 더불어 화가 날 때 경험되는 자동적 사고를 정확하게 평가하는 것이 중요하다.

자동적 사고를 확인하고 논박하기 위해 역기능적 사고 기록 용지를 이용하여 자동적 사고를 기록하고 모니터해 볼 수 있다. 문제 상황에서 발생하는 자동적 사고를 사고 기록 용지에 기록하여, 그것들을 비판적으로 보는 시각을 길러 빨리 적절한 반응을 하도록 하는 것이 목표이다. 처음에는 상담자가 자동적 사고를 비판적으로 볼 수 있도록 도와주어야 하지만, 여러 번의 연습을 통해 내담자들은 자신들의 자동적 사고를 스스로 관찰할 수 있게 되고 합리적인 반응을 발달시킬 수 있게 된다. 즉 분노 유발 상황에서 자동적 사고를 기록하고 자동적 사고의 논리성과 실용성을 따져보아 합리적인 반응을 하도록 하는 연습의 과정을 통해 분노 조절이 이루어지도록 할 수 있다. 흔히 사용하는 기록 형식은 표 10-2와 같다.

표 10-3은 Beck의 인지 치료 모델을 기반으로 김미라(2008)가 개발한 분노 치료의

표 10-3 인지 재구조화 기술을 적용한 분노 조절 훈련 프로그램 구성

회기명	구체적 목표	활동 내용
1회기 우리 모임에 대해 알아봐요	프로그램 소개하고 친밀감 형성하며 동기 유발하기	1. 집단에 대한 설명하기: 화를 바르게 내고 싶은 아이들을 위한 모임 2. 자기 소개, 집단의 이름과 규칙 정하기 3. 집단의 행동 관리 체계 설명하기
2회기 '화'를 바르게 내고 싶어요	'화'를 바르게 내는 모습 이해하기	1. 화를 바르게 내는 모습에 대해 설명하기: 단짝 친구가 뒤에서 흉을 보는 분노 유발 상황을 통해 설명 2. 느낌 나누기와 소감 적기 3. 과제 제시하기: 나의 화내는 모습 살펴보고 적어오기
3회기 '화'가 나는구나 (I)	모의 상황을 통해 '화' 알아차리는 방 법 설명하기	1. 모의 상황을 통해 분노 유발 상황에 몰입하기 2. '화' 알아차리는 방법 설명하기: 신체적 현상, 생각, 언어, 행동, 감정에 집중하기 3. 과제 제시하기: 화 알아차리기 연습해 보고 기록해 오기
4회기 '화'가 나는구나 (II)	심상 유도를 통해 분 노 유발 상황에 몰입 하고 '화' 알아차리 는 방법 연습하기	1. 심상 유도를 통해 분노 유발 상황에 몰입하기 2. '화' 알아차리는 방법 연습하기: 신체적 현상, 생각, 언어, 행동, 감정에 집중하기 3. 과제 제시하기: 화 알아차리기 연습해 보고 기록해 오기
5회기 상황, 기분, 생각 을 구별해 보아요	상황, 기분, 생각을 구별하여 기록해 보기	1. 상황, 기분, 생각 파악하기 2. 상황, 기분, 생각을 구별하는 연습하기 3. 과제 제시하기: 기록지에 기록해 오기
6회기 자동적 사고를 잡아요	분노 유발 과정과 자동적 사고를 이해 하고 인식하기	1. 인지적 측면에서 분노 유발 과정 설명하기 2. 자동적 사고에 대해 설명: 순식간에 스치고 지나가는 생각 3. 자동적 사고 실제로 기록해 보기 4. 과제 제시하기: 자동적 사고 기록해 오기
7회기 꼬인 생각을 찾아요(I)	인지적 오류의 개념 을 이해하고 내용 알기	1. 꼬인 생각(인지적 왜곡)의 개념 설명하기 2. 인지적 왜곡의 내용 알아보기: 직업의 예로 설명하기 3. 과제 제시하기: 자동적 사고와 꼬인 생각 기록해 오기
8회기 꼬인 생각을 찾아요(II)	인지적 오류의 내용 알기	1. 인지적 왜곡의 내용 알아보기: 직업의 예로 설명하기 2. 배운 내용 정리하기 3. 과제 제시하기: 자동적 사고와 꼬인 생각 기록해 오기
9회기 꼬인 생각을 풀어요(I)	인지적 오류의 수정 방법 알기	1. 증거 찾기와 이름 붙이기 방법을 예를 통해 설명하기 2. 실제 상황을 제시하여 연습해 보기 3. 과제 제시하기: 꼬인 생각 푸는 연습하고 기록해 오기
10회기 꼬인 생각을 풀어요(II)	인지적 오류의 수정 방법 알기	1. 다르게 설명하기: 다른 사람이라면, 그래서 방법 설명하기 2. 실제 상황을 제시하여 연습해 보기 3. 과제 제시하기: 꼬인 생각 푸는 연습하고 기록해 오기

(계속)

회기명	구체적 목표	활동 내용
11회기 당위적 기대 상황에서 꼬인 생각을 풀어요	당위적 기대 상황에서 꼬인 생각 풀기	1. 상황 제시: 힘이 센 친구가 내가 아끼는 물건을 빼앗아간다. 2. 꼬인 생각 풀기(모둠) 3. 상황 제시: 친구가 때려서 손에 멍이 들었다. 4. 꼬인 생각 풀기(개인) 5. 과제 제시하기: '꼬인 생각을 풀어요' 기록해 오기
12회기 믿음이 깨진 상황에서 꼬인 생각을 풀어요	믿음이 깨진 상황에서 꼬인 생각 풀기	1. 모의 상황 제시: 실험 협력자가 지각을 하고서 수업을 방해하는 행동함 2. 꼬인 생각 풀기(전체) 3. 상황 제시: 친구가 물건을 잃어버리고선 나를 의심한다. 4. 꼬인 생각 풀기(모둠) 5. 과제 제시하기: '꼬인 생각을 풀어요' 기록해 오기
13회기 자존심이 상한 상황에서 꼬인 생각을 풀어요(I)	자존심이 상한 상황에서 꼬인 생각 풀기	1. 상황 제시: 힘이 센 친구가 내가 아끼는 물건을 빼앗아간다. 2. 꼬인 생각 풀기(모둠) 3. 상황 제시: 친구가 때려서 손에 멍이 들었다. 4. 꼬인 생각 풀기(개인) 5. 과제 제시하기: '꼬인 생각을 풀어요' 기록해 오기
14회기 자존심이 상한 상황에서 꼬인 생각을 풀어요(II)	자존심이 상한 상황에서 꼬인 생각 풀기	1. 상황 제시: 친한 친구가 내 행동이 이상하다고 한다. 2. 꼬인 생각 풀기(모둠) 3. 과제 제시하기: '꼬인 생각을 풀어요' 기록해 오기
15회기 타인 비난 상황에서 꼬인 생각을 풀어요	타인 비난 상황에서 꼬인 생각 풀기, 모의 상황에서 분노 반응 살피기	1. 모의 상황: 앞문을 열고서는 "야, 너희들 뭐해?" 하고 침 뱉고 감 2. 상황 제시: ① 자기는 기다려 주지 않으면서 나보고 기다리지 않는다고 화를 냄 ② 수업 시간에 친구가 말을 걸어 선생님에게 혼이 남 3. 꼬인 생각 풀기(개인) 4. 과제 제시하기: '꼬인 생각을 풀어요' 기록해 오기
16회기 우리 모임을 마무리해요	분노 조절 경험담 발표하고 실천 의지 다지기	1. 사례 발표하기 2. 실천 의지 다지기 3. 소감문 작성하기

자료: 김미라(2008). 재구성.

회기별 활동 내용이다. 인지 행동 치료 프로그램은, 첫째 내담자들이 분노 감정을 체험적으로 인식하고 수용하며, 둘째 구체적인 분노 유발 상황과 관련지어 나타나는 인지적 오류를 찾아내어 이러한 인지적 오류를 내담자 자신이 수정할 수 있도록 하고, 셋째 분노 유발 상황에서 내담자들이 나타내는 인지적 오류에는 무엇이 있고 어떠한 방법을 통해 인지적 오류를 수정하는지 알아보며, 넷째 인지 치료에서 강조하는 내담자의 인지 치료가 되기에 초점을 준다.

표 10-3은 내담자들이 자신의 경험과 감정 및 생각들을 자각하여 표현하고 이에 대해 상호 피드백을 주고받는 집단 상담 형태이며, 분노관리사와의 라포르 형성과 집단 간 상호작용을 위해 총 16회기로 구성되었다. 특히 3, 4회기에서는 경험적 체험을 통해 분노 감정을 알아차리는 방법을 알고 분노 조절의 필요성을 느끼는 것을 목적으로 구성되었다. 8회기에서 15회기에서는 믿음이 깨진 상황, 자존심이 손상된 상황, 당위적 기대 상황, 타인 비난 상황으로 구분되는 13가지 분노 유발 상황 각각에서 생겨나는 인지적 왜곡을 수정하는 연습을 반복적으로 할 수 있도록 구성되었다.

4. 용서 기술

> 그대에게 잘못을 저지른 사람이 있거든, 그가 누구이든 그것을 잊어버리고 용서하라. 그때 그대는 용서한다는 행복을 알 것이다. 우리에게는 남을 책망할 수 있는 권리가 없다.
>
> – 톨스토이

수많은 사람들과 관계를 맺으며 인생을 살아가는 동안 우리는 상처를 주기도 하고, 상처를 입기도 한다. 대개 자신이 타인들에게 준 상처는 기억하지 못해도 남들이 나에게 입힌 상처는 오래간다. 상처의 깊이가 클 경우에는 원한이나, 미움, 증오, 복수심 등과 같은 이름으로 상흔이 남아 평생을 따라다니며 괴롭히기도 한다.

사전적 정의에 따르면 '용서'는 "지은 죄나 잘못을 벌하거나 꾸짖지 않고 덮어주는 것"이다. 하지만 용서는 생각만큼 쉬운 일이 아니다. 오랜 시간 동안 종교에서 그렇게 용서를 강조해 왔음에도 불구하고 삶의 한 태도로 좀처럼 스며들기가 어려운 것이 사실이다. 용서는, 심지어 내가 용서했나고 생각하는 농안에도 쉽게 이루어지지 않는다. 말로는 다 용서했다고 해 놓고도 문득 상처를 준 사람을 미워하고 있을 때, 상처받은 기억 때문에 아파하고 분노할 때, 우리는 용서라는 감정이 얼마나 어려운 것인지를 깨닫게 된다.

누군가는 용서에 대해 '인간이 할 수 있는 가장 위대한 일'이라고 말하기도 한다. 타인이 나에게 한 잘못을 용서한다는 것은 쉽지 않은 일이다. 그렇기 때문에 그만큼 숭고한 일이기도 하다. 그럼에도 불구하고 우리가 용서를 배우고 실천해야 하는 것은 바로 나를 위해, 혹은 모두를 위해 용서가 큰 힘을 발휘하기 때문이다. 분노, 원한, 증오 등과 같은 것들보다 용서로 이룰 수 있는 일이 훨씬 더 크고 위대하다.

"원한을 품는 것은 다른 사람에게 던지려고 뜨거운 석탄을 손에 쥐고 있는 것과 마찬가지이다. 화상을 입는 것은 결국 자기 자신이다"고 부처는 말했다. 부정적 감정을 품고 있으면 결국 다치고 피해를 입는 쪽은 자신이다.

용서는 잘못을 한 상대방을 위해서가 아니라 바로 나 자신을 위해, 지극히 개인적인 관점에서라도 배우고 실천해야 한다. 왜냐하면 남을 용서하는 과정을 통해 심리적으로 자신이 먼저 치유되기 때문이다. 내 마음에서 용서받아야 할 사람, 용서받아야 할 과오를 놓아줌으로써 나 자신을 자유롭게 해방시킬 수 있다.

'잊어버리는 것'과 '용서'는 다른 개념이다. 많은 사람들이 '용서'와 '잊어버리는 것'을 혼동하곤 한다. 이는 망각일 뿐 마음 한편에는 아직도 원망이 그대로 남아 있다. 단지 기억하지 않음으로써 증오의 감정을 잠시 꺼둔 것뿐이다. 망각은 고통을 피하기 위해 상처받은 감정을 묻어 버린 것이기 때문에 마음속에 분노와 미움을 모두 털어 버리는 참된 용서를 행한 것이 아니다. 이렇게 파묻힌 감정은 기억이 되살아나거나 시간이 지나면 부정적으로 표출되기 쉽다. 예전과 같은 일이 반복되지 않으려면 오히려 그것을 기억함으로써 과오를 범하지 말아야 한다.

영화 《오늘》에서 주인공은 자신의 약혼자를 죽인 소년이 또 다시 범죄를 저질렀음을 알고 자신의 선택을 후회하며 분노한다. 엄청난 노력으로 용서를 실천할 때 우리는 때로는 자신의 용서가 상황을 개선시키거나 혹은 상대를 개심(改心)하게 만들기를 기대한다. 그러다가 원하는 대로의 결과가 나오지 않으면 자신의 결정을 후회하며 괴로움 속에 번민한다. 그러나 용서는 타인에게 지우는 빚도 아니며 멍에도 아니다. 그러니 돌려받아야 할 것이 없다. 용서는 내게 잘못을 저지른 타인을 선한 마음으로 이해하고 잘못을 덮어주는 행위다. 그로 인해 변하는 것은 자기 자신이지 타인이 아니다.

용서는 오랜 기간에 걸쳐 발달하는 과정이다. 분노관리사가 내담자의 성장을 돕기 위해서 다른 치료적 관점처럼 분명하게 프로그램된 단계를 찾는다고 하더라도 내담자는 틀에 박힌 방식으로 변화하지는 않을 것이다. 분노관리사의 도움이 있건 없건, 단지 내담자가 용서의 단계로 나아가는 것은 일반적인 과정을 따른다. 거기에는 엄격한 순서가 없으며 내담자는 단지 어떤 단계를 경험할 뿐이다. 예를 들어, 가족 혹은 친구의 실수와 같은 가벼운 사건에 대한 용서는 성폭행이나 강제 구속과 같은 더 심각한 행동에 대한 용서와는 다른 과정으로 진행될 것이다. 그리고 상대적으로 안정되고 예측이 가능한 세상을 살아가는 내담자의 경우는 다른 좋지 못한 사건을 겪고 고문에 희생당한 사람과는 다른 방식으로 진행될 것이다. 이에 여기에서는 일반적으로 분노 관련 용서 프로그램에 빈번히 등장하는 Enright & Human Development Study Group(1991)의 용서의 과정을 분노 관리 기술로 제시하고자 한다.

1) 노출 단계

개인이 문제와 함께 깊고 부당한 상처로 생기는 정서적 고통을 자각하는 과정으로, 처음에는 심리적 방어에 의해 다른 사람이 그들에게 깊은 상처를 주었다는 것을 인정하지 않으려 하거나 인정하지 못한다. 그러다 방어가 조금씩 깨어지면서 가해자에게 분노나 증오와 같은 부정적 감정으로 반응하게 된다. 또한 부당한 피해를 입은 문제가 공적으로 알려지는 과정에서 수치감이나 굴욕감을 경험하거나 고통에 대한 해결책을 찾는 과정에서 마음속에 그 사건을 계속적으로 반복해서 생각하고 지나치게 부정적인 감정에 고착될 수도 있다. 그리고 자신의 불행한 상태와 상대방의 비교적 편안한 조건을 비교하고, 자신이 피해를 통해 영원히 불행할지도 모른다는 생각과 심지어는 삶이란 극도로 불공평하다는 결론에 이르게 될 수도 있다.

2) 결정 단계

피해를 입은 사람이 피해와 피해를 준 사람에게 집착되어 있는 것은 건강하지 못하고 오히려 자신의 고통을 지속시킨다는 것을 자각하면서 들어가게 되는 단계로, 용서 개념을 받아들이고, 용서를 하나의 문제 해결 방법으로 선택할 것을 고려하며, 피해 준 사람을 용서하기로 결심하게 된다.

3) 작업 단계

용서 결정 후 피해자가 피해를 준 사람을 이해하려고 노력함으로써 재구조화를 하기 시작하는 단계이다. 이는 상처를 간과하는 것이 아니라 상처를 준 상대방을 이해하려고 노력함을 의미한다. 따라서 재구조화를 통한 통찰은 피해를 입힌 사람에 대한 정서적 동일시를 가져오고, 공감을 하게 하며, 그가 경험한 고통을 기꺼이 나누려고 한다. 그리고 피해를 준 사람을 비롯하여 다른 사람에게도 상처의 고통을 전가하지 않으려는 결심을 하게 된다. 또한 가해자에게 도덕적 선물을 준비하는 과정을 통해 용서의 작업은 더욱 촉진된다.

4) 결과 단계

점차 용서로 인한 개인적인 유익을 인식하게 되는 단계로, 피해자는 고통을 겪고 용서하는 과정에서 자신과 타인에 대한 이해의 폭이 넓어짐을 지각하고, 자신이 불완전하며 자신도 다른 사람의 용서가 필요했던 사건을 기억해 낸다. 그리고 사람은 혼자 살 수 없으며 다른 사람의 도움이 필요함을 인식하게 된다. 이러한 과정을 통해 피해자는 더욱 성숙해지고 삶의 새로운 의미와 목표를 갖게 된다. 또한 피해를 준 상대방에 대한 부정적 감정이 줄어들고 긍정적 감정이 증가하며 내적, 정서적 해방감을 느끼게 된다.

표 10-4는 Enright & Human Development Study Group(1991)의 용서의 과정을 토대로 최경임(2011)이 개발한 회기별 분노자에 대한 용서 기술에 대한 내용이다. 프로그램 구성은 Enright & Human Development Study Group가 제시한 노출-결정-작업-결정 단계에서 사용했던 활동 내용을 참고하여 프로그램 회기에 분노 및 공감 하위 요인들을 포함시켰다.

표 **10-4** 분노 관리를 위한 용서 기술

단계	회기	회기별 목표	활동 내용
도입	1회기 나의 대인 관계 (들어가기)	• 집단의 친밀감 형성을 돕기	• 프로그램의 목적과 진행 순서 살펴보기 • 집단 규칙 정하기 • 서약서 쓰기 • 대인 관계 살펴보기
노출 (분노와 마주하기)	2회기 분노 만나기 (분노 억제 및 분노 표현)	• 갈등이나 상처를 준 상대방에 대한 감정이 어떠했는지 이야기 • 나누기 분노를 느꼈을 때 어떻게 표현하기	• 용서되지 않은 경험 떠올리기 • 상처를 준 사람에게 보내지 않는 편지 쓰기 • 분노를 느꼈을 때 행동 떠올리기(같은 상황에 반대되는 행동을 찾아 역할 놀이)
	3회기 분노 다스리기 (분노 조절)	• 적절한 분노 대처 방법 알고 실천하기 • 마음을 열어주는 대화법 익히기	• 화가 날 때의 표정과 느낌 떠올리기 • 화났을 때 대처법 알아보기 • 나 전달법, 너 전달법 • 긍정적 채널 찾기 • 긍정적 채널 적용
결정 (용서 결정하기)	4회기 용서 이해하기	• 문제 해결 전략으로서 용서 소개하기	• KBS 다큐멘터리 《마음 '당신을 용서합니다'》 편 • 용서의 올바른 개념(용서 퀴즈) • 용서 생각 그물
	5회기 용서 선택하기	• 용서의 필요성을 알고 용서를 선택하거나 용서에 대한 자신의 입장 분명히 하기	• 진정한 용서 의미 탐색 • 영상 보고 용서 선택하기, TV 동화 《행복한 세상》,《물 한 컵의 용서》,《용서 배달》 • 용서 서약서 쓰기
작업 (용서 마음 기울이기)	6회기 생각 다듬기 (인지적 공감)	• 부정적 감정을 가져오는 비합리적인 사고 자각—공감적 관점을 활용	• 공감 표현(감정 단어) 찾기 • 착시 그림: 생각 비교 • 상처 준 사람의 행동에 영향을 줄 수 있는 배경 생각해 보기 • 비합리적인 생각과 비합리적인 생각
	7회기 공감으로 바라보기 (정서적 공감)	• 상대방의 행동을 자기중심적 관점에서 벗어나 새로운 시각(공감)으로 바라볼 수 있도록 하기	• 공감 무능력자 영상 시청(지식채널e) • 공감 받았던 경험 떠올리기 • 내가 생각하는 공감의 정의 • 용서의 가치관 경매
	8회기 용서 마음 열기 (정서적 공감)	• 용서 받은 경험을 통해 상대를 공감하고 용서하는 방법을 이해하기	• 용서받은 경험 떠올리기 • 빈 의자 기법(나와 상대 되어 보기) • 용서하는 방법 알아보기 • 나만의 용서의 개념 정의

(계속)

단계	회기	회기별 목표	활동 내용
	9회기 용서의 선물 (행동 다듬기)	• 긍정적인 말을 함으로써 용서를 촉진하기	• 긍정적인 말의 힘 • 용서한다는 의미로 선물 고르기 • 용서의 마음 채우기 위해 나에게 필요한 것 찾기
심화 (용서의 마음으로 세상 보기)	10회기 용서의 항해 (되돌아보기)	• 그동안 배운 내용을 바탕으로 역할극을 꾸며 앞으로 용서의 삶을 계획하고 다짐하기	• 용서 교육 시간 되돌아보기 • KBS 다큐멘터리 《마음 '당신을 용서합니다'》 편 • 용서 다짐하며 자신에게 편지 쓰기 • 소감 나누기

1회기는 도입 단계로, 프로그램의 목적과 진행 순서를 안내하고 집단 상담의 서약서를 쓰고 별칭을 짓고 친밀감을 형성한다. 나와 좋은 관계를 맺고 있는 사람과 불편하고 힘든 관계를 맺고 있는 사람은 누구인지 그 사람들에 대한 나의 태도는 어떠한지 탐색해 보고 용서 점수 척도에 표현해 본다.

2회기와 3회기는 노출 단계이다. 2회기에는 분노 억제 및 분노 표현 요인이 포함되어 있다. 용서되지 않은 경험을 떠올리고 어떻게 분노를 억제했으며, 분노를 느꼈을 때 어떻게 표현했는지 분노 만나기를 한다. 3회기에는 분노 조절 요인이 포함되어 있다. 화가 날 때의 표정과 느낌을 떠올리며 나 전달법, 너 전달법, 긍정적 채널 찾기를 통해 분노에 대처하고 조절하는 방법을 익힌다.

4회기와 5회기는 결정 단계이다. 4회기에는 용서의 올바른 개념을 퀴즈를 통해 익히고, 문제 해결 전략으로서 용서를 이해한다. 5회기에는 용서의 필요성을 알고, 용서의 의미를 탐색하며 영상 읽기와 용서 서약서 쓰기를 통해 용서를 선택한다.

6회기, 7회기, 8회기, 9회기는 작업 단계이다. 6회기에는 인지적 공감 요인이 포함되어 있다. 착시 그림으로 생각을 비교해 보고, 상처를 준 사람의 행동에 영향을 줄 수 있는 배경을 생각해 보며, 부정적 감정을 가져오는 비합리적인 사고를 자각하고 공감적 관점을 활용할 수 있도록 한다. 7회기와 8회기에는 정서적 공감 요인이 포함되어 있다. 7회기는 상대방의 행동을 자기중심적 관점에서 벗어나 새로운 시각(공감)으로 바라볼 수 있도록 한다. 공감의 의미를 정의해 보고, 용서 가치관 경매를 통해 공감과 용서의 의미를 다양한 시각에서 이해할 수 있도록 한다. 8회기는 용서 받은 경험을 통해 상대를 공감하고 용서하는 방법을 빈 의자 기법을 통해 이해한다. 9회기는 행동 다듬기로 용서의 선물로 용서를 촉진한다. 긍정적인 말의 힘을 알고 상대를 용서한다는 의미를 선물을 찾으며 용서의 마음을 채우기 위해 필요한 덕목들을 찾아본다.

10회기는 심화 단계이다. 그동안 배운 내용을 바탕으로 역할극을 꾸며 보고, 앞으로 용서의 삶을 계획하고 다짐하며 자신에게 편지를 쓴다. 지금까지 진행했던 프로그램의 내용들 중에서 인상 깊었던 점과 프로그램을 마치면서 자신의 마음의 변화를 소감으로 이야기 나눈다.

학습 과제	1. 분노 문제 해결 모델의 각 단계를 설명해 보라. 2. 분노 관리를 위한 기술로서 의사소통 기술에 대해 설명하고, 개입 방안을 제시해 보라. 3. 분노 관리를 위한 기술로서 인지 재구조화 기술에 대해 설명하고, 개입 방안을 제시해 보라. 4. 분노 관리를 위한 기술로서 용서 기술에 대해 설명하고, 개입 방안을 제시해 보라.

분노 사후 관리

이 장에서는 분노 사후 관리에 대한 다양한 내용을 학습함으로써, 분노 경험이 재현되거나 다시 분노가 증가하는 것을 방지하기 위한 몇 가지 방안을 제시할 것이다.
분노 다스리기 실습을 통해 자신의 분노를 다루는 방법을 습득한다.

+ 변화된 분노를 유지하는 방안에 대해 살펴본다.
+ 자신의 분노 다루는 방법에 대해 살펴본다.
+ 분노 다스리기 기법을 실습해 본다.

지금까지 분노 관리 프로그램 및 사례 관리 등의 내용을 학습하고 일정한 자격을 갖춘 분노관리사와 함께 구조화된 분노 관리 프로그램에 참여한 내담자들은 실질적인 향상을 보일 것이다. 그러나 분노는 사고의 복합적인 집합, 신체적인 활성 패턴, 그리고 운동 및 언어적 행동이기 때문에 특정한 상황에서 언제든 재발할 수 있다. 개인의 분노 경험이 재현되거나 다른 사람에게 분노를 표현하지 않고 중단되는 것과 같은 분노 감소의 기간이 나타나는 것은 흔히 볼 수 있다. 또한 분노가 상당히 감소된 기간 동안에 극적인 문제가 발생해서 분노가 다시 나타나게 되고, 이 때문에 내담자가 치료자를 떠나게 되는 경우가 생길지도 모른다. 이에 이 장에서는 분노의 사후 관리로서 변화 유지하기와 자신의 분노 다루기를 다룬다. 또한 분노 다스리기의 실습을 통해 내담자의 사후 변화된 정도를 점검할 수 있도록 한다.

1. 변화 유지하기

일반적으로 문제 행동을 가진 내담자들은 자신의 이전 행동으로 돌아갈 가능성이 높다. 재발은 결국 진전이 없었다거나 진전이 적었다는 식의 치료 실패와 같은 것이 아니다. 오히려 '퇴보'와 '재발'은 진전이 이미 나타난 후에 문제 행동이 약간 혹은 거의 전부가 나타났다는 것을 의미한다. 이는 우리가 의례적으로 재발이 일어날 수 있는 모든 가능성을 고려하여 치료에서 얻은 결과를 유지하고 견고화하려는 데 초점을 두지 않았기 때문에 나타난다. 따라서 분노 관리 프로그램에서 중요한 마지막 단계는 분노가 다시 나타날 수 있는 가능성에 대비해서 변화된 내담자를 준비시키는 것이다(Howard & Raymond, 2002).

재발 방지의 기본은 대처 기술 훈련에 있다(Marlatt & Donovan, 2005). 이를 토대로 다음과 같은 분노의 사후 관리에 대처 기술을 제시한다.

- 퇴보를 이해하는 것은 진보 과정의 한 부분이므로 진보 과정에서 퇴보가 일어날 수 있다는 것을 예측한다. 우리는 재발의 가능성에 대한 인식을 높이기 위해서 분노관리사와 내담자의 상호 작용 내용을 기록한 내담자에 대한 정보 기록지를 내담자에게 보여 준다.
- 내담자의 환경에서 자주 있든 그렇지 않든 간에 높은 위험이 될 가능성이 있는 촉발 요인(사람이나 상황)의 목록을 작성하고 명시한다.
- 분노 방지 기술을 발달시킴으로써 높은 위험이 있는 촉발 요인을 다루고, 예전의 분노 방식으로 돌아가려는 욕구에 저항하도록 한다.
- 내담자가 퇴보를 실패로 보지 않도록 하기 위해서 부득이하게 퇴보가 일어날 때, 분노로 대응하지 않도록 피해 통제 체계를 이행한다.
- 퇴보가 일어난 후에는 어떻게 처리할 것인지 방법을 계획한다.
- 새로운 촉발 요인과 부적응적인 평가가 덜 나타나고 덜 성가시게 되도록 더 균형적인 생활 양식을 만드는 방법을 배운다. 예를 들어, 내담자가 잘 먹고, 잘 자고, 효과적으로 시간을 사용하도록 돕는 것, 자유 시간에 여가를 즐기기 위해 생활 계획을 세우는

것 등이 포함된다. 만일 내담자가 잘 쉬고 다른 어려움에 빠져 있지 않다면 새로운 문제를 더 잘 다룰 수 있을 것이다.

1) 퇴보 다루는 방법

내담자는 통상적으로 개인이나 집단 상담에 참여하는 것을 그들이 시간이 지날수록 끊임없이 진보되고 견고해지는 수단으로 믿는다. 매주 분노를 덜 경험하고 덜 부적응적인 방식으로 표현하는 패턴을 보이는 것으로 더 많은 진보가 있기를 기대하게 된다. 물론 실제로 치료가 성공적일 때 진행 과정에서 부정적인 분노 표현은 드물어진다. 치료 중에 새로운 촉발 요인이 나타날 수 있고, 음주나 도박 등의 병리적인 행동이 문제로 나타나며, 새로운 기술을 좀 더 배우게 되고, 자동적으로 내담자의 행동의 일부가 될 수 있다. 상담 중에 새로운 기술을 배우지만, 그것이 자연스러운 실제 환경에서는 이루어지지 않을지도 모른다. 진보는 보통 다양하며 퇴보도 예상된다. 그러므로 변화 과정에 대한 실제적인 기대가 제공되는 것이 중요하다.

통상적으로 외래 치료에서는 주 1회의 상담을 하지만, 다른 입장에서는 이런 방식은 심사숙고될 수 있다. 특히 학교나 교정 기관과 상담 횟수가 내담자에게 맞추어질 수 있는 제한된 환경에서는 치료 횟수를 융통성 있게 적용할 수 있다. 더욱이 전화나 인터넷 상담도 면 대 면 상담의 부수적인 방법으로 사용될 수 있다. 따라서 퇴보를 다루는 방법 중 하나는 분노관리사와 내담자의 상담 횟수를 늘려주는 것이다. 더 자주 접촉하는 것은 분노관리사와 내담자로 하여금 특정 분노 촉발 요인에 대한 반응으로 분노를 표현하는 것을 감소하도록 더 많은 노력을 기울이게 한다. 이완, 대안적인 사고와 평가, 회피계획, 용서와 같은 기술이 더 높은 강도와 빈도로 시연될 수 있다.

상담 회기를 늘림으로써 눈에 띄지 않지만 얻게 되는 이득은 이러한 과정이 내담자에게 주는 메시지에 있다. 상담 회기의 빈도를 늘리는 것은 그 상황이 심각하고, 내담자의 삶에서 일어나고 있는 문제가 중요하다는 것을 암시한다. 더욱이 분노관리사는 내담자를 염려하고 지지해 주고 있다는 것을 보여준다. 또한 더 많은 상담 일정은 분노관리사가 내담자와 더 열심히 일하고 있고 포기하지 않는다는 것을 보여 준다. 사실 이러한 단순한 행동은 더 많이 노력함으로써 어려움과 도전에 직면하는 것이 최선이라는 기본적인 생각을 보여 주는 것이다. 책임감이라는 문제도 잘 보여 주는데, 공교롭게도 내담자는 분노 경험과 표현을 줄이는 노력을 계속함과 동시에 분노 증가에도 핵심적인 역할을 하기 때문이다.

2) 치료 종결을 위한 전략

치료 종결은 변화 과정에서 가장 주의 깊게 고려해야 하는 단계이다. 어떤 이유로 인한 갑작스러운 종결은 좋지 않다. 종결에 대한 결정은 특정 목표가 성취되었을 때와 내담자가 추후에 분노를 유발할 수 있는 촉발 요인을 다룰 수 있는 준비가 잘되어 있을 때, 협조적으로 이루어지는 것이 최선이다.

종결 과정 중 분노관리사는 내담자가 강한 분노가 촉발될 수 있는 위험한 상황에 대한 목록을 만들도록 한다. 내담자가 과거에 경험한 일반적인 상황과 향후에 나타날 수 있는 새로운 촉발 요인을 작성하도록 한다. 그런 다음 작성한 목록에서 각 촉발 요인에 대해 적용할 수 있는 시연을 명확하게 실행해 보도록 한다.

예를 들어, A는 고객이 '너무 어려운' 요구를 하는 것과 감독자와 이야기하는 것에 어려움이 있음을 예상했다. 그는 일반적으로 그런 요구를 '지긋지긋'하게 느꼈다. 그는 손님이 요구하는 것을 항상 손님이 더 경험 많은 사람에게 정보를 구하는 것이 아닌 불만족스러워하는 것의 의미로 생각했다. 이 경우 촉발 요인에 대한 대안적인 인지 반응이 결정되고 시연된다. 문제 해결을 통해 이러한 상황에서 최선의 선택은 감독자와 접촉하는 내담자가 즉시 그리고 협조적이고 자애롭게 행동하도록 하는 데 있음을 명시했다. 그런 다음 그가 고객을 돕기 위해 할 수 있는 것이 더 있는지는 감독자의 결정에 따를 수 있다. 이러한 각본은 고객이 덜 혹은 더 불만족스럽게 행동하는 역할극으로 몇 차례 시연된다. A는 행동 계획에 따르는 데 어려움이 있었다. 일단 비슷한 계획이 발전되고 각 촉발 요인에 대한 시연이 이루어지고 난 다음의 두 달간의 치료는 2주에 한 번으로 죽인다. 치료 횟수를 더 줄이는 것은 치료 과정에 달려 있다. 만약 변화가 유지된다면 나중에 합의한 치료 간격에 따라 추후 상담이 계획될 수 있다. A는 자신이 예전의 분노 패턴으로 돌아가고 있다거나 치료에서 배운 기술을 유용하게 사용할 수 없다고 생각될 때, 분노관리사에게 전화하여 약속을 잡기로 한다.

A의 경우는 최상의 조건에서 실시된 치료 사례를 보여준다. 그는 지적이고 동기도 있으며, 분노관리사와의 건설적인 치료 관계도 세워졌다. 더욱이 치료의 구조를 형성하는 데 장해물도 적다(상담 회기가 규정에 의해 제한되지도 않고 내담자와 분노관리사가 함께 결정할 수 있는 자유가 있었다). 많은 사람들은 교육 현장에서 일하거나 내담자가 경험할 수 있는 회기 수에 한계가 있는 치료 구조에서 일할지도 모른다. 또한 교육 현장에서 분노 치료는 개인별 형식보다는 집단 형식으로 진행될 수 있다. 집단은 구성원의 기능이 어떠한지, 어떤 구성원 변화가 있는지(새로운 구성원이 언제든지 들어올 수 있는지)에 따라 다른 반면, 다른 것은 모든 회기에서 시작과 끝 시점이 있다.

이상에서 퇴보 관리 전략과 치료 종결을 위한 전략을 다루었는데, 분명한 것은 분노의 사후 관리에 있어 가장 중요한 것은 분노 치료의 종결을 고려하는 방법과 치료의 실패로 이어지는 퇴보를 막는 방법이다.

2. 자신의 분노 다루기

일반적으로 분노로 인한 내담자들은 효과적으로 치료하기 어렵게 만드는 거친 성격을 가지고 있고, 융통성 없는 대인 관계 행동을 보이며, 세상을 지각하는 방식을 가지고 있다. 다음과 같은 일반적인 특성이나 내담자의 성격은 분노관리사를 화나게 하고 자극할 수 있다.

① **동기 부족, 양가 감정, 저항**　어떤 내담자는 분노관리사와 작업하는 것에 진짜로 흥미가 없어 보이고, 다른 내담자는 자신의 목적에 대해 확신이 없고, 계속해서 그들과 함께 하려는 분노관리사의 진심 어린 노력에 저항한다. 그들은 삶의 어려움을 다루는 현재의 방법이 효과적이지 않다는 증거가 분명할 때에도 그러하다.

② **적대감, 분노**　어떤 내담자는 다른 사람의 의도를 오해하거나 왜곡하는 경향이 있기 때문에 분노관리사에게 언어적으로 공격하고 매우 비판적인 태도를 보인다. 그들은 분노관리사의 훈련이나 기술, 경험, 성실성에 대해 의문을 가지고 그것들에 만족한다는 말을 거의 하지 않는다.

③ **충동성, 파괴적인 행동**　이전에 문제를 유발한다고 생각했던 방식으로 자연스럽게 행동하고, 치료에서 권고했던 것에서 벗어난 행동을 하는 개인이 해당된다. 분노관리사는 일부 사례를 다룰 때, 자살이나 다른 사람에게 공격적으로 행동하는 것과 같은 위험한 행동을 중요하게 고려해야 한다.

④ **결핍, 의존, 매달리는 행동**　많은 내담자는 환경을 변화시키기 위해서 스스로는 수동적인 행동을 하면서 분노관리사가 자기 삶의 모든 문제를 해결해 줄 것이라고 기대한다. 그들은 분노관리사에게 자주 확신이나 충고를 주기 원하고, 약속한 치료 시간 내에서 작업하는 것을 어려워하며, 치료와 치료 사이에 분노관리사와의 접촉을 지속적으로 시도할 수 있다.

　대부분의 경우에 내담자를 향한 분노 경험과 분노 표현은 성공적인 치료를 방해할 것이다. 분노관리사의 분노는 기능적이지 않다. 분노관리사의 분노는 목표 달성에 도움이 되지 못한다. 그것은 과제를 협상하는 데 도움이 되지 않고, 분노관리사와 내담자 간의 존중의 느낌이나 온정적인 환경을 만들지도 못한다. 만일 당신이 분노관리사로서 치료 중에나 내담자를 생각할 때에 분노를 느낀다면, 그것은 치료적 동맹을 깨는 원인이 되거나 동맹을 형성하려는 노력을 방해할 것이다.

　반면 분노관리사의 공감은 일반적으로 성공적인 치료 결과와 관련이 있다. 내담자가 분노관리사와 맞서서 반하는 행동을 보일 때조차도 내담자의 입장을 이해하고 인내를 보이는 것은 치료 결과를 생산적으로 만든다. 분노관리사는 분노나 고통을 느낄 때 공감하기가 어렵기 때문에 어려움에 처한다. 분노관리사는 내담자가 불완전하게 행동할 때 공감이 최선의 행동임을 깨닫는 동시에, 자신이 분노를 느끼는 것을 정당하게 여기는 것과 균형 감각을 갖기 어렵다. 그럼에도 그러한 문제는 내담자가 아닌 분노관리사에 의해서 해결되고 인식되어야 하는 문제이다.

확실히 도전적이고 쉽게 신경질을 내는 행동을 다루는 것은 감옥과 같이 더 어려운 환경에서 쉽게 볼 수 있는 것이기는 하지만 가장 적절한 치료 환경에서조차 가장 중요한 업무에 해당된다. 분노관리사의 분노 반응은 생산적이지 않을 것이다.

치료 내에서 분노 반응과 그것의 결과를 자각하도록 촉진하는 방법을 고려한다. 분노관리사는 내담자에게 분노 언어와 행동뿐만 아니라 자신의 분노 경험을 자각하도록 하는 것에서 시작한다. 이에 여기에서는 분노관리사-내담자 개입에서 분노 결과의 자각을 통한 내담자 자신의 분노를 다루는 몇 가지 방법을 제시한다(Howard & Raymond, 2002).

① **분노가 경험될 때 자기 관찰을 시작하기** 앞에서 제시한 분노 활동지 또는 관찰 그래프 등을 사용하면 분노관리사는 내담자에게 분노하게 만드는 사건의 연쇄와 그런 사건이 가져오는 결과를 더 잘 이해할 수 있다.

② **오디오 혹은 비디오 테이프를 사용하는 회기** 개인의 발전을 위해 실제로 자신의 말을 들어 보고 자신의 신체 언어를 봄으로써 주기적으로 치료 회기를 검토하는 것이 좋다. 분노관리사의 치료 중 전달한 내용이 내담자에게 어떻게 반응하는지 관찰하라. 비록 직접적인 말이 의사소통에서 가장 분명한 방법이라고 하더라도, 목소리 톤, 얼굴 표정, 그리고 자세와 같은 미묘한 단서에 주의를 기울여야 한다.

③ **다른 전문가의 슈퍼비전 및 피드백** 까다로운 사례는 동료와 논의하라. 분노관리사의 분노를 불러일으키는 내담자의 행동을 어떻게 다루는지 객관적인 견해를 구하라.

④ **결과를 고려하기** 분노관리사 자신이 담당했던 사례의 결과를 곰곰이 생각해 보라. 자신이 내담자에 대해 분노를 경험하고 부정적인 태도를 가졌던 사례를 검토하라. 이에 더하여 심각한 갈등이 있었던 내담자 사례를 생각해 보라. 이런 사례는 보통 어떻게 종

결되었는가? 이러한 치료 회기는 어느 정도로 생산적이었는가? 분노가 있었던 치료와 없었던 치료는 얼마나 오랫동안 생산적으로 진행되었는지 생각해 보라.

⑤ **까다로운 내담자의 행동에 대해 다른 방법으로 반응하는 것을 연습하기** 강압적인 말과 공감적인 말 사이에서 어느 것이 더 생산적인 말인지 생각해 보라. 예를 들어, 내담자가 치료와 치료 사이에 내준 과제를 제대로 해 오지 않았을 때, 분노관리사인 당신은 강하게 말로 반응하거나 혹은 더 공감적인 경청과 반영적인 말로 반응할지도 모른다. 내담자가 반응하는 방식에 주목하고 다른 반응 방식을 시도하라. 만일 내담자가 분노관리사인 당신의 개입에 더 긍정적으로 반응한다면, 그들은 당신으로 하여금 분노를 덜 촉발할 수 있을 것이다.

학습 과제	1. 변화된 분노를 유지하는 방안에 설명해 보라. 2. 자신의 분노 다루는 방법을 실행해 보라. 3. 팀을 나누어 분노 다스리기 실습을 수행하고, 각 실습의 결과를 팀별로 토의해 보라.

CHAPTER
12

분노 조절 프로그램의 성공 핵심 전략

이 장은 이 책의 마지막 장으로서, 분노 조절 프로그램의 성공 핵심 전략을 다루고자 한다.

+ 분노 조절을 위한 가치관의 전환에 대해 살펴본다.
+ 분노 조절을 위한 역량 개발에 대해 살펴본다.
+ 분노 조절 프로그램의 활용 방안 및 기대를 제시해 본다.

부부 싸움을 할 때에는 항상 문제의 책임이 상대방에게 있다고 생각한다. 그러나 체계적인 조사에 의하면, 양쪽 다 책임이 있다는 사실이 발견된다. 부부가 싸울 때, 생활 스타일이나 습관이 충돌을 빚는 원인이 된다. 겉으로 보면 이러한 갈등 때문에 싸움이 일어나는 것 같지만, 이러한 습관이나 가치관의 차이를 부부간의 심각한 싸움의 원인으로 보기에는 불충분하다. 심각한 고민과 불화를 일으키는 것은 상대방이 한 행동이 아니라, 상대방 행동에 대한 해석 또는 그릇된 해석인 것이다.

이렇듯 분노를 성공적으로 조절하기 위해서는 분노에 대한 서로 간의 사고의 전환에서부터 시작될 수 있다. 이에 이 장에서는 분노 조절 프로그램의 성공 핵심 전략으로서 분노 조절 가치관의 전환, 분노 조절의 역량 개발, 그리고 분노 조절 프로그램의 활용 방안 및 기대 등을 다루고자 한다.

1. 분노 조절 가치관의 전환

분노를 줄이기 위한 첫 단계는 상대방의 행동을 잘못 해석하여 분노를 느끼게 되는 경우가 너무 많기 때문에 구체적인 질문이나 기법을 사용하여 자신의 마음이 어느 정도 작용했는지를 파악하는 일이다.

첫째, 화가 나기 시작할 때, "과연 화를 낼 근거가 있는가? 화를 내는 것이 적절한가, 부적절한가? 내 문제 때문인가, 상대방 때문인가?" 하고 자문해 볼 필요가 있다. 이러한 질문을 할 때 과거의 경험을 살펴보면 도움이 될 것이다.

둘째, 다음과 같이 자문해 본다.

- "내게 떠오른 자동적 사고는 무엇인가?"
- "나는 상대방의 행동을 어떻게 해석하고 있는가?", "아무 근거도 없이 덮어씌우는 것은 아닌가?"
- "상대방의 행동에 대한 나의 해석이 객관적 평가를 토대로 하고 있는가? 아니면 내 마음대로 부여한 의미를 토대로 하고 있는가? 과연 실제 일어난 사실을 토대로 삼아 해석하고 있는가? 달리 설명할 방법은 없겠는가?"

셋째, 자신의 분노가 적절한 것으로 보이면, 다시 말해 상대방의 행동을 정확하게 해석했고 그것 때문에 마음 상한 것이 분명하다면 잘못된 사고 때문에 일어난 것은 아닌지 자문해 볼 필요가 있다.

넷째, 또한 상대방을 공격할 이유를 찾는 데 만족을 느끼고 있는 것은 아닌지 자문해 볼 필요도 있다.

상기의 내용을 토대로 분노 조절 가치관의 전환에 대해 살펴본다.

1) 긍정적으로 자기 가치감을 평가하라

분노 내담자는 자신에 대한 가치감을 높게 평가해야 한다. 자신이 스스로 존재 가치를 낮게 평가하면 그에 따른 실행력도 없어진다. 그러나 자신의 가치를 높게 평가하는 훈련을 계속한다면 그만큼 건전하게 생활하는 행동력도 높아진다. 중요한 사실은 누가 자신을 형편없는 사람으로 만든 것이 아니라 자신이 그렇게 만들었다는 것을 알아야 한다. 이런 원리를 깨닫고 이제 스스로의 가치를 높이는 일에 적극 임해야 한다. 그러면 자신을 긍정하는 만큼 새로운 힘이 솟아날 것이다. 이런 현상은 니체의 "'존재의 자기 긍정'이야말로 진정한 힘"이라는 원리에 기초한다.

존재의 자기 긍정은 자신의 존재를 긍정적으로 평가하는 일이다. 진정한 힘은 자신의 존재를 긍정적으로 평가할 때 생긴다. 반면, 반대의 경우는 힘을 잃는 방법이다. 이런 점에서 분노 중독자들의 변화된 행동을 위해 존재의 자기 긍정은 무엇보다도 중요한 일이다. 김충렬(2010)은 존재를 긍정하는 것을 자기 가치감이라고 정의하였다.

자기 가치감 평가는 분노 중독 행동을 유발하는 상황에서 중독 행동을 통제하는 자기 조절 가치감과 매우 관련이 있다. 지각된 자기 가치감의 두 측면이 습관 변화 수정 및 수정 상태를 유지하는 이해와 관련이 있다. 이는 2가지를 들 수 있는데, 첫째는 개인적 변화에 영향을 미치기 위해 필요한 치료 과제를 수행하는 가치에 대한 신념과의 관련성이다. 약한 자기 변화에 대한 가치감은 고질적 습관을 교정하기 위해 필요한 치료 활동을 실행하려는 노력을 방해한다. 둘째는 회복 가치감과의 관련이다. 발생한 상태 또는 재발한 후 다시 통제할 수 있다는 신념의 강도를 말한다. 자기 변화 가치감은 분노 중독자들의 습관적 변화 고려 및 시작에 영향을 주고, 자기 조절 가치감 및 회복 가치감은 습관의 변화를 채택하고 유지하는 데 영향을 미친다.

자신을 귀하다고 여기는 가치감은 자신을 형편없는 존재로 여기는 것과 정반대 결과를 초래한다. 사람들이 자신을 형편없는 사람으로 평가해도 자신은 그렇게 생각하지 말아야 한다. 그런데도 분노 중독자들은 그런 생각에서 벗어나지 못하는 경우가 많다. 자신이 자신을 죽이고 있는 형상이다. 이는 자기 방어벽이 무너진 것으로, 스스로 자신을 세울 힘을 상실한 데서 비롯된다.

그런 점에서 지각된 가치감 측면들은 주로 분노 중독 행동 촉진 요인과 관련이 있다. 예를 들면, 혐오적 정서 상태와 대인 관계 갈등은 분노를 촉발하는 요인이다. 이런 점에서 분노관리사는 그들이 사회적으로 지각되는 낮은 가치감이 낙심을 낳고, 그것이 분노를 촉진시키는 연관 과정을 고려해야 한다. 이런 경우 사회적으로 낮은 가치감은 원거리적 원인이고 낙담의 중간적 상태는 근거리 촉발 요인이다. 그렇다 해도 분노관리사는 남용적 분노의 결정 요인 패턴이 다양한 점을 인식해야 한다. 이런 점에서 가장 높은 자기 가치감은 자기 가치감 평가를 어떤 경우든 작용하는 분노 남용 결정 요인들과 짝지워 성취된다.

지각된 자기 변화 가치감 수준은 치료 과제의 초기 구성에서 중요한 의미가 있다. 사람들이 해로운 습관으로 도움을 추구하는 동기에는 많은 원인이 있다. 이러한 것들에는 그런 습관에 의해 산출된 혐오적 효과, 바꾸라는 사회적 압력, 자신의 삶에 대한 불만족, 해로운 습관을 제거하는 예기적 이득 등이 포함된다. 동기를 촉진하는 요인들은 사람들이 치료받게 해 줄지 모르지만, 반드시 오래 유지하도록 하는 것은 아니다. 분노 중독자들은 점진적인 적응을 통해 많은 혐오스러움을 견딜 수 있게 되기 때문이다.

그러기에 그들에게는 어떤 긍정적 결과도 없이 희망으로 그것을 무기한 유지할 수 없다. 어느 정도 노력을 통해 그들에게 처방된 프로그램이 작용하지 않음을 보이면서 그들의 방식을 바꾸라고 요구하는 사회적 압력을 물리칠 수 있다. 약한 자기 변화 가치감을 갖고 치료받기 시작한 분노 중독자들은 진전에 대한 자기 확신적 초기 경험이 무엇보다 필요하다. 다시 말해, 심한 자기 의심은 성공에 필요한 노력을 유지시키는 능력을 약화시킨다.

어떤 분노 중독자들은 생활 방식을 변화시키기 위해 요구되는 집중적인 작업을 할 준비가 되어 있지 않은 시기에 치료 압력을 받을 수 있다. 물론 치료에서는 그들의 동기를 증가시키려는 노력이 이루어질 수 있다. 그러나 개인적 변화에서 관여가 낮다면 단지 개인적 변화의 노력이 헛되다는 신념을 강화시키는 성의 없는 시도를 통해 실패하는 것보다, 나중에 관심이 더 많아졌을 때 치료받는 것을 고려하는 편이 더 나을 수 있다.

2) 사고의 변화

분노가 발생할 때 잘못된 사고가 큰 작용을 하기 때문에, 분노 뒤에 숨어 있는 사고와 의미를 분석해 보아야 한다(표 12-1). 자신의 사고에 대한 인지 치료 기법의 적용을 다음과 같이 요약할 수 있다.

- 자동적 사고를 찾고 반응을 적는다. 사고의 오류를 찾는다.
- 상대방에 대한 이미지를 바꾼다.

표 12-1 아내와 남편의 사고

아내의 자동적 사고	아내의 합리적 반응
그는 항상 물건을 버려 둔다.	흑백 논리적 사고: 물건을 치울 때도 있다. 그리고 집 안이 어지러워도 귀찮은 줄 모르기 때문에 아마 의식하지 못하고 있을 것이다.
그는 나를 하인으로 여기는 모양이다.	마음 읽기: 그가 나에게 무엇을 기대하는지 알지 못한다. 나는 물어볼 수 있을 것이다.
내가 어떻게 느끼는지 전혀 배려할 줄 모른다.	개인화: 집 안을 어지럽힌다고 해서 배려가 없다고 할 수는 없다.
입을 다물어 버리면 아무 말도 할 수가 없다. 적대감으로 가득 차 있다.	과대 일반화: 그는 어떤 일을 시키면 아주 민감한 반응을 보인다. 아마 자신의 어머니 때문인 듯하다. 보통 때는 사랑스럽고 따뜻한 배려를 나타내지 않는가.
남편의 자동적 사고	**남편의 합리적 반응**
항상 잔소리를 퍼붓는다.	과대 일반화: 내가 할 일을 하지 않을 때에만 잔소리를 한다.
나를 무시하기를 즐기는 모양이다.	마음 읽기: 아내가 즐긴다는 증거는 전혀 없다. 사실 아내는 잔소리하기가 싫다고 말한다.
나를 아이 같이 취급한다. 무엇이든지 자기 원하는 대로 해 주기를 바란다.	마음 읽기: 나를 아이처럼 취급하기를 원하지 않는다. 나는 아내 목소리 톤을 좋아하지는 않는데, 이것을 아내에게 직접 말할 수 있다. 아내가 원하는 것은 깨끗하게 치우라는 것이지, 아내 마음대로 다하려는 것은 아니다.

- 상대방의 관점을 보려고 한다.
- 관심을 다른 곳으로 돌려본다

　상대방의 행동을 보다 잘 해석하기 위해서는 상대방의 행동을 다른 각도에서 볼 수 있어야 한다. '재구성'한다는 말은 상대방 행동에서 바람직하지 못한 면뿐 아니라 바람직한 면까지 포함하여 보다 균형 잡힌 모습을 찾자는 것이다. 여기에다 상대방의 관점을 이해하고 자신이 이해한 것이 정확한지 검토하면 더욱 도움이 될 것이다.

　예를 들어 부부들의 싸움은 서로 차이가 나는 생활 스타일이나 철학에 있다기보다는 각자의 행동에 부여한 의미에 있다고 볼 수 있다.

　남편 C와 부인 J는 처음 떠오른 자동적인 사고와 반응을 기록할 때, 분노가 상당히 줄어들고, 서로 상대방을 자극하지 않고 문제에 대해 말할 수 있다는 사실을 깨달았다. 이들은 대화할 때, 아내는 다음과 같이 자문해 봄으로써 문제에 초점을 맞출 수 있었다.

- 남편은 나에게 무엇을 말하려고 하는가.
- 진짜 문제는 무엇인가.
- 모든 비판에 다 대답할 필요가 있는가.
- 이 대화를 통해 이루고 싶은 것은 무엇인가.

　이따금 열기가 높아질 때, 아내는 다음과 같은 질문을 해야 한다는 사실을 알았다.

- 대화가 비생산적으로 흐르는 것은 아닌가.
- 둘의 차이에 대해 논쟁을 벌이기보다 요약해 볼 시간이 아닌가.
- 남편의 관점을 명료화시켜야 하지 않는가.
- 대화를 잠깐 쉬거나 나중으로 미루는 것이 좋지 않겠는가.

3) 상대방의 적대감 완화

상대방 중 한 사람이 화가 나 있을 때, 상대방은 어떻게 반응해야 하는가? 이러한 결정을 내릴 때는 당장 무슨 말과 행동을 할까 하는 느낌보다 서로 간의 관계를 개선하기 위해 멀리 내다볼 때 어떻게 하는 것이 좋을까 생각하며 결정해야 한다.

다음은 상대방의 화를 가라앉히기 위해 사용할 수 있는 방법들이다(김충렬, 2010).

(1) 선택 1: 문제의 명료화

실제 문제는 상대방의 비난이나 비판 속에 묻혀 있기 때문에 이를 모르고 지나가기 쉽다. 상대방의 비난에 대해 반격하는데 급급하다 보면 문제 해결은 물 건너가기 쉽기에 고함과 열변을 무시하고, 화가 나더라도 개의치 말고, 문제의 원천이 무엇인가 찾아야 한다.

(2) 선택 2: 상대방의 분노 가라앉히기

분노관리사들은 화가 나 있는 내담자를 대할 때 화를 가라앉힐 수 있는 여러 가지 방법 중에 분노의 수준을 떨어뜨리는 데 목표를 두는 경우가 많다. 그 이유는 먼저 분노를 가라앉혀야 문제를 이해하고 해결할 수 있기 때문이다. 다음 K 부부의 사례를 통해 배우자의 화를 가라앉히는 예를 살펴보고자 한다(K 부부 사례 참고).

K 부부 사례

아내는 항상 자기주장을 하면서도 남편에게 동조하거나 적대감을 표현하지 않는다. 아내는 자신의 입장을 고수하면서 해결 방안을 강구하려고 했고, 공방전을 벌이려고 하지 않았다. 아내는 상황을 통제할 수 있는 입장에 놓여 있었기 때문에 이 목표를 달성할 수 있었다. 아내가 남편의 분노에 적절히 잘 대처했기 때문에 상처도 덜 입었다. 나중 문제 해결을 통해 자주 성질을 부리는 빈도와 강도를 떨어뜨릴 수 있었다.

(3) 선택 3: 문제 해결에 초점을 맞출 것

화가 나서 싸우는 것을 보면 한 사람이 특정 문제 때문에 화가 나서 비난하게 되고 상대방은 이 비난을 참지 못하고 맞받아치게 된다. 물론 상대방에게 습관적으로 비난하고 비판하려는 경향 그 자체가 문제가 된다. 불행하게도 한 사람이 화가 나 있으면 상대방도 으레 화가 나 적대적 반응을 하게 된다. 상대방이 화를 낼 때 앙갚음하고 싶은 충동에 휘말릴 필요가 없다. 대결을 피하고 문제에 초점을 맞춘다면 자신과 상황에 대해 훨씬 강인하고도 성숙한 모습을 나타낼 수 있다. 차분한 마음을 가지고 대한다면 상대방이 화를 낸 것이 적절하지 못했음을 깨닫게 해 줄 것이다.

(4) 선택 4: 상대방의 관심을 다른 곳으로 돌리기

화가 났을 때 관심을 다른 곳으로 돌리게 하면 진정되는 경우가 많다. 예를 들어, 남편은 주제를 바꿈으로써 적어도 일시적으로나마 아내의 관심을 다른 곳으로 돌릴 수 있다. 문제를 회피한다고 주장할 수 있도 있지만, 나중에 다시 다룰 수 있다. 때로는 적절한 유머를 사용하는 것이 긴장을 완화시키는 데 도움을 준다. 상대방에게 대응하지 않고 한 발 물러서는 것이 갈등을 줄이기도 한다.

(5) 선택 5: 감정 표현의 시간 갖기

때로는 서로가 격양되어 분노를 느끼지 않고는 대화를 할 수 없는 경우도 있다. 둘 다 '지성인'으로서 이야기하겠다고 생각해도 분노가 끓어올라 이야기를 시작하기만 하면 표출된다. 말을 곱게 하려고 해도 가시가 들어 있어 문제를 명료화시키거나 진정시키기는 커녕 오히려 싸움으로 비화된다. 이때에는 감정 표현의 시간, 즉 적대감을 보다 자유롭게 드러낼 수 있는 시간을 따로 마련하는 것이 좋다.

감정 표현의 시간을 갖는 데에는 다음과 같은 몇 가지 구체적인 단계가 있다.

① **감정 표현 시간에 할 일**　먼저 자신의 분노를 깨달아야 한다. 대부분의 사람들은 적대감이 발생하는 초기 신호를 의식하지 못한다. 적대감을 깨달을 수 있는 주관적인 단서들이 있다. 적대감이 인다는 것을 분명하게 깨닫기 전에 가슴이 두근거리거나 근육이 긴장되는 것과 같은 증상을 감지할 수 있다. 상대방을 부정적으로 지각하고, 신체적으로 긴장 상태에 돌입하면서 공격 자세를 나타내게 된다.

② **감정 표현 시간에 피해야할 일**　감정 표현 시간을 건설적으로 보내려면 서로 적대감의 표현 정도를 어느 정도 통제할 필요가 있다. 적대감을 있는 그대로 표현하면 평화를 얻을 수 있는 기회를 잃고 더욱 심각한 손상을 입힐 수 있다. 따라서 다음과 같은 규칙을 지켜야 한다.

- 배우자에 대한 지나친 비난은 삼간다. 대체로 "당신은 남편감으로 낙제야"라고 말하기보다 "당신은 무엇 때문에 나를 그렇게 화나게 만들었어요?" 하고 말하는 것이 낫다. 그러면 배우자가 당신이 느낀 화에 더욱 공감할 수 있다. 그리고 당신이 느낀 고통스러운 감정에 귀를 기울일 수 있다.
- 배우자를 모욕하지 않도록 조심한다.
- 배우자가 상처받기 쉬운 점은 건드리지 않도록 한다. 예를 들어 배우자가 자신의 몸무게나 음주 습관에 예민하게 반응한다면 이러한 점이 직접적인 문제가 아닐 경우에는 공격하지 않는 것이 좋다.
- 배우자의 과거 잘못이 현재 해결하고자 하는 문제에 속하지 않는다면 들추어내지 말아야 한다.

③ **적절한 '지대'에 머물기**
- **엘로우 존:** 이 지대에서는 배우자에게 화가 나더라도 자신을 통제할 수 있다. 이때에는 당신이 화나 있다는 사실을 배우자에게 알리고 불만을 털어 내는 것이 목적이지 부부 관계에 심각한 손상을 입히는 것이 목적이 아니다. 이 지대에서는 비록 화는 나 있지만 상대방의 말에서 합리적인 면을 찾을 수 있고 자신의 생각이 비논리적이라는

사실을 볼 수 있는 능력이 있기에 반격을 가하지 않고 상대방의 정보를 평가할 수 있다. 그러나 분노를 표현하지 않고는 당신의 실망과 불만에 대해 토의할 수 없다는 사실도 알고 있다.

- **레드 존:** 이 지대에 들어선 사람은 사고와 행동에 대한 통제력이 떨어지고 배우자에 대해 극도로 부정적인 시각을 갖게 되며, 비논리적, 비합리적 특징을 드러내게 된다. 이 지대에서는 자신의 말이 비논리적이라는 사실을 깨달을 수 있는 능력을 잃게 되고, 과거와 현재의 사건을 왜곡시킨다. 자신의 신념이 틀렸다는 정보를 입수해도 수정할 줄 모른다. 레드 존에서는 위협과 비난이 난무하는데, 그럴 때 상대방은 "충분히 그럴 만한 인간"이라고 반응하기도 한다. 이러한 '핫 존'에서는 화가 치밀어 신체적인 공격으로까지 나아갈 수 있다.

- **블루 존:** 이 지대에서는 배우자의 불만을 귀담아 들을 수 있고, 배우자에 대한 불평을 요구로 전환시킬 줄 안다. 배우자의 불평이 타당할 때에는 이를 인정할 수 있고, 그것이 오판이거나 과장되어 있을 때에는 이를 차분하게 지적해 줄 수 있다. 두 사람 모두 불일치를 조정할 수 있는 방향으로 대화를 이끌어갈 수 있다. 그리고 문제 행동을 어떻게 변화시킬 수 있을지 토의하고, 갈등을 해결하고 앞으로 일어날 문제까지 해결할 수 있는 토대를 구축한다.

④ **타임아웃** 감정 표현 시간 동안 자신의 사고를 통제하기 힘들 때가 있을 것이다. 이러한 경고 신호를 느낄 때, 타임아웃을 선언하여 잠시 중간 휴식을 갖는 것이 좋다. 필자는 부부들에게 미리 한 5분 정도의 중간 휴식을 갖도록 합의하기를 권장한다. 부부 중 누구든 필요하면 타임아웃을 신청할 수 있다는 것에 합의해야 한다. 5분으로 충분하지 않다면 더 길게 잡을 수도 있다. 감정 표현 시간 동안 타임아웃이 2번 이상 필요한 경우에는 대화를 종료하고 마음이 진정될 때까지 미루는 것이 좋다.

(6) 선택 6: 방이나 집에서 나가볼 것

때로는 배우자에게 신체적으로나 심리적으로 손상을 입힐 위기에 봉착할 때도 있다. 이런 경우에는 화가 가라앉을 때까지 배우자에게서 벗어날 필요가 있다.

2. 분노 조절의 역량 개발

행동에 대한 개입은 어떤 측면에서 어렵고 도전적인 작업이다. 그러므로 내담자의 사고, 치료 과정, 회기 내의 상호 작용에 대한 치료자의 고정된 생각은 분노관리사의 정서에 상당한 영향을 줄 수 있다. 분노관리사가 회기 동안 자신의 분노 반응을 잘 다루기 위한 역량 개발에 대한 전략은 다음과 같다.

1) 수용 전략

분노치료사는 최적의 상황에서도 때때로 실수를 하고, 내담자의 이야기를 분명하게 듣지 못하거나 내담자를 너무 강하게 몰아붙일 수 있다. 그때 우리는 자신의 실수를 수용하고 적절한 때에 내담자에게 사과하는 것이 필요하다.

(1) 현실성, 수용, 유연성을 촉진하고 내담자에게 치료자의 세계관을 덜 강요하기

분노관리사에게 "당신이 내담자에게 원하는 것이 무엇입니까?"라고 물을 때, 분노관리사는 종종 "내담자들의 갈등, 분노, 부정적인 행동을 줄이는 것이요"라고 대답한다. 요약하면 우리는 내담자의 변화를 원한다. 하지만 불행하게도 우리는 내담자가 종종 변화를 원하지 않는다는 것을 볼 수 있다. 그리고 어떤 내담자는 분노 치료 기법을 매번 사용할 때에 진전을 보이지 않을 수 있다. 그렇기 때문에 분노관리사는 수용하기를 습득하고, 치료 결과에 대해 유연한 태도를 가지는 것이 현명하다.

물론 분노관리사가 치료에 반응하지 않는 내담자를 발견하고 자기 비하를 한다면 수용은 어렵다. 우리는 당신이 실제로 눈으로 보고 이해하기에 분명한 것을 생각하기를 권한다. 치료의 결과는 사람이 예측하기 상당히 어렵다. 비록 우리가 많은 임상적 경험을 가지고 계획한 모든 도구를 사용할지라도 치료 초기 단계에서 내담자가 성공할 것인지 알기는 어렵다. 이 책의 저자들은 치료 결과가 매우 좋아 놀라움을 주었던 어떤 내담자에 대해 비관적인 예측을 함으로써 여러 번 변변찮은 결과를 가져온 경험이 있다. 물론 그 반대의 경우도 있다. 또 다른 내담자는 일찍부터 성공을 예견하는 많은 긍정적인 지표를 보였음에도 때때로 좋지 못한 결과를 보인다.

현실을 수용하고 융통성 있는 태도를 갖는 최선의 방법 중 하나는 Ellis의 REBT 모델에 따라 합리적 사고를 실습하는 것이다. 아내에게 분노를 가지고 있는 남편과 함께 외래 치료를 하는 A의 사례를 보자. 남편은 자신을 잘 가꾸지 않는 아내를 비난하고, 때로는 손찌검도 하며, 아내의 혼외 정사를 의심한다. 남편은 A와 매일 밤 치료를 했다. A는 남편이 자신의 분노를 다룰 첫 단계인 준비 단계에 있다고 판단했다. 준비 단계에서 A는 견고한 동맹을 형성하는 데 초점을 두었고, 분노 사건을 구성하고 있는 것에 대한 자각을 높이도록 도왔다. 변화 전략의 관점에서 A는 남편에게 이완 기술을 가르쳤고, 분노가 파괴적이고 즉각적일 때 회피와 도피 전략을 사용하도록 계획했다. 남편이 자신의 반추를 더 효과적으로 다루도록 하기 위해 심상 노출을 사용하는 추가 전략을 소개했을 때까지는 작은 변화만이 있었다. 내담자에게 상당히 문제가 되는 2개의 각본과 관계되는 심상(아내의 자기 관리 부족과 아내의 간통에 대한 왜곡된 생각)을 재연하는 것은 적절했다. 몇 회기 동안 내담자가 노출 연습에 참여하도록 설득한 후 A는 매우 좌절하고 화가 났다. 분노관리사는 치료 프로그램의 효과성을 떨어뜨리고, 더 나아지기를 바라지 않는 남편을 나무라게 됐다.

현실을 수용하고 융통성 있는 태도는 A의 분노에 영향을 미치는 비합리적인 사고와 함께 덜 분노하고 치료에 더 현실적이면서 융통성 있는 태도를 가질 수 있도록 돕는 합리적 사고를 가질 수 있도록 도와준다. 따라서 분노관리사는 더 현실적이고 수용 가능한 철학을 내면화하고 훈련하는 것이 필요하다(Howard & Raymond, 2002).

(2) 내담자에게 사과하고 용서하는 연습

분노가 대인 관계에서 부정적인 영향을 준 후에는 나쁜 감정으로 손상된 관계를 재설정하는 것이 중요하다. 이는 치료적 관계에도 적용된다. 내담자는 꽤 나쁜 행동을 하고, 우리는 그 때문에 불쾌감, 분노를 느껴 흥분할 수도 있다. 우리는 분명히 부적응적인 행동을 처벌하거나 교정하기 위해 최선을 다하는 것이 사회를 위해 중요하다고 믿는다. 수용하거나 너그럽게 봐주거나 잊어 주는 것, 혹은 반사회적 행동을 정당화하는 것은 현명하지 않을 수 있다. 그렇지만 내담자의 전 인격을 비난하는 것은 전문적인 도움을 주는 데 방해될 것이다. 그러므로 우리는 분노관리사가 내담자의 그런 행동을 너그럽게 봐줄 수 있다고 생각하기를 바란다. 그리고 어려운 사례는 동료나 다른 사람과 함께 논의하기를 제안한다. 세상의 더 큰 의미에서 내담자는 '악'이 아니라 우리 모두처럼 생물 및 유전, 학습된 역사의 희생자임을 깨달을 때 용서가 일어난다. 용서는 그들에 대한 분노 관리 프로그램을 더 발전시킬 것이다. 그리고 이것은 결정적으로 사회에 더 나은 도움을 줄 것이다.

우리는 분노관리사 또한 사람이라는 것에 주목한다. 그러므로 분노관리사인 당신은 치료를 할 때 실수를 할 수 있는 것이다. 게다가 내담자의 기대에 항상 부응하기는 어렵다. 당신은 주의 깊게 듣지 않거나 스케줄이 겹쳐 버리는 바람에 약속에 늦을 수도 있다. 이러한 일이 일어났을 때, 분노관리사는 자신의 과오를 축소하려 하거나, 내담자가 실수를 과민하게 느낀다고 생각하거나, 내담자가 분노관리사를 판단할 자격이 없다고 생각하는 경향이 있을 수 있다. 물론 이러한 태도는 종종 우리의 내담자를 변화시키려는 노력과 같은 것이다. 당신의 실수를 처리하는 더 나은 방법은 당신이 잘못한 것을 당신이 알았을 때 내담자에게 사과하는 것이다.

사과는 중요한 메시지를 전달한다. 첫째, 자신의 행동에 책임을 지는 것을 보여 준다. 둘째, 실수를 인정하고 자신이 실수할 수밖에 없는 사람이라는 것을 보여준다. 그것은 당신이 실수를 했을 때에도 내담자에 대해 신경을 쓰고 내담자를 공감한다는 메시지를 전달한다. 궁극적으로 사과는 손상된 관계를 회복하고 재건함으로써 내담자로 하여금 분노하지 않도록 한다. 일반적이지 않은 어떤 상황에서는 사과를 함으로써 내담자가 향후에 전문가로서 당신의 권위에 대항하거나 당신에게 예를 갖추지 않고 대항하여 당신의 위치를 위태롭게 할 수도 있다. 우리는 당신이 사과를 적절하게 할 때는 당신의 행동방침에 대해서 안내해 줄 전문가 윤리자문위원과 권위 있는 동료에게 가끔 자문을 구하기를 권한다.

2) 변화 전략

(1) 회기 내 신체 각성 다루기

내담자와 상호 작용하는 동안 자신의 신체 활성을 줄이는 것은 분노관리사로 하여금 분노를 줄이고 더 효과적으로 반응하도록 도울 것이다. 따라서 내담자에게 여전히 인지적으로 주의를 기울이면서 당신 자신의 호흡, 언어적 반응 비율, 턱·위·복부 근육의 긴장을 푼다. 당신이 이러한 과정에 매우 친숙해질 수 있게 되면, 회기 동안에 필요할 때 충분히 자신의 것으로 활용할 수 있게 된다(Howard & Raymond, 2002).

(2) 기술 확립하기

발전된 치료 기술과 기법을 확립하라. 내담자의 상호 작용 형태가 무엇이든지 변화를 위해서 형성된 협력적 관계를 유지하도록 돕는 기술이 있다. 예를 들어, 내담자가 변화에 대해 양가적인 감정이나 치료에 대한 동기가 부족할 때 분노관리사는 특히 상호 작용의 시작 단계에서 화를 느낄 수 있을 것이다. 만일 당신도 그렇다면 내담자의 동기를 증진시키고 변화를 향해 움직이도록 하기 위한 기술을 능수능란하게 갖게 되는 것이 중요하다. 또는 당신이 강한 반응 없이 내담자의 가시 돋친 말을 수용할 수 있도록 흥분을 감소시키는 다양한 기술을 향상시키는 것이 유익할 것이다. 하지만 불행하게도 우리는 종종 분노관리사로서의 자기 개발을 목록의 끝에 둔다. 개인의 삶과 직장에서는 다른 것이 요구되는 것은 당연한 일이다. 그럼에도 우리는 당신 자신의 능력을 증진시키는 데 우선 순위를 둘 것을 강력하게 권면한다. 특히 내담자에게 분노를 느끼는 경향이 있는 영역에서는 더욱 그러하다. 전문가를 위해 계속되는 교육은 어디서든 받을 수 있다. 어디에서든 자기 개발을 위한 시간을 찾는 것은 분노관리사의 몫이다.

(3) 문제 해결하기

내담자의 상황에 도전해야 할 때 복잡한 행동과 그에 따르는 결과를 고려하라. 예를 들어 보자. 최근에 치료를 시작한 한 내담자는 주 1회 상담에 더 이상 참여할 수 없게 되어 의료 정책 서비스를 받기를 원했다. 내담자는 사전에 비용이 문제가 된다는 것에 대해 언급하지 않았기 때문에 분노관리사에게는 분명히 곤혹스러운 일이었고, 이러한 내담자의 요구에 대해 화가 났다. 처음 그 상황은 의료 기관에서 치료를 받느냐 또는 치료를 끝내느냐의 흑과 백의 문제로 단순하게 보였다. 하지만 내담자의 가능한 행동들을 알고, 이에 대한 절충안을 가지고 타협을 하였다. 이러한 타협점은 수용될 수 있다. 이것은 치료가 계속 진행될 수 있게 하고, 분노관리사와 내담자 모두 계획을 분명히 하고, 계획된 대로 치료를 유지할 수 있게 되는 것이다.

(4) 다루기 어려운 관계에 능숙해지기 위해서 노출을 사용하기

다루기 어려운 내담자에 대해 자신감을 갖고 새로운 문제 해결 기술을 실행할 수 있도록 하는 방법 중의 하나로서 노출을 사용하기가 있다. 예를 들어, 내담자가 당신이나 다른 사람을 비난할 때 당신이 화가 나는 경향이 있다고 해 보자. 당신이 비판에 대해 건설적으로 대처하는 기술을 발전시키도록 도울 수 있는 한두 명의 동료를 찾으라. 그 다음 내담자가 당신에게 최악의 말을 한다고 가정하고, 믿을 만한 동료나 친구, 가족으로 하여금 당신에게 그러한 말을 하도록 요청하라. 분노관리사와 내담자를 바꾸어 역할극을 하라. 각자에게 비판적인 말을 하고, 치료적 관계를 강화하며, 건설적으로 대처할 수 있도록 연습하라. 노출을 실습할 때는 실제로 내담자가 말하는 언어, 목소리 톤, 자세를 그대로 흉내 내는 것이 중요하다.

(5) 다음 목표를 기억하라.

• 거친 비판에 대한 습관화

• 새로운 반응 기술 발달

　이때 강한 태도로 전달하는 거친 말을 듣고 태연함을 유지하는 것이 중요하다. 또한 부정적인 말은 한두 번 듣는 것으로 충분하지 않기 때문에 반복하는 것이 중요하다. 우리는 주 1회 슈퍼비전을 통해 어려운 내담자의 말에 대처하는 실습을 하는 것이 분노관리사가 자신감과 확신을 갖는 데 아주 중요하다고 본다. 불행히도 주 1회의 슈퍼비전에서 어려운 사례나 실패 사례를 공개하는 것을 당황해 하거나 그다지 내켜 하지 않을지도 모른다. 그리고 슈퍼비전에서 실수가 드러난다면 주 1회 슈퍼비전을 부정적으로 판단할 것이라는 걱정을 할 수도 있을 것이다. 하지만 이것은 잘못된 생각이다. 우리는 이러한 상황에 직면함으로써 내담자를 더 효과적으로 다루어 치료자로서 오랫동안 활동할 수 있는 방법을 배우게 된다.

3. 분노 조절 프로그램의 활용 방안 및 기대

1) 분노 조절 프로그램의 효과 측정

사회복지학이든 심리학이든 치료를 실시하는 사람들의 관심은 효율성과 효과성, 경제성을 항상 생각하게 된다. 이 중 대부분의 치료 모델들은 효과성을 최우선으로 고려한다. 치료 모델의 접근법으로서 내담자 스스로가 변화와 치료에 대한 책임을 가지고, 내담자가 이미 경험한 성공적인 해결 방안을 찾아내고, 치료를 위해 성공하였던 방법을 사용하도록 한다면 그것은 효과적인 방법의 필수 요건을 갖추었다고 본다(김유숙, 2014).

　따라서 분노 조절 프로그램이 효과적으로 활용되기 위해서는 인간에 대한 긍정적인 철학을 가지고 있으며, 근본적으로 모든 내담자는 자신의 문제를 해결할 수 있는 능력을 갖고 있다는 사실을 믿는 신념을 갖고 있어야 한다. 이러한 인간에 대한 믿음이 분노 치료의 중심 철학이 되어야 한다. 따라서 분노 치료의 모든 전략과 개입 기술은 분노관리사들의 인간에 대한 전제 가치와 철학을 실현하는 방법이라고 볼 수 있다.

사실 분노 조절 프로그램의 효과성을 체계적으로 평가한 모델은 아직 없다. 이에 상기의 철학과 유사한 해결 중심 치료를 중심으로 분노 조절 프로그램의 효과성을 논하려고 한다. 그 이유는 분노 치료는 인간 중심으로 이루어져야 한다는 분노 치료의 철학에 단기적 치료라는 전제에 기인한다.

2000대에 접어들면서부터 해결 중심 치료를 다양한 대상에게 적용하고 그 효과성을 검증하는 연구들이 보고되고 있다. 그러나 많은 사람들은 이직도 다음과 같은 질문들을 제기한다. "진단을 통하여 문제를 규명하지 않은 상태에서 어느 정도까지 감정적인 문제를 해결할 수 있을까? 평균 10회 내외의 짧은 기간에 내담자를 충분하게 이해하면서 문제를 해결하는 것이 가능한가? 문제 중심적이고 부정적인 것에는 관심이 적고 주로 긍정적이고 해결 중심적인 것만을 생각하도록 하는 접근법을 내담자들은 어느 정도 만족해 하는가? 특히 우리나라 사람들은 분노가 많고 누적된 감정이 많은데, 그러한 측면을 다루지 않고 해결 방안만을 구축하는 것이 효과적인가?"(김유숙, 2014).

분노관리사의 역할은 내담자가 과거에 분노 문제 해결만이 아니라 일상생활에서의 성공적이었던 경험을 근거로 현재의 분노 문제를 해결할 수 있는 잠재 능력을 발견하고, 인정하고, 강화하고, 확대하여 스스로 문제 해결을 위해 작은 변화를 시작하고 계속하도록 돕는 것이다. 즉, 내담자가 이미 가지고 있는 잠재력과 자원을 활용하도록 돕는 것이므로 결과적으로 내담자는 자신의 문제에 대하여 책임을 지게 되는 것이다. 해결 중심 단기 가족 치료 모델을 분노 치료 모델로 사용하는 경우, 분노관리사가 느끼는 책임감과 부담감이 상대적으로 적고, 내담자가 후퇴하거나 악화되어도 노력의 부족으로 생각하고, 좀 더 노력하거나 다른 방법을 시도하도록 돕기 때문에 분노관리사와 내담자가 다시 노력할 가능성이 높다.

대부분의 치료 모델은 치료자와 내담자의 관심은 치료 결과를 확인하려는 데 있다. 즉 실시한 치료의 결과를 측정하는 방법에 관한 많은 연구가 있었으나, 그 대부분이 치료사 중심적이었다. 그러나 분노 치료의 질문은 치료 전략임과 동시에 내담자 스스로가 설정한 목표의 성취 정도를 내담자가 측정하도록 한다. 구체적으로 치료 초기에 내담자는 자신의 문제 상태를 10점 척도를 사용하여 설명하고 목표를 선정한다. 그리고 치료 과정에서 목표로 설정한 좀 더 높은 수치를 달성하기 위해 구체적인 행동을 제시하고 노력하여 성취하게 된다. 이것은 치료 시작 단계, 치료 중간 단계, 종결 단계 등에서 수치로 변화를 측정할 수 있고, 행동의 구체적인 변화를 내담자의 진술을 근거로 제시할 수 있다. 이것은 효과 측정 방법으로는 가장 실증적이고 구체적이며, 변화 과정을 정확하게 측정할 수 있는 것이라고 생각한다. 중요한 것은 변화를 위한 목표 설정, 변화 과정에서 변화의 근거 제시, 변화의 정도를 측정하는 것은 내담자이며, 분노관리사는 격려와 지지를 하는 것이다. 따라서 내담자는 성공적인 경험을 하게 되며 목표에 대한 성취감을 높일 수 있으며 자아존중감 향상을 기대할 수 있다.

2) 분노 조절 프로그램의 적용 및 기대

국내외에서 분노 조절 프로그램을 활용한 아동, 청소년, 여성, 직장인 등 다양한 연구가 보고되고 있다. 이들 대부분은 내담자 중심이며 단기 치료 방식을 선택하고 있다. 반면 이에 대한 체계적인 연구는 미비한 실정이다.

지금까지 분노 조절 프로그램은 다음과 같은 영역에서 보고되었다.

• 아동의 공격성
• 청소년의 분노 통제
• 청소년의 또래 관계
• 시설 학생의 공격 성향
• 직장 여성의 부정적 기분
• 폭력 가정의 부부를 위한 용서 교육 프로그램
• 분노를 표출하는 어머니의 양육 스트레스
• 분노를 가진 부모 교육
• 노인의 분노 표출

이러한 측면에서 이 책에서는 분노 관리를 단순히 분노 조절 프로그램을 적용하는 단편적이고 개별적인 연구를 넘어, 분노관리사라는 새로운 전문가 그룹들이 이 책에서 제시한 분노 이론, 분노 치료 프로그램, 분노 관리 기술, 분노 사후 관리 등을 잘 학습하고, 분노의 기본 철학인 내담자 중심의 분노 치료라는 기본 이념을 습득한다면 우리 사회와 같이 화가 많은 나라에서의 적용 가능성은 매우 높을 것으로 보여진다.

이를 통해 다음과 같은 기대 효과를 예상한다.

• 기존의 여러 치료 모델, 특히 인지 행동적 접근에서 간과해 온 분노관리사–내담자의 정서적 유대 증진 및 상호 작용의 재구성을 통한 분노 조절의 개선이 가능할 것으로 기대한다.
• 다양한 분노 개입 방안을 적용함으로써 내담자의 적극적인 참여를 유도할 수 있을 것으로 기대한다.
• 분노 상담 현장에서 실용성을 강화시키는 다양한 분노 관리 기술 및 사후 관리를 제시함으로써 분노 조절 문제와 같은 다양한 정서 조절의 어려움을 겪는 모든 대상군에게 이 책의 분노 관리 기술을 적용할 수 있을 것으로 기대한다.

이 책에서의 분노 관리의 전략과 기법인 인간에 대한 깊은 신뢰와 사랑, 전제 가치와 철학은 어떤 문화이든 분노 문제를 가지고 있는 내담자에게 활용할 수 있을 것이다. 즉, 분노 관리의 대상은 상기의 영역은 기본이며, 거의 모든 화가 많은 국가, 특히 모든 우리나라 사람들에게 적용할 수 있을 것으로 기대된다. 하지만 이러한 주장은 우리나라를 포함한 분노가 많은 나라의 다양한 문제와 대상에게 지속적인 실험 연구를 통하여 효과성이 과학적으로 검증되어야 하고, 실험 연구 과정에서 이들 국민, 특히 우리나라 사람들의 특징적인 반응에 관한 연구가 뒷받침되어야 할 것이다.

끝으로 중요한 것은 분노관리사가 분노 치료 과정에서 적절한 시간에 적합하게 전략과 기법을 사용할 수 있도록 반복적인 훈련 과정을 거치는 것이라고 생각한다.

학습 과제	1. 분노 조절을 위한 사고의 변화에 대해 설명해 보라.
	2. 분노 조절을 위한 역량 개발의 전략을 논의해 보라.
	3. 분노 조절 프로그램의 활용 방안과 기대 효과를 팀을 나누어 토의해 보라.

강선경·임윤형(2005). 학대노인에 대한 사례관이 개입에 관한 연구—단일사례분석. 노인복지연구. 겨울호, 191–213.

권중돈(2012). 《노인복지론》. 서울: 학지사.

권진숙·박지영(2015). 《사례관리의 이론과 실제》. 서울: 학지사.

김경애·성미라·송진영·한상순(2015). 《치매케어 – 예방·재활·케어·사례 –》. 경기: 문예미디어.

김경희(2004). 《정서심리학》. 서울: 박영사.

김교헌(2000). 분노 억제와 고혈압. 한국심리학회지: 건강, 5(2), 181–192.

김미라(2008). 인지행동적 분노조절훈련이 아동의 분노조절능력과 교우관계에 미치는 효과, 진주교육대학교 석사 학위 논문.

김영희(2015). 초등학생의 분노조절 능력 향상을 위한 부모연계 프로그램 개발, 아주대학교 박사 학위 논문.

김유숙(2014). 《가족치료: 이론과 실제》. 서울: 학지사.

김종일 외(2006). 《쉽게 쓴 노인복지론》. 서울: 청목출판사.

김충렬(2010). 중독탈출, 크리스턴투데이(2010. 04. 30).

문소현(2007). 청소년기 여성의 분노표현 유형. 고려대학교 박사 학위 논문.

민성길(2003). 분노에 대한 생행동적 연구. 간호학탐구, 12(2), 72–104.

박영숙(2010). 《정신 건강의 실제: 아동·청소년 분노조절프로그램의 개발과 실행》. 서울: 하나의학사.

서수균(2004). 분노와 관련된 인지적 요인과 그 치료적 함의. 서울대학교 박사 학위 논문.

서울특별시교육정보연구원(2015). 나를 알아가는 신나는 여행.

송진영·김경애·유광수(2016). 《노인복지론》. 경기: 문예미디어.

심수명(2009). 《분노치료: 건강한 분노표현을 위한 길잡이》. 서울: 다세움.

심유진(2008). 청소년의 분노경험과 학교폭력 가해행동의 관계에서 분노사고의 매개효과. 숙명여자대학교 석사 학위 논문.

안윤영(2012). 중학생의 분노사고와 분노표현의 관계 및 분노조절 프로그램의 효과. 한양대학교 박사 학위 논문.

안정미(2013). 청소년들의 분노조절능력 및 공격성에 미치는 분노경험영역과 분노반응전략이 영향. 한서내학교 박사 학위 논문.

양미경(2008). 초등학생의 완벽주의 성향 및 스트레스 대처행동이 분노표현에 미치는 영향. 연세대학교 석사 학위 논문.

이경은(2011). 내외향성과 분노표현 간 관계에서의 정서조절방략의 조절효과. 대구대학교 석사 학위 논문.

이근배(2008). 분노기분에서의 반추사고와 반추초점의 효과. 경북대학교 박사 학위 논문.

이성정(2006). 아동의 분노 및 공격성과 학교생활적응간의 관계. 대구가톨릭대학교 석사 학위 논문.

이정숙·이현·안윤영·유정선·권선주(2010). 분노관리프로그램이 대학생의 분노와 우울에 미치는 영향. 청소
년학연구. 18(1). 105-126.

이정숙·이현·안윤영·유정선·권선주(2010).초등학생 분노조절 프로그램의 효과 연구. 한국아동치료심리학회
지. 5(2). 67-82.

장익태(2012). 분노조절에 어려움을 가진 아동의 상담 사례 연구. 광주교육대학교 석사 학위 논문.

장인협·우국희(2001).《케어·케이스매니지먼트》. 서울: 서울대학교출판부.

전겸구(2010).《똑똑하게 화를 다스리는 법》. 서울: 21세기북스.

전겸구(2012).《화, 참을 수 없다면 똑똑하게 분노하지 않고 이기는 22가지 습관》. 서울: 21세기북스.

차동엽(2012).《무지개 원리: 하는 일마다 잘 되리라》. 서울: 국일미디어.

최경임(2011). 용서교육프로그램이 초등학생의 공감 및 분노에 미치는 효과. 부산교육대학교 삭사 학위 논문.

최명희(2007). 분노의 심리적 과정과 치료에 관한 연구. 국제신학대학원대학교 석사 학위 논문.

최성일·김중술·신민섭·조맹제(2001). 분노표현방식과 우울 및 신체화 증상과의 관계. 신경정신의학. 40(3).
425-433.

한국청소년정책연구원(2011). 2011년 한국 아동·청소년 정신건강 실태 조사.

Anderson, A. C., & Bushman, B. J.(2002). Human aggression. Annual Review of Psychology, 53, 27-51.

Averill, J. R.(1982). Anger and aggression: an essay on emotion, New York: Springer-Verlag.

Bandura, A.(1989). Human Agency in Social Cognitive Theory. American Psychologist. 44(9). 1175-
1184.

Bandura, A.(1999). A social cognitive theory of personality. In handbook of personality, ed. L, Pervin, O.
John. 154-96. New York: Guilford. 2nd. ed.

Bandura, A.(2001). Social cognitive theory: An Agentic perspective. Annual Review of Psychology, 52,
1-26.

Barnes, H. L., & Olson, D. H.(1982). Parent-adolescent communication scale. In D. H. Olson (Ed.), Family
inventories: Inventories used in a national survey of families across the family life-cycle (33-48). St.

Paul, MN: University of Minnesota Press.

Beck, A. T.(1964). Thinking and depression: Theory and therapy. Archives of General Psychiary, 10, 561–571.

Beck, A. T.(2000). Prisoner of hate: The cognitive basis of anger, hostility, and violence. New York: Pernnial.

Berkowitz, L.(1989). The frustration–aggression hypothesis: examination and reformuration. Psychological Bulletin, 106, 59–73.

Bowlby, J.(1958). The nature of the child's tie to his mother. International Journal of Psychoanalysis. 39. 35.

Bowlby, J.(1988). A secure base: parent–child attachment and healthy human development, New York: Basic Books.

Carter, L., & Minirth, F.(1993). The Anger–Workbook. Nashville: Thomas Nelson Publishers.

Crabb, L. J.(1984). Basic principles of biblical counseling, Melbourne: S. John Bacon.

D' Zurilla, Y. J., & Goldfried, M. R.(1971). Problem solving and behavior modification. Journal of Abnormal Psychology, 78, 107–126.

Davitz, J. R., Davitz, L. J., & Lorge, I.(1969). Terminology and concepts in mental retardation, New York: Teachers College Press.

Deffenbacher, J. L., & Lynch, R. S.(1996). Anger reduction in early adolescents, Journal of counseling psychology, 43(2), 96.

Deffenbacher, J. L., & Oetting, E. R.(1996). State–trait anger theory and the utility of the trait anger. Journal of counseling psychology. 43(2). 96.

Ebbesen, E. B., Duncan, B., & Konecni, V. J.(1975). Effects of content of verbal aggression on future verbal aggression: A field experiment, Journal of Experimental Social Psychology, 11, 192–204.

Elder, G. H., & Caspi, A.(1988). Economic Stress in lives: Developmental perspectives. Journal of Social Issues, 44, 25–45.

Ellis, A. E.(1962). Reason and emotion in psychotherapy: A therapist' s guide. New York: Lyle Stuart.

Ellis, A.(1995). Changing rational–emotive therapy (RET) to rational emotive behavior therapy (REBT). Journal of Rational–Emotive and Cognitive–Behavior Therapy, 13, 85–89.

Enright, R. D., & Human Development Study Group.(1991). The moral development of forgiveness. In W. Kurtines & Gewirtz(Eds), Handbook of moral behavior and development(Vol.1, pp.123–152), Hillsdale, N.J.: Erlhaum.

Fava, M., & Rosenbaum, J. F.(1998). Anger Attacks in Depression. DEPRESSION AND ANXIETY, 8(1),

59–63.

Feindler, E. L., & Ecton, R. B.(1986). Adolescent anger control: Cognitive bahavioral Techniques. Elmsford. N.Y.: Pergamon press.

Freud, S.(1923). The ego and the id. Standard Edition of the Complete Psychological Works of Sigmund Freud. vol. XIX. London: Hogarth Press.

Galvin, K. M., & Brommel, B. J.(1986). Family Communication: Cohesion and Change (2nd ed.). New York: Harper Collins.

Gapp, R., Carter, G., & Fisher, R.(2007). Improving Performance Through an Understanding the Individual Concepts Of Attachment Style Within A System Wide Context It can be inferred that self–esteem and anxiety will play a part in the attachment process (Feeney, Noller & Hanrahan, 1994). Participants with high s. CONFERENCE PROCEEDINGS– BRITISH ACADEMY OF MANAGEMENT– CD–ROM EDITION. 2007. 10.

Hazebroek, J. F., Howells, K., & Day, A.(2001). Cognitive appraisals associated with high trait anger. Personality and Individual Differences. 30(1), 31–45.

Howard, K., & Raymond, C. T.(2002). Anger management: the complete treatment guidebook for practitioners, Atascadero, CA: Impact.

Izard, C. E.(1977). Human emotion. New York: Plenum Press.

Jewkes, R.(2002). Intimate partner violence: cause and prevention. The Lancet, 359, 1423–1429.

Jones, S. L.(1986). Psychology and the Christian faith: an introductory reader, Grand Rapids, Mich.: Baker Book House.

Lazarus, R. S.(1991). Emotion and adaptation. New York: Oxford University Press.

Lyubomirsky, S., & Nolen–Hoeksema, S.(1993). Self–perpetuating properties of dysphoric rumination. Journal of Personality and Social Psychology. 65(2), 339–349.

Lyubomirsky, S., & Tkach, C.(2004). The consequences of dysphoric rumination. In C. Papageorgiou & A. Wells (Eds.), Depressive rumination: nature, theory and treatment (pp. 21–41). Hoboken, NJ: John Wiley & Sons.

Marlatt, G. A., & Donovan, D. M.(2005). Relapse prevention: maintenance strategies in the treatment of addictive behaviors. New York: Guilford Press.

Martin, L. L., & Tesser, A.(1996). Some ruminative thoughts. In R. S. Wyer Jr.(Ed.), Advances in social cognition (Vol. 9, pp. 1–47). Mahwah, NJ: Lawrence Erlbaum.

McAll, K.(1982). Healing the family tree: his amazing gift to cure the 'incurable' told in, London: Sheldon Press.

McMinn, M. R., & Phillips, T. R.(2001). Care for the soul: exploring the intersection of psychology &

theology, Downers Grove, Ill.: InterVarsity Press.

Middleby-Clements, J. L., & Grenyer, B. F. S.(2007). Zero tolerance approach to aggression and its impact upon mental health staff attitudes. AUSTRALIAN AND NEW ZEALAND JOURNAL OF PSYCHIATRY. 41(2). 187–191.

Nolen-Hoeksema, S.(1991). Responses to depression and their effects on the duration of depressive episodes. Journal of Abnormal Psychology. 100(4). 569–582.

Novaco, R. W.(1975). Anger control: the development and evaluation of an experimental treatment. Lexington, MA: DcHealth.

Novaco, R. W.(1979). The cognitive regulation of anger and stress. In P.C. Kendall & S. D. Hollon(Eds.). Congnitive behavioral interventions. Theory, research and procedures. New York: Academic Press.

Novaco, R. W.(1994). Anger as a risk factor for violence among the mentally disordered. In Monahan, J., & Steadman, H. J.(Eds.). Violence and mental disorder. Chicago, Ill: The University of Chicago Press.

Papageorgiou, C., & Wells, A.(2004). Nature, functions, and beliefs about depressive rumination. In C. Papageorgiou & A. Wells (Eds.), Depressive rumination: nature, theory and treatment (pp. 3–20). Hoboken, NJ: John Wiley & Sons.

Parrott, L.(1994). A Counseling Guide: Helping the Struggling Adolescent, Adolescence, 29(1), 248.

Potter-Efron, R. T.(2007). Rage: a step-by-step guide to overcoming explosive anger. 전승로 역(2014). 《욱하는 성질 죽이기: 행복하고 싶으면 분노를 조절하라》. 파주: 다연.

Price, V. A.(1982). Type A behavior pattern: New York. Academic Press.

Prochaska, J. O., & DiClemente, C. C.(1983). Stages and processes of self-change of smoking: Toward an integrative model of change. Journal of Consulting and Clinical Psychology, 51, 390–395.

Riley, W. T., Triber, F. A., & Woods, M. G.(1989). Anger and hostility in depression, J Nerc Ment Dis, 177, 668–674.

Robinson, T. R., Smith, S. W., & Miller, M. D.(2002). Effect of a cognitive behavioral intervention on responses to anger by middle school students with chronic behavior problems. Behavioral Disorders, 27(3), 256–271.

Rogers, C. R.(1957). The necessary and sufficient conditions of therapeutic personality change. Journal of Consulting Psychology, 21, 95–103.

Rothman, J.(1991). A model of case management: toward empirically based practice. Social Work, Nov. 520–527.

Satir, V.(1972). People Making. Palo Alto. California: Science and Behavior Book, Inc.

Schacher, S., & Singer, J. E.(1962). Cognitive, social and physiological determinants of emotional state.

Psychological Review, 69, 351.

Spielberger, C. D.(1985). Personal correspondence. University of South Florida.

Spielberger, C. D., Jacobs, G. A., Russell, S., & Crane, R. S.(1983). Assessment of anger: The state-trait anger scale. Advance in Personality Assessment, 2, 159–187.

Stern, D.(1993). The role of feeling for an interpersonal self. In U. Neiser(ed.), The perceived self: Ecological and interpersonal sources of self-knowledge. Cambridge: Cambridge University Press.

Suinn, R.(2001). The terrible twos-anger and anxiety: Hazardous to your health. American Psychologist, 56(1), 27–36.

Tavris, C.(1989). Anger: The misunderstood emotion. New York: Simon & Schuster.

Taylor, J. L., & Novaco, R. W.(2005). Anger treatment for people with developmental disabilities: a theory, evidence, and manual based approach. Chichester, West Sussex, England ; Hoboken, NJ: Wiley.

Williams, K. M.(2002). Determining the effectiveness of anger management training and curricular infusion at an alternative school for students expelled for weapons. Urban Education, 37(1), 59–76.

Zaitsoff, S. L., Geller, J., & Srikameswaran, S.(2002). Silencing the Self and Suppressed Anger: Relationship to Eating Disorder Symptoms in Adolescent Females. European Eating Disorders Review, 10(1), 51–60.

저자소개

김경희 광운대학교 대학원 행정학과 사회복지전공(행정학 박사)
현) 디지털서울문화예술대학교 상담심리학과 교수
한국대상관계상담학회장

주요 저서 및 논문
아동생활지도(창지사, 2007) 외 다수

이순배 광운대학교 대학원 행정학과 사회복지전공(행정학 박사)
현) 가천대학교 교양학부 교수(전 IT 학부 겸임교수)
한국보육교사교육원 교학처장

주요 저서 및 논문
영유아 놀이와 레크리에이션의 실제(교문사, 2015) 외 다수

송진영 경기대학교 사회복지대학원 졸업(사회복지학 석사)
서울기독대학교 일반대학원 사회복지학과 졸업(문학 박사)
현) 성결대학교 사회복지학부 조교수

주요 저서 및 논문
사회복지정책론(창지사, 2016) 외 다수

유광수 가천대학교 행정대학원 사회복지학과 졸업(사회복지학 석사)
한세대학교 일반대학원 사회복지학과 졸업(사회복지학 박사)
현) 서강대학교 평생교육원 외래교수

주요 저서 및 논문
노인복지론(문예미디어, 2016) 외 다수

분노
관리론

2016년 3월 18일 초판 인쇄 │ 2016년 3월 25일 초판 발행

지은이 김경희·이순배·송진영·유광수 │ **펴낸이** 류제동 │ **펴낸곳 교문사**

편집부장 모은영 │ **디자인** 신나리 │ **본문편집** 김남권

제작 김선형 │ **홍보** 김미선 │ **영업** 이진석·정용섭·진경민 │ **출력·인쇄** 동화인쇄 │ **제본** 한진제본

주소 (10881) 경기도 파주시 문발로 116 │ **전화** 031-955-6111 │ **팩스** 031-956 0955

홈페이지 www.gyomoon.com │ **E-mail** genie@gyomoon.com

등록 1960. 10. 28. 제406-2006-000035호

ISBN 978-80 363-1565-8(93330) │ **값** 19,000원